LE DROIT EN SCHÉMAS

Le **droit pénal** en schémas

4e édition

Madeleine Lobe Lobas
Maître de conférences
à l'Université de Haute-Alsace,
Mulhouse

ellipses

Dans la même collection

Retrouvez tous les titres de la collection *Le droit en schémas*

sur http://www.editions-ellipses.fr

ISBN 9782340-028500

32, rue Bargue 75740 Paris cedex 15

www.editions-ellipses.fr

Sommaire

Table des abréviations

Al. : Alinéa
Art. : Article
JAP : Juge de l'application des peines
CESEDA : Code d'entrée et du séjour des étrangers et du droit d'asile
CP : Code pénal
CPP : Code de procédure pénale
CSPu : Code de la santé publique
C. rur. : Code rural
C. cons. : Code de la consommation
C. const. : Conseil constitutionnel
C. envir. : Code de l'environnement
C. route : Code de la route
C. séc. soc. : Code de la sécurité sociale
Const. : Constitution
CEDH : Convention européenne des droits de l'homme
CJUE : Cour de justice de l'Union européenne
CJM : Code de justice militaire
Cour EDH : Cour européenne des droits de l'homme
Crim. : Chambre criminelle de la Cour de cassation
C. civ. : Code civil
DDH : Déclaration des droits de l'homme et du citoyen
JAP : Juge de l'application des peines
PSEM : Placement sous surveillance électronique mobile
SME : Sursis avec mise à l'épreuve
TAP : Tribunal d'application des peines
TIG : Travail d'intérêt général
Trib. cor. : Tribunal correctionnel

Bibliographie

Droit pénal général

. **BOULOC B., LEVASSEUR G, STEFANI G.**, *Droit pénal général*, Dalloz, 25e éd., 2017

.**BENILLOUCHE, M.**, *Droit pénal général*, Ellipses 100% Droit, 2015

. **DEBOVE F., FALLETTI F. JANVILLE T.**, *Précis de droit pénal et de procédure pénale*, PUF, 7e éd., 2018

. **DREYER E.**, *Droit pénal général*, Litec, 4e éd. 2016

. **JACOBIN S.**, *Droit pénal général*, Bréal, 2015

. **KOLB P. et LETURMY L.**, *Cours de droit pénal général*, Gualino Amphi LMD, 3e éd., 2017

. **LARGUIER J., CONTE P., MAISTRE DU CHAMBON P.**, *Mémento de droit pénal général*, Mémento Dalloz, 2014

. **MAYAUD Y.**, *Droit pénal général*, PUF, 5e éd. 2015

.**MERLE (R), VITU (A)**, *Traité de droit criminel, T1 Droit pénal général*, Cujas, 7è éd. 2000

. **PRADEL (J)**, *Droit pénal général*, Cujas, 21e, 2016

. **SORDINO M.-C.**, *Droit pénal général*, Ellipses, 8e éd., 2016

Introduction

I – Le phénomène criminel

II – La nature du droit pénal

III – Les fonctions du droit pénal

I – Le phénomène criminel

§1 – Les différentes conceptions du phénomène criminel

A – La conception juridique du phénomène criminel

Le phénomène criminel est tout fait, d'action ou d'omission, portant atteinte aux valeurs sociales protégées par la loi pénale et puni d'une peine.

L'ordre social, protégé par le droit pénal se distingue de l'ordre moral. La loi pénale tend à organiser la vie en société en imposant des normes de conduite nécessaires et utiles à la vie sociale alors que la morale a trait à des considérations philosophiques ou religieuses. Les sanctions morales, qui sont intérieures et psychologiques visent à rendre l'individu meilleur et n'affectent que sa conscience. Les sanctions pénales qui sont extérieures sont imposées par l'État dans le but d'assurer la sécurité, la tranquillité et la salubrité publiques.

Les infractions pénales et les règles morales peuvent générer des obligations identiques et recourir à des concepts semblables comme la responsabilité ou le libre arbitre. Mais le droit pénal peut incriminer des agissements indifférents à la morale (infraction au stationnement). Certains devoirs sociaux ne sont sanctionnés que si leur violation cause un trouble à l'ordre social (omission de porter secours). La loi pénale peut ne pas incriminer des comportements réprouvés par la morale en instituant un fait justificatif (légitime défense). Certains comportements jugés immoraux ne font l'objet d'aucune sanction pénale (blasphème, contraception).

L'ordre social et l'ordre moral se distinguent par leur source. Le fait antisocial ou infraction caractérisant le phénomène criminel doit être prévu et puni par la loi pénale.

Il existe des liens étroits entre le droit pénal et la morale. La morale a contribué à la formation du droit criminel. Le caractère immoral d'un acte peut influer sur le *quantum* de la peine applicable ou la peine prononcée par le juge pénal. Le droit criminel s'adapte souvent à l'évolution des mœurs, permettant soit de dépénaliser, soit de réprimer plus sévèrement certains comportements.

I – Le phénomène criminel

§1 – Les différentes conceptions du phénomène criminel

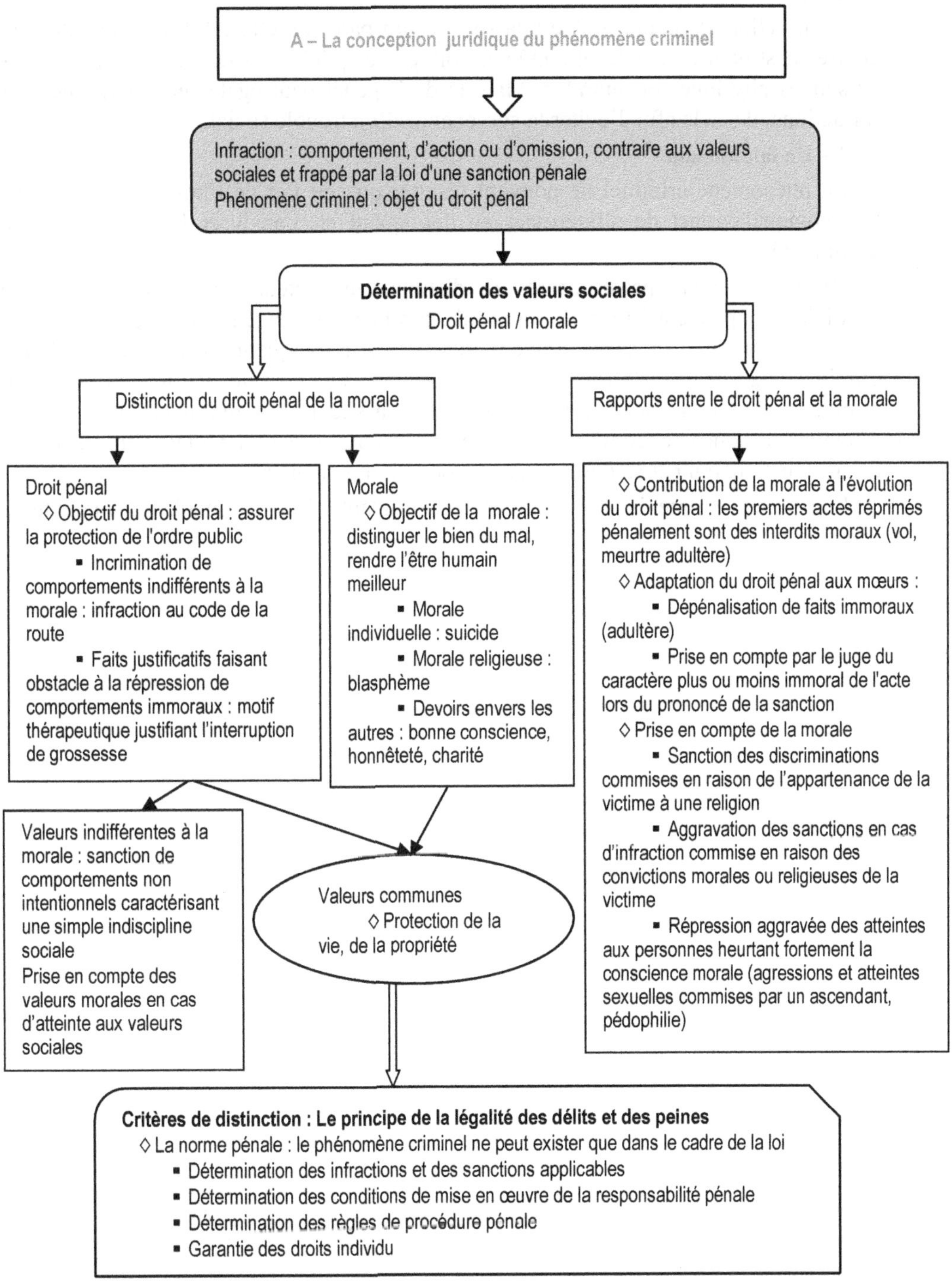

B – L'approche sociologique du phénomène criminel

Le phénomène criminel est constitué par un acte antisocial et humain.

1 – Un fait antisocial

L'infraction cause un trouble à la société soit parce qu'elle est dirigée directement contre la structure sociale elle-même, soit parce qu'elle cause un dommage à des personnes physiques ou morales. Mais le droit pénal peut également incriminer des infractions-obstacle afin d'éviter la survenance d'un trouble social.

2 – Un fait humain

Le phénomène criminel ne pouvant résulter que du fait de l'homme. L'approche sociologique permet de s'intéresser au délinquant et d'analyser les facteurs de la criminalité.

Parmi les facteurs prédisposants, on distingue les facteurs endogènes, inhérents à l'individu qui peuvent être innés ou acquis, des facteurs exogènes, liés au milieu. Ces divers facteurs prédisposants, souvent cumulés, ne provoquent pas directement l'acte criminel, mais le favorisent. Pour qu'il y ait passage à l'acte, il faut une situation criminogène et la volonté de passer à l'acte. La situation criminogène peut résulter d'une circonstance concomitante à l'acte, ayant pour cause immédiate l'infraction ou d'une situation, qui par sa durée, crée une occasion permanente.

La prise en compte de ces facteurs permet d'adapter la sanction à la personnalité de l'individu.

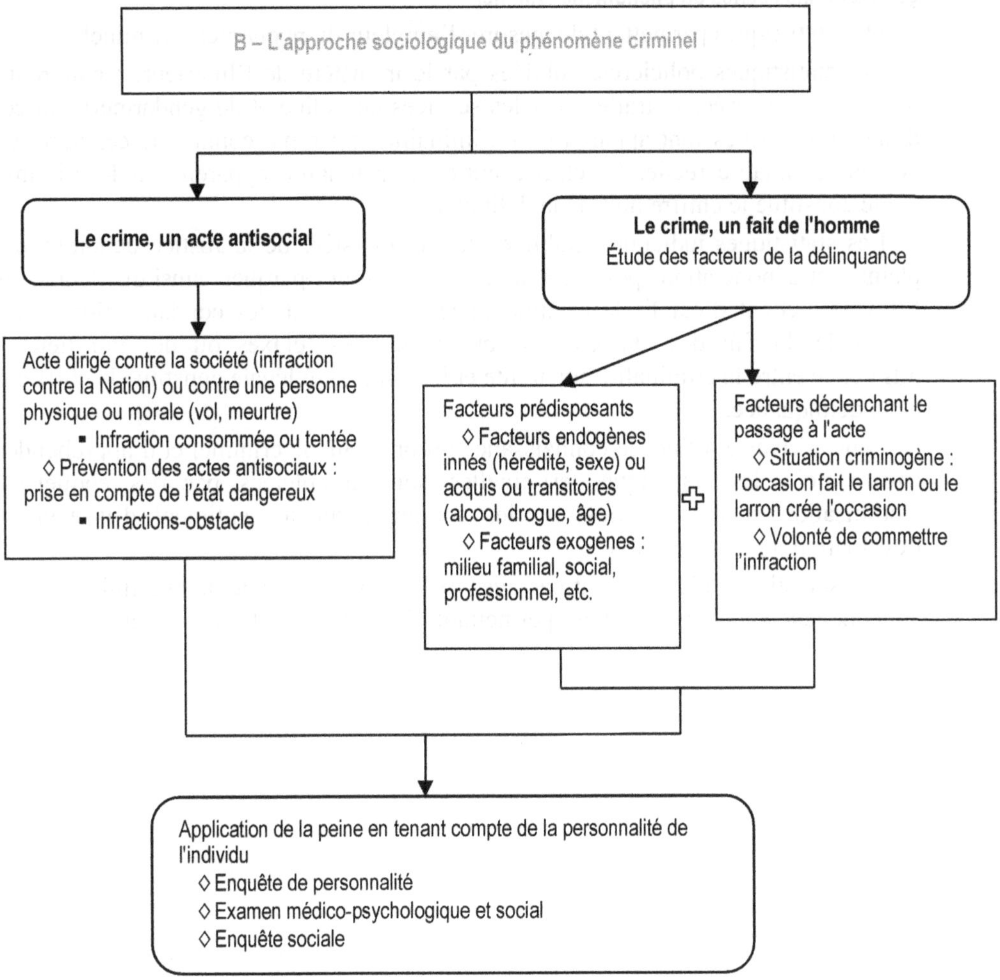
B – L'approche sociologique du phénomène criminel
Le crime, un acte antisocial
Le crime, un fait de l'homme
Étude des facteurs de la délinquance
Acte dirigé contre la société (infraction contre la Nation) ou contre une personne physique ou morale (vol, meurtre)
▪ Infraction consommée ou tentée
◇ Prévention des actes antisociaux : prise en compte de l'état dangereux
▪ Infractions-obstacle
Facteurs prédisposants
◇ Facteurs endogènes innés (hérédité, sexe) ou acquis ou transitoires (alcool, drogue, âge)
◇ Facteurs exogènes : milieu familial, social, professionnel, etc.
Facteurs déclenchant le passage à l'acte
◇ Situation criminogène : l'occasion fait le larron ou le larron crée l'occasion
◇ Volonté de commettre l'infraction
Application de la peine en tenant compte de la personnalité de l'individu
◇ Enquête de personnalité
◇ Examen médico-psychologique et social
◇ Enquête sociale

§2 - La connaissance du phénomène criminel

Des statistiques permettent de mesurer l'ampleur du phénomène criminel.

Les statistiques policières, publiées par le ministère de l'Intérieur, recouvrent les infractions recensées et traitées par les services de police et de gendarmerie au cours d'une année. Elles font apparaître la criminalité apparente connue de ces services et non la criminalité réelle. Le chiffre entre la criminalité apparente et la criminalité réelle constitue le chiffre noir de la délinquance.

Les statistiques judiciaires publiées par le ministère de la Justice dénombrent les plaintes et dénonciations portées à la connaissance des parquets ainsi que leurs suites. Elles permettent d'établir la criminalité légale résultant des condamnations qui est résiduelle du fait des classements sans suite, des relaxes ou des non-lieux. La différence entre la criminalité apparente et la criminalité légale constitue le chiffre gris de la délinquance.

Pour essayer d'affiner la connaissance du phénomène criminel et d'appréhender le chiffre noir, les statistiques criminelles sont complétées par des enquêtes de victimisation et d'autoconfession, les sondages sur le sentiment d'insécurité et l'évaluation du coût du crime.

Les statistiques n'établissent pas avec exactitude le volume de la criminalité. Elles donnent cependant des tendances permettant d'orienter la politique pénale.

§2 – La connaissance du phénomène criminel

Les statistiques de la délinquance

Statistiques policières
(Ministère de l'Intérieur)
◇ Criminalité apparente : affaires traitées par les services de police et de gendarmerie
▪ Plaintes et dénonciations reçues par procès-verbal
▪ Limites : exclusion des contraventions, pas de prise en compte des atteintes non signalées ou sans victime
◇ Chiffre noir de la délinquance : différence entre la criminalité apparente et la criminalité réelle (infractions effectivement commises)

Statistiques judiciaires
(Ministère de la Justice)
◇ Criminalité légale : affaires ayant donné lieu à condamnation
▪ Criminalité résiduelle compte tenu des classements sans suite, non-lieux, relaxes, acquittements ou de l'impossibilité pour les autorités à identifier l'auteur de l'infraction
◇ Chiffre gris de la délinquance : différence entre la criminalité légale et la criminalité apparente

Statistiques établies par d'autres services ou administrations : douanes, inspection du travail, répression des fraudes, ministère de l'Éducation nationale, main courante, etc.

Procédés complémentaires

Enquête de victimisation
◇ Étude consistant à interroger des personnes sur les infractions dont elles ont été victimes au cours d'une période donnée
◇ Étude permettant d'apprécier les motifs de non-dénonciation des faits ou de retrait de la plainte
◇ Sondage sur le sentiment d'insécurité : peur du crime, sentiment de vulnérabilité
◇ Critiques : erreur de datation, risque d'oubli, déformation des souvenirs, enquête limitée à une partie de la population

Enquête d'autoconfession ou autoportraits
◇ Enquête consistant à faire décrire par des personnes représentant un échantillon de la population les infractions qu'elles ont pu commettre au cours d'un période donnée
◇ Risque de revendication des infractions non commises ou d'occultation de certains faits ou de faits non prescrits

Évaluation du coût du crime
◇ Estimation des préjudices causés par la délinquance et du coût des organes de répression et de prévention

◇ Relativité des statistiques
▪ L'augmentation du chiffre de la délinquance ne traduit pas nécessairement une augmentation du volume d'infractions. Elle peut être liée
▪ à la réaction des victimes qui n'hésitent plus à porter plainte
▪ à la mise en place de dispositifs particuliers (Plan Vigipirate)
▪ à la visibilité et à la reportabilité de certaines infractions

◇ Intérêts
▪ Évaluation de l'activité policière ou judiciaire
▪ Établissement des tendances de la délinquance
✓Classification des infractions compte tenu leur gravité
✓Répartition des délinquants en fonction de l'âge ou du sexe ou de la dangerosité de l'auteur, des infractions commises, etc.
✓Influence sur l'orientation de la politique criminelle

II - La nature du droit pénal

Le droit pénal est l'ensemble des règles organisant la réaction de la société contre les infractions et les délinquants.

§1 - Le droit pénal, une science juridique

Le droit pénal est une discipline juridique dont l'objet est de lutter contre le phénomène criminel.

A - Le droit pénal et les autres disciplines juridiques

1 – Droit public ou droit privé ?

Comme le droit public, le droit pénal assure la protection des intérêts de la société. L'État a le monopole de la répression, que l'infraction touche directement à la structure de la société ou indirectement à intérêts de nature privé. Des institutions ou organes étatiques interviennent dans la poursuite de l'infraction, requièrent la peine et veillent à son application.

Comme le droit privé, la justice pénale relève des juridictions judiciaires. Des principes communs s'imposent à ces deux branches. Le juge pénal peut, après avoir statué sur l'action publique, rendre une décision sur les intérêts civils de la victime. Il existe toutefois des différences entre la justice civile et la justice pénale. En vertu du principe de la territorialité, la loi pénale s'applique de manière exclusive à toutes les infractions commises sur le territoire national. Le juge pénal français ne peut faire application de la loi pénale étrangère même si l'infraction a été commise à l'étranger. Une incrimination prévue par un texte international ne peut être réprimée par le juge national que si la sanction est prévue par la loi interne.

2 – L'autonomie du droit pénal

Si le droit pénal vient parfois renforcer les autres disciplines juridiques en assortissant de sanctions pénales les règles qu'elles énoncent, il n'est cependant pas un droit supplétif ou subsidiaire.

Le droit pénal est un droit autonome :

- parce qu'il est normatif : il crée des obligations qui lui sont propres. Ces obligations sont déduites des règles imposant le respect des valeurs protégées par le législateur. La loi pénale sanctionne l'homicide commis sur autrui, ce qui permet de déduire l'interdiction porter atteinte à la vie d'autrui et par conséquent, la protection de la vie d'autrui ;

- parce qu'il énonce des principes et des concepts spécifiques : le principe de la légalité des délits et des peines, le principe de la non-rétroactivité de la loi pénale plus sévère, la tentative, la complicité ;

- parce que le juge pénal peut s'affranchir des définitions usitées dans les autres branches du droit : le domicile est ainsi plus largement défini qu'en droit civil. L'abus de confiance est réalisé malgré la nullité du contrat préalable ;

- parce que la justice pénale doit être individualisée : le juge pénal doit, dans le cadre de l'application des peines, tenir compte de la personnalité de l'auteur.

II – La nature du droit pénal

§1 – Le droit pénal, une science juridique

A – Le droit pénal et les autres sciences juridiques

Nature hybride du droit pénal

Droit pénal et droit privé

◊ Rattachement au droit privé
- Protection des droits des parties privées : victime et délinquant
- Compétence des juridictions judiciaires
- Mise en mouvement de l'action publique par la victime

◊ Particularités du droit pénal par rapport au droit privé
- Application du principe de la territorialité en droit pénal
- Incompétence du juge pénal pour appliquer la loi pénale étrangère
  - ✓Mais la loi étrangère peut être prise en compte pour déterminer le champ d'application de la loi pénale en vertu du principe de la double incrimination
- Droit souverain : seule la loi nationale peut déterminer les sanctions pénales applicables
  - ✓Les incriminations peuvent être prévues par des normes supranationales.

Droit pénal et droit public

◊ Rattachement au droit public
- Protection de l'intérêt social : sanction des comportements portant atteinte à l'intérêt général
- Monopole étatique de la répression : intervention nécessaire des organes étatiques pour assurer la répression
- Exécution de la peine
  - ✓Paiement de l'amende au Trésor public
  - ✓Rôle des autorités étatiques dans la poursuite et l'application des peines

◊ Particularité du droit pénal
- Compétence des autorités judiciaires

Autonomie du droit pénal

- Droit normatif : règles de comportement imposées de manière indirecte
- Institution de concepts propres : principe de la légalité, complicité, tentative
- Individualisation de la justice pénale : prise en compte de la personnalité de l'auteur dans la mesure et l'application de la peine
- Définition autonome des dispositions de nature extrapénale
  - ◊ soit pour assurer la répression
  - ◊ soit pour protéger les droits et libertés individuels

B – Les composantes du droit pénal

1 – Selon l'objet

Le droit pénal général expose les théories générales du droit pénal et les règles applicables à toutes les infractions (art. 111-1 à 133-17 CP). Il définit les différentes catégories d'infractions et leur régime juridique. Il détermine les conditions de mise en jeu de la responsabilité pénale. Il établit la liste des sanctions pénales ainsi que leurs modalités d'application.

Le droit pénal spécial est l'application des principes généraux énoncés par le droit pénal général à chacune des infractions prévues par les textes d'incrimination. Le droit pénal spécial indique, pour chaque infraction, les éléments constitutifs et les peines applicables. Il s'est lui-même subdivisé en plusieurs branches spécialisées (droit pénal des affaires, droit pénal du travail, droit pénal de l'environnement, etc.).

La procédure pénale s'attache à l'organisation, la compétence et le fonctionnement des juridictions pénales. Elle fixe les règles relatives à la constations des infractions, à la poursuite et au jugement de leurs auteurs. Elle définit les conditions d'exercice de l'action publique et de l'action civile, leurs modes de déclenchement et leurs causes d'extinction.

Le droit pénitentiaire ou pénologie est l'ensemble des règles relatives au régime d'exécution et d'application des sanctions. C'est le droit pénitentiaire qui analyse le régime juridique et administratif de l'exécution des peines. Il permet aussi d'apprécier la valeur et l'efficacité des sanctions pénales.

2 – Selon le champ d'application dans l'espace

Le droit pénal international règle les conflits de lois et de juridictions dans l'espace. Il organise la coopération policière ou judiciaire en États et prévoit l'application des traités internationaux.

Le droit pénal européen est constitué de conventions s'appliquant aux divers États européens signataires en matière pénale. On distingue le droit issu de la Convention européenne des droits de l'homme du droit de l'Union européenne.

Le droit international pénal envisage la répression par des juridictions pénales internationales de crimes imputables aux chefs d'État et exécutants portant atteinte au droit des gens : crimes contre l'humanité, crimes de guerre, génocide, etc.

Le droit pénal comparé permet d'étudier les systèmes étrangers, d'en isoler les techniques permettant d'améliorer le système pénal interne et de rechercher des solutions communes.

B – Les composantes du droit pénal

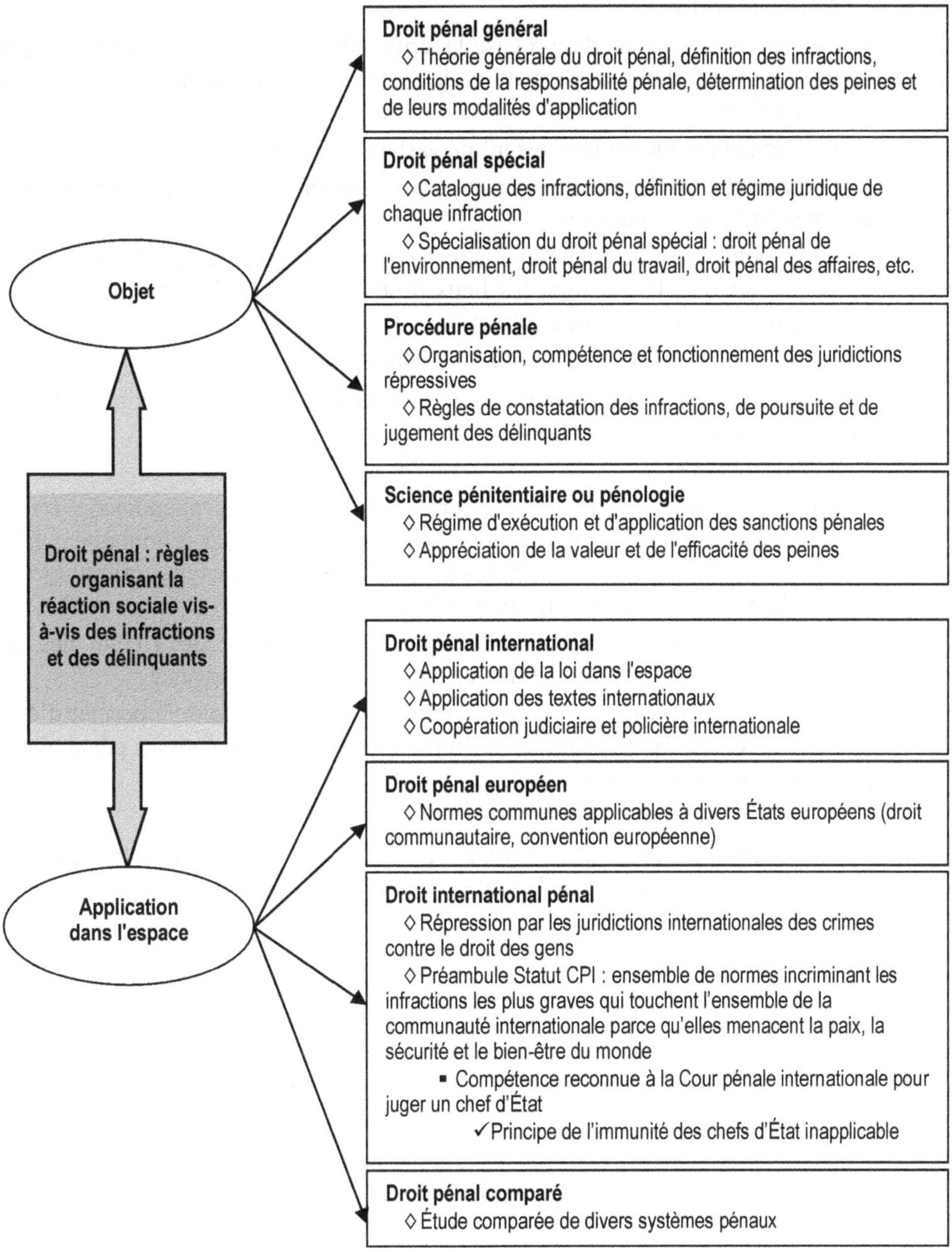

§2 - Le droit pénal et les sciences criminelles non juridiques

A – La criminalistique

Dite parfois science du procès, la criminalistique est l'ensemble des procédés scientifiques et techniques permettant de réunir les preuves et de découvrir les auteurs des infractions.

La criminalistique est une discipline vaste qui comprend :

- la médecine légale qui permet de déterminer les causes d'un décès ou les atteintes à l'intégrité physique ;
- la police scientifique qui s'attache aux circonstances de l'infraction par un examen des traces laissées sur les lieux du crime. Elle analyse les traces, indices ou objets laissés sur les lieux de l'infraction;
- la chimie qui révèle les fraudes, les faux ;
- l'anthropométrie criminelle qui permet l'identification des délinquants par leurs caractéristiques physiques, les empreintes digitales ou génétiques.

B – La criminologie

La criminologie étudie les facteurs et les causes du phénomène criminel et détermine les moyens de traitement et de prévention de la criminalité. Elle tente d'établir le processus de la délinquance par l'étude des facteurs criminogènes et la théorie du passage à l'acte. Elle analyse la réaction sociale à l'acte criminel.

La criminologie est multidisciplinaire et son essor est lié à celui des sciences médicales et sociales appliquées à la criminalité et à la délinquance.

La criminologie s'intéresse aussi à la victime. La victimologie permet d'étudier le rôle de la victime dans la genèse de l'infraction et dans le processus pénal ainsi que la protection des droits de la victime.

C – La politique criminelle

Elle préconise les divers moyens de lutte, aussi bien préventifs que répressifs, organisés par la société contre le crime.

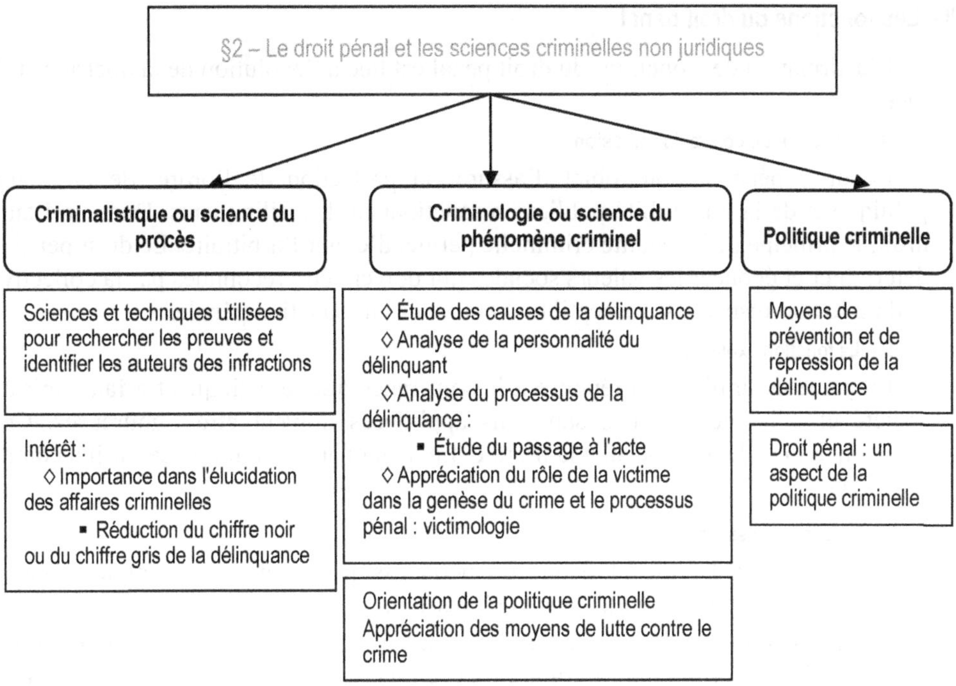
§2 – Le droit pénal et les sciences criminelles non juridiques
Criminalistique ou science du procès
Criminologie ou science du phénomène criminel
Politique criminelle
Sciences et techniques utilisées pour rechercher les preuves et identifier les auteurs des infractions
Intérêt :
◇ Importance dans l'élucidation des affaires criminelles
▪ Réduction du chiffre noir ou du chiffre gris de la délinquance
◇ Étude des causes de la délinquance
◇ Analyse de la personnalité du délinquant
◇ Analyse du processus de la délinquance :
▪ Étude du passage à l'acte
◇ Appréciation du rôle de la victime dans la genèse du crime et le processus pénal : victimologie
Orientation de la politique criminelle
Appréciation des moyens de lutte contre le crime
Moyens de prévention et de répression de la délinquance
Droit pénal : un aspect de la politique criminelle

III – Les fonctions du droit pénal

L'affirmation des fonctions du droit pénal est liée à l'évolution de la doctrine et des idées.

A – Une garantie contre l'oppression

Le droit pénal a pour objet d'assurer la protection de l'ordre, de la sécurité publique et de la tranquillité publics en sanctionnant les délinquants. Dans un État de droit, le principe de la légalité criminelle permet d'éviter l'arbitraire. Le droit pénal va déterminer et énoncer les valeurs sociales qui doivent être reconnues par la collectivité et dont le non-respect est susceptible d'entraîner une sanction pénale.

B – La fonction expiatoire

La peine est infligée en réponse à la souffrance que le délinquant a fait subir à la société et à la victime. Les sanctions appliquées doivent être rigoureuses. Cette fonction associe le droit pénal à la morale. Le délinquant est puni parce qu'il a commis une faute.

C– La fonction dissuasive

Elle est liée à l'école classique ou néo-classique et met en avant les idées de proportionnalité et d'humanité dans la répression.

La répression est utile et nécessaire à la défense de l'ordre social. C'est un moyen de prévention du crime par la crainte que la sanction fait naître individuellement ou collectivement. Cet objectif peut être atteint, non par une répression sévère, mais par une répression certaine et proportionnelle à l'acte. La peine doit dépendre des circonstances de l'infraction et du degré de culpabilité de l'auteur.

D – La lutte contre l'état dangereux du délinquant

L'école positiviste met l'accent sur le déterminisme lié aux caractéristiques personnelles ou sociales de l'individu. L'individu n'est pas responsable de ses actes. Mais il faut assurer la défense de la société et la prévention du crime en soumettant le délinquant à des mesures de sûreté. Les délinquants dangereux seront éliminés ou neutralisés. Les autres seront traités par des mesures répressives indéterminées et prises en tenant compte de la personnalité du délinquant.

E – L'individualisation de la sanction

La défense sociale nouvelle entend protéger la société contre les délinquants, mais la peine ne doit pas seulement viser l'expiation de la faute. Elle doit également assurer la réinsertion du délinquant. La peine doit être prononcée en tenant compte de la personnalité du coupable. L'établissement de la culpabilité n'emporte pas nécessairement le prononcé d'une peine.

F – La fonction réparatrice et la justice restaurative

Le droit pénal doit prendre en compte les intérêts des victimes. Diverses sanctions permettent d'assurer la réparation du préjudice subi par la victime.

III – Les fonctions du droit pénal

Fonction expiatoire

◊ Le délinquant est puni parce qu'il a commis une faute
- Théorie du libre arbitre
- Sévérité des peines
- Conception liée à la morale, indifférente aux droits et libertés fondamentaux

École de la justice absolue

◊ Auteur : Kant

◊ Applications : réclusion à perpétuité, peine incompressible, lutte contre la criminalité et la délinquance organisées

Fonction préventive ou dissuasive

◊ Caractères de la peine
- Une peine modérée peut être efficace dès lors que son application est certaine
- La peine doit être adaptée à la responsabilité morale du délinquant

◊ Utilité de la peine
- Prévention individuelle : éviter la récidive
- Prévention générale: dissuader les non-délinquants

École classique et néo-classique

◊ Beccaria, *Traité des délits et des peines*, 1764 ; Montesquieu, *Esprit des lois*, 1748 ; Bentham, *Traité de la législation civile et pénale*, 1802 ; Rossi, *Traité de droit pénal*, 1829 ; Ortolan, *Éléments de droit pénal*, 1875

◊ Applications
- Atténuation des peines : généralisation des circonstances atténuantes par une loi de 1832, suppression des peines corporelles, suppression de la mort civile, abolition de la peine de mort
- Prévention individuelle : régime pénitentiaire des mineurs, distinction infraction de droit commun - infraction politique

L'individualisation des peines
École positiviste

◊ Lombroso, *L'Homme criminel*, 1876 ; Ferri, *Sociologie criminelle*, 1881 ; Garofalo, *Criminologie*, 1885

◊ Déterminisme des comportements humains
- Explication scientifique du phénomène criminel
- Stigmates de la délinquance
- Influence du milieu social
- Anomalies morales ou physiques

◊ Inutilité de la peine car le délinquant est irresponsable : application des mesures de sûreté sociale pour assurer la défense de la société
- Neutralisation ou élimination des individus irrécupérables
- Adaptation des mesures en fonction de l'état dangereux

◊ Applications : sursis à l'exécution de la peine, répression plus sévère de la récidive, application de la rétention de sûreté aux personnes dont la particulière dangerosité est établie

La défense sociale nouvelle - Resocialisation

◊ Prins ; Grammatica ; Ancel, *La défense sociale nouvelle*, 1954 ; Saleilles

◊ Responsabilité du délinquant doté du libre-arbitre

◊ Défense de la société contre les comportements délictueux

◊ La resocialisation du délinquant, un objectif de la sanction pénale
- Application de la peine en tenant compte de la personnalité de l'auteur et de la gravité des faits
- Individualisation de la sanction

◊ Applications : droit des mineurs (ord. 2 févr. 1945), césure entre la déclaration de culpabilité et le prononcé de la peine (ajournement, dispense de peine), peines de substitution à l'emprisonnement

Respect des droits de la victime

◊ La peine doit être prononcée de manière à concilier la protection de la société et les intérêts de la victime (art. 130-1 CP)
- Mesures et sanctions réparatrices
- Justice restaurative (art. 10-1 CPP)

1re partie
La norme pénale

Titre 1 – La nécessité d'une norme pénale

Titre 2 – L'application de la loi pénale

Titre 1 – La nécessité d'une norme pénale

Chapitre 1 – Le principe de la légalité des délits et des peines

Section 1 – Signification du principe

En application du principe de la légalité criminelle, seuls les comportements incriminés par la loi pénale sont susceptibles de sanction pénale (art. 111-3 CP).

Ce principe constitue une garantie pour les libertés individuelles. Il suppose la préexistence du texte à l'acte réprimé. Chaque citoyen sait ce qui est défendu et quelles peuvent être les conséquences de ses actes. Une fois la norme pénale publiée, la maxime *Nul n'est censé ignorer la loi* s'applique.

Le principe de la légalité permet aussi de délimiter le domaine de la répression. Si un comportement n'est pas saisi par la loi pénale, aucune poursuite n'est possible et aucune sanction ne peut être prononcée.

Il s'agit d'un principe à valeur constitutionnelle et universelle.

Titre 1 – La nécessité d'une norme pénale

Chapitre 1 – Le principe de la légalité des délits et des peines

Section 1 – Signification du principe

Le principe de la légalité criminelle
Nullum crimen, nullum poena, sine lege

Fondements et justification du principe

◇ Protection des libertés individuelles
◇ Garantie contre l'arbitraire du juge
◇ Détermination du domaine de la répression : seuls les comportements incriminés par la norme pénale sont susceptibles de sanction
- Nécessité d'un texte d'incrimination, qualifiant les comportements pénalement sanctionnés
- Nécessité d'un texte déterminant la peine applicable

Consécration du principe

◇ Art. 111-3 CP :
- *Nul ne peut être puni pour un crime ou un délit dont les éléments constitutifs ne sont pas définis par la loi, ou pour une contravention dont les éléments constitutifs ne sont pas définis par le règlement ;*
- *Nul ne peut être puni d'une peine qui n'était pas prévue par la loi si l'infraction est un crime ou un délit, ou par le règlement si l'infraction est une contravention*

Valeur du principe
◇ Principe à valeur constitutionnelle
- art. 34 Const.
- Préambule de la Constitution renvoyant à la DDH
- C. const., 19-20 janv. 1981

◇ Principe à valeur universelle : art. 7 CEDH, art.15 Pacte international civil relatif aux droits civils et politiques, art. 49 Charte des droits fondamentaux de l'Union européenne ; art. 7, 8, DDH

Section 2 – Portée du principe

Le principe de la légalité s'impose au législateur et au juge.

§1 – Pour le législateur

A – La légalité des incriminations

Le législateur doit prévoir une liste des faits répréhensibles en fonction de sa politique criminelle.

Il doit définir les infractions, quelle que soit leur nature ou leur gravité, ainsi que les états dangereux.

L'incrimination des infractions doit être faite en termes suffisamment clairs et précis pour exclure l'arbitraire. Il est recommandé d'éviter le recours aux termes généraux, imprécis ou obscurs afin d'empêcher des interprétations divergentes.

B – La légalité des sanctions

Les sanctions pénales applicables, dans leur nature, leur taux et leur durée ne doivent être prévues par la loi. La règle s'applique aussi bien aux peines qu'aux mesures de sûreté et à toute sanction ayant le caractère de peine même si elle est prononcée par une autorité non judiciaire ou non juridictionnelle.

Le principe de la légalité oblige le législateur à prévoir dans le même texte d'incrimination la nature de la peine et son *quantum* (taux et/ou durée). Cette exigence n'est pas toujours respectée dans la mesure où le législateur use de la technique de la pénalité par référence.

C – La légalité des règles de procédure

Le principe de la légalité s'applique à la procédure pénale. Le législateur doit déterminer au préalable des juridictions compétentes, le déroulement du procès, les voies de recours.

Section 2 – Portée du principe

§1 – Pour le législateur

La loi pénale

Lois de fond

La légalité des incriminations

◇ Obligation de définir les comportements incriminés :
- Obligation de définir les infractions dans des termes suffisamment clairs et précis afin d'exclure l'arbitraire (C. Const. 19-20 janv. 1981 ; 27 janv. 1985)
- Obligation d'assurer l'accessibilité et la prévisibilité des textes pénaux : publication des textes édictés
- Détermination des conditions de la responsabilité pénale

La légalité des peines

◇ Détermination des peines, des mesures de sûreté et de toute sanction à caractère punitif
- Obligation de prévoir dans un même texte l'infraction et la peine dans sa nature et dans son *quantum*
- Détermination des modalités du traitement pénal

◇ Proportionnalité des peines

Lois de procédure

◇ Détermination des règles de procédure

◇ Organisation et compétence des juridictions répressives

◇ Voies de recours

Atteintes au principe de la légalité

◇ Imprécision des textes, utilisation des termes généraux
- Pouvoir d'interprétation du juge

◇ Délégation de la compétence législative au pouvoir exécutif
- Intervention de l'exécutif dans le domaine de la loi par ordonnance sur habilitation du parlement
- Renvoi de la loi à des textes d'application

◇ Pénalité par renvoi
- Incrimination prévue par un texte, sanction applicable prévue par un autre texte

◇ Multiplication des sources du droit pénal et inflation législative
- Spécialisation du droit pénal
- Influence des sources supranationales
- Pouvoir répressif des autorités administratives indépendantes

§2 – Pour le juge

En raison du principe de la légalité criminelle, le juge ne peut créer des infractions ni édicter des peines.

Le juge ne peut prononcer une condamnation pour un fait non prévu et réprimé par la loi pénale. Il doit s'assurer qu'une qualification pénale est bien applicable aux faits qui lui sont soumis. Il doit constater l'existence des circonstances exigées par la loi. Si un comportement n'est pas pénalement sanctionné, son auteur ne peut faire l'objet d'une condamnation.

Le juge pénal ne peut prononcer une peine qui n'est pas prévue dans la nomenclature des sanctions pénales applicables. Il ne peut prononcer une peine autre que celle prévue par la loi pour l'infraction dont il est saisi ou appliquée par la loi à la nature de l'infraction.

Le juge répressif ne peut prononcer une peine que dans les limites fixées par la loi. Il ne peut dépasser le maximum légal autorisé. Il n'est cependant pas obligé de prononcer toutes les peines légales encourues pour une infraction déterminée. Il dispose d'un large pouvoir d'individualisation de la sanction lui permettant, dans la limite fixée par le législateur, d'adapter la peine en fonction des circonstances de l'infraction et de la personnalité du prévenu. Il peut en diminuer le *quantum* ou l'assortir de diverses modalités.

§2 – Pour le juge

Interdiction d'incriminer et d'édicter des peines

Pas de condamnation judiciaire sans incrimination

◊ Obligation de qualifier les faits
◊ Obligation de constater l'existence des circonstances exigées par la loi

Cependant :
◊ Pouvoir d'appréciation du juge : opportunité des poursuites, correctionnalisation judiciaire

Obligation de ne prononcer que les peines prévues par le législateur

◊ Interdiction de prononcer une peine non prévue par la loi
- Application de la peine en tenant compte de la nature de l'infraction
- Interdiction de prononcer une peine non prévue pour l'infraction en cause

◊ Prise en compte de la nature des peines
- Respect du non-cumul de peines en fonction de leur nature

◊ Mesure de la peine dans la limite des maxima légaux

Cependant :
◊ Pouvoir d'individualisation
- Adaptation de la peine en fonction des circonstances de l'infraction et de la personnalité de l'auteur
- Pouvoir de prononcer une peine en deçà du maximum légal
- Faculté laissée au juge de choisir la peine applicable parmi les peines prévues pour l'infraction
- En cas de déclaration de culpabilité, pouvoir du juge de prononcer une dispense de peine ou un sursis

Chapitre 2 – Les sources du droit pénal

Section 1 – Les sources internes

L'application du principe de la légalité criminelle exclut les sources non écrites. La Constitution pose le principe de la répartition des compétences entre la loi et le règlement pour édicter des normes pénales.

§1 - La loi

A - Le domaine de la loi

1 – La loi ordinaire

Au sens strict, la loi désigne le texte voté par le parlement, promulgué par le Président de la République et publié au journal officiel. Selon l'article 34 Const., *la loi fixe les règles concernant la détermination des crimes et les délits ainsi que les peines qui sont applicables, la procédure pénale, l'amnistie*. L'article 111-2 CP précise que *la loi détermine les crimes et les délits ainsi les peines applicables à leurs auteurs*.

La principale loi pénale est le code pénal. Mais de nombreuses incriminations sont définies dans d'autres codes (code de la route, code de la consommation, code de l'environnement, etc.) ou dans des lois non codifiées (ex. la loi du 29 juillet 1881 sur la presse).

2 – Les textes d'origine réglementaire assimilés aux lois

Les ordonnances prises par le pouvoir réglementaire sur délégation du parlement (art. 38 Const.) sont assimilées aux lois lorsqu'elles sont ratifiées par le parlement. Les décisions du président de la République en période de crise (art. 16 Const.) ne sont pas soumises à ratification et ont même valeur que la loi. Dans ces hypothèses, le pouvoir exécutif intervient dans le domaine de la loi.

Chapitre 2 – Les sources du droit pénal

Section 1 – Les sources internes

Exclusion des sources non écrites

Le rôle de la coutume

Rôle supplétif
◇ Admission de faits justificatifs par renvoi de la loi à la coutume
◇ Recours à la coutume
▪ pour qualifier une infraction : référence aux usages
▪ pour interpréter la loi : bonnes mœurs, diligences normales

Le rôle de la jurisprudence

Application de la loi
◇ Règlement des litiges
◇ Pouvoir d'interprétation
▪ Consécration législative des interprétations jurisprudentielles
✓Légalité des actes administratifs, état de nécessité, etc.
◇ Principes généraux de droit
▪ Présomption d'innocence, respect des droits de la défense, etc.

§1 – La loi

A – Le domaine de la loi

Art. 111-2 CP : « *La loi détermine les crimes et les délits et fixe les peines applicables à leurs auteurs* »
◇ Détermination des crimes et des délits ainsi que des peines applicables
◇ Détermination des règles de procédure

Monopole de la loi ordinaire (art. 34 Const.)
◇ Code pénal
◇ Codes annexes : code de la route, code de la consommation, etc.
◇ Textes non codifiés : loi 29 juil. 1881 sur la presse, ordonnance du 2 févr. 1945 sur l'enfance délinquante

Limites au monopole de la loi
◇ Actes de l'exécutif ayant valeur de loi
▪ Ordonnances prises sur délégation du parlement (art. 38 Const.)
✓Valeur légale dès la ratification par le parlement
▪ Décisions du président de la République en période de crise (art. 16 Const.)

B - La constitutionnalité des lois

En application du principe de la hiérarchie des normes, la loi doit être conforme à la Constitution.

Le Conseil constitutionnel est compétent pour contrôler la constitutionnalité de la loi et pour interpréter les normes pénales qui lui sont déférées. Il peut énoncer des principes à valeur constitutionnelle.

Les décisions du Conseil constitutionnel ont l'autorité de la chose jugée et s'imposent aux pouvoirs publics et à toutes les autorités administratives et juridictionnelles (art. 62 Const.).

1 – Le contrôle *a priori* de constitutionnalité

Le Conseil constitutionnel doit être saisi avant la promulgation de la loi (art. 61 al. 2 C. const.). Après la promulgation, la loi est censée être conforme à la constitution.

2 – La question prioritaire de constitutionnalité

La QPC porte sur les lois promulguées, ayant été ou non soumises à un contrôle *a priori*, quelle que soit leur date d'entrée en vigueur (art. 61-1 Const.).

Tout justiciable peut, à l'occasion d'un litige, contester la constitutionnalité d'une disposition législative portant atteinte aux droits et libertés garantis par la Constitution. La juridiction examine la recevabilité de la demande aux fins d'ordonner sa transmission à la Cour de cassation qui, à son tour, peut saisir le Conseil constitutionnel.

Il s'agit d'une question prioritaire car la juridiction doit, le cas échéant, statuer par priorité sur la QPC avant de se prononcer sur la conformité du texte aux engagements internationaux de la France.

B – La constitutionnalité des lois

Contrôle de la conformité de la loi à la Constitution

Étendue du contrôle : bloc de constitutionalité
◇ Const. 4 oct. 1958
◇ Préambule de la Constitution et les textes auxquels il renvoie
▪ Préambule de la Constitution du 27 oct. 1946
▪ Déclaration des droits de l'homme
▪ Charte de l'environnement
◇ Principes fondamentaux reconnus par les lois de la République
◇ Principes généraux à valeur constitutionnelle

◇ **Compétence du C. const.**
▪ Incompétence du juge judiciaire
✓Contrôle de la constitutionnalité d'une loi même non déférée au C. const. impossible

Contrôle *a priori* (art. 61 Const.)
◇ Contrôle exercé après l'adoption de la loi par le parlement et avant la promulgation par le Président de la République
◇ Auteurs de la saisine : Président de la République, Premier ministre, Président de l'Assemblée nationale ou du Sénat, 60 députés ou 60 sénateurs
◇ Recours portant sur toutes les lois sauf les lois référendaires
◇ Saisine directe du juge constitutionnel

Contrôle *a posteriori* (art. 61-1 Const.)
◇ Contrôle exercé après l'entrée en vigueur d'une loi ayant fait ou non l'objet d'un contrôle *a priori*
◇ Contrôle par voie d'exception
▪ Moyen pouvant être invoqué par le justiciable devant toute juridiction à l'occasion d'un litige
✓Sauf devant la Cour d'assises : QPC pendant l'instruction ou à l'occasion d'un appel ou d'un pourvoi en cassation
✓Possibilité d'invoquer la QPC pour la première fois devant la Cour de cassation à l'occasion d'un pourvoi
▪ Disposition portant atteinte aux droits et libertés garantis par la Constitution
◇ Examen de la recevabilité de la question le juge
▪ Conditions de la recevabilité de la demande par le juge du fond aux fins de transmission à la Cour de cassation
✓Loi applicable au litige
✓Disposition non encore jugée non conforme à la Constitution, sauf changement de circonstances
✓Caractère sérieux de la question
▪ Conditions de la recevabilité de la demande par la Cour de cassation aux fins de transmission au Conseil constitutionnel
✓Loi applicable au litige
✓Disposition non encore jugée non conforme à la Constitution, sauf changement de circonstances
✓Question nouvelle ou présentant un caractère sérieux

Effets du contrôle
◇ Effet absolu des décisions du C. const.
▪ Autorité sur le législateur, le juge et les autorités administratives
◇ Application des textes déclarés conformes à la loi
▪ Réserve d'interprétation : disposition déclarée conforme à la Constitution sous réserve d'être interprétée ou appliquée tel que l'indique le Conseil constitutionnel
◇ Abrogation des dispositions déclarées inconstitutionnelles (art. 62 Const.)
▪ Fondement art. 61 Const. : pas de promulgation ni de mise en application du texte
▪ Fondement art 61-1 Const. : abrogation de la disposition dès la publication de la décision ou une date ultérieure fixée par cette décision.
◇ Décision non susceptible de recours

§2 - Les actes administratifs

A - La compétence du règlement en matière de police

Le règlement est un acte administratif de portée générale et impersonnelle.

Aux termes de l'article 112-2 alinéa 2 CP, *le règlement détermine les contraventions et fixe, dans les limites et selon les distinctions établies par la loi, les peines applicables aux contrevenants.*

Seuls les décrets en Conseil d'État peuvent définir les contraventions et les peines applicables dans les limites légales (art. R610-1 CP).

Les règlements autonomes peuvent incriminer une contravention, mais ne peuvent édicter de peine. Le non-respect de leurs prescriptions est sanctionné en application de l'article R610-5 CP qui punit à titre de contravention de 1re classe les violations ou manquements aux obligations édictées par les décrets et arrêtés de police.

Les règlements d'application peuvent préciser un crime ou un délit défini par la loi. Les peines applicables sont dans ce cas prévues par la loi en exécution de laquelle ils ont été pris.

§2 – Les actes administratifs

A – La compétence du règlement en matière de police

Décrets en Conseil d'État

◇ Détermination des contraventions et des peines applicables dans les limites et selon les distinctions établies par la loi (art. 111-2 et R610-1 CP)

Compétence limitée du pouvoir réglementaire

◇ Compétence subordonnée à la loi

- Détermination des classes de contraventions, des peines encourues, du régime des contraventions par la loi

◇ Compétence concurrencée par la loi

- Empiètement du pouvoir législatif sur le domaine réglementaire : C. const. 30 juil. 1982

◇ Compétence limitée par la Constitution

- Incompétence du pouvoir réglementaire pour édicter des peines privatives de liberté : C. const. 28 nov. 1973

Autres règlements

◇ Règlement d'application :

- Compétence pour préciser les éléments constitutifs d'un crime ou d'un délit par renvoi de la de la loi : C. const. 10 nov. 1982
- Sanction de la violation des règlements d'application
  - ✓Peine prévue par la loi en application de laquelle le règlement a été pris
  - ✓A défaut, application de 'article R610-5 CP

◇ Règlement autonome autres que le décret en Conseil d'État

- Application de l'art. R610-5 CP : *la violation des interdictions ou le manquement aux obligations édictées par les décrets et arrêtés de police est punie de l'amende prévues pour les contraventions de la 1re classe*
  - ✓Décret simples, arrêtés préfectoraux ou municipaux
  - ✓La violation ne doit pas être sanctionnée par un texte spécial
  - ✓Décrets et arrêtés ayant pour objet le maintien de la sécurité, de la tranquillité et de la salubrité publiques

B - La légalité des actes administratifs

L'acte administratif, général ou individuel, doit être conforme à la loi.

1 – Le contrôle par voie d'action

Le contrôle de la légalité d'un acte administratif relève de la compétence du juge administratif. L'acte peut être annulé en cas d'illégalité externe (incompétence de l'auteur de l'acte, vice de forme ou de procédure) ou interne (violation de la loi, détournement de pouvoir ou de procédure). L'annulation du règlement a un effet rétroactif à l'égard de tous et aucune condamnation ne peut être prononcée sur le fondement du texte annulé.

2 – Le contrôle par voie d'exception

Les juridictions répressives sont compétentes pour statuer sur la validité d'un règlement lorsque la question leur est posée à l'occasion d'un litige en cours. L'exception doit être invoquée *in limine litis*, avant tout débat au fond (art. 386 CPP). Mais le juge a la faculté de déclarer d'office l'illégalité d'un acte (art. 111-5 CP).

Les juridictions pénales sont compétentes pour interpréter les actes administratifs, réglementaires ou individuels, et pour en apprécier la légalité lorsque de cet examen dépend la solution du procès pénal qui leur est soumis. Ce contrôle porte sur tous les actes administratifs, même non pénalement sanctionnés.

Les cas d'illégalité sont les mêmes que devant le juge administratif. Si le juge pénal ne peut porter d'appréciation sur l'opportunité de l'acte, la chambre criminelle admet cependant l'erreur manifeste d'appréciation.

Les décisions du juge pénal ont une valeur relative. Si le juge répressif estime l'acte administratif illégal, il en écarte l'application dans le procès en cours. Mais l'acte n'est pas annulé et peut servir de bases à de nouvelles poursuites. Si l'acte est jugé valable, le juge pénal peut l'appliquer mais son illégalité peut être soulevée dans un autre procès.

Lorsqu'un recours en annulation du même texte a été introduit devant le juge administratif, le juge répressif n'est pas obligé de surseoir à statuer. Cependant, si le juge administratif annule l'acte, cette décision s'impose au pénal. Si l'acte n'a été pas annulé, son illégalité peut toujours être invoquée par voie d'exception.

B – La légalité des actes administratifs

Le contrôle par voie d'action
Compétence du juge administratif
◊ Annulation de l'acte illégal
▪ Autorité absolue de la décision
✓L'acte ne peut servir de fondement aux poursuites
✓Effet rétroactif : les infractions commises avant l'annulation ne sont pas punissables
o Toutefois, possibilité pour le juge administratif de reporter la prise d'effet de l'annulation, à titre exceptionnel et dans un but d'intérêt général
◊ Acte valable
▪ Exception d'illégalité possible devant le juge pénal

Le contrôle par voie d'exception

Exception d'illégalité invoquée devant le juge pénal à l'occasion d'un procès
◊ Exclusion du contrôle d'opportunité

Compétence du juge répressif
◊ Art. 111-5 CP : *Le juge répressif est compétent pour apprécier la légalité et interpréter les actes administratifs dont dépend la solution du litige*
▪ Actes dont dépend la solution du litige :
✓Acte définissant une infraction ou déterminant les sanctions encourues
✓Acte à l'origine des poursuites ou invoqué comme moyen de défense
✓Acte assorti ou non de sanctions pénales
✓Acte réglementaire ou individuel
◊ Exception d'illégalité à soulever *in limine litis*, avant tout débat au fond
▪ Exception pouvant être soulevée d'office par le juge
◊ Étendue du contrôle :
▪ Contrôle de la légalité effectué par rapport à toutes les normes supérieures, sous réserve de ne pas apprécier la constitutionalité d'un texte législatif
✓Contrôle de conventionalité possible
▪ Illégalité interne ou externe de l'acte
▪ Incompétence du juge pénal
✓pour apprécier l'opportunité de l'acte
✓si les éléments constitutifs de l'infraction sont déterminés par la loi
✓lorsque la sanction pénale prévue par la loi est d'application automatique et ne dépend pas d'une décision administrative ou du juge pénal

Trib. des conflits, 11 oct. 2011
◊ Le juge pénal peut statuer sur la légalité de l'acte administratif
▪ lorsque l'illégalité de l'acte est manifeste au vu d'une jurisprudence établie, afin de répondre aux exigences de bonne administration de la justice et à la nécessité d'obtenir le jugement dans un délai raisonnable
✓Référence à la jurisprudence administrative
▪ lorsque l'illégalité de l'acte administratif provient de la contrariété avec une norme issue du droit de l'Union européenne

Effet relatif de la décision du juge pénal
◊ Acte jugé illégal : acte écarté du procès en cours, mais pouvant servir de bases à de nouvelles poursuites
◊ Acte jugé valable : application de l'acte au procès en cours, mais l'exception d'illégalité peut être soulevée au cours d'un autre procès

Section 2 – Les textes supranationaux

§1 - Généralités

A - Principe de la suprématie des textes internationaux

Aux termes de l'article 55 Const., *les traités ou accords régulièrement ratifiés ou approuvés ont, dès leur publication, une autorité supérieure à celle des lois, sous réserve, pour chaque accord ou traité, de son application par l'autre partie.*

Les textes internationaux ne peuvent instituer des sanctions pénales directement applicables en droit interne. Les incriminations définies par un texte international ne peuvent être sanctionnées par une juridiction nationale que si ce texte fait l'objet d'une intégration en droit interne. Soit le traité international fait l'objet d'une transposition complète par une loi reprenant ses dispositions et en déterminant les peines. Soit le législateur y renvoie pour la définition des incriminations mais en prévoyant les peines applicables.

Le principe de la primauté des textes internationaux s'impose au juge. Par conséquent, lorsque le juge pénal constate qu'une loi est incompatible avec un traité, il a l'obligation d'en écarter l'application au profit de la norme internationale.

Le juge pénal n'est pas compétent pour apprécier la conformité du traité à la constitution doit se borner à vérifier l'existence de la ratification et la régularité du décret d'application. Il peut interpréter les textes internationaux, sauf exception. Il peut saisir le ministre des Affaires étrangères en cas de doute, mais n'est pas lié par son avis.

B - Traités internationaux et Constitution

Lorsqu'un engagement international comporte une clause contraire à la Constitution, l'autorisation de ratifier ou d'approuver l'engagement international en cause ne peut intervenir qu'après la révision de la Constitution (art. 54 Const.).

Section 2 – Les textes supranationaux

§1 – Généralités

Art. 55 Const. : *Les traités ou accords régulièrement ratifiés ou approuvés ont, dès leur publication, une autorité supérieure à celle des lois, sous réserve, pour chaque accord ou traité, de son application par l'autre partie*

Traité et Constitution

◊ Art. 54 Const. : Nécessité d'une révision constitutionnelle avant la ratification d'un traité contenant une clause contraire à la constitution

Application en matière pénale

◊ Définition des obligations ou interdictions par es traités internationaux

◊ Détermination des peines applicables encas de violation des textes internationaux par la norme interne

▪ Transposition du texte international en droit interne : la norme interne reprend la disposition internationale et fixe la peine

✓En cas de modification de la norme internationale, il faut adapter la norme interne

▪ Intégration par référence : la norme interne détermine la sanction applicable en renvoyant au texte international pour la définition de l'infraction

✓Si le texte international est modifié, la modification est directement intégrée en droit interne

Rôle du juge répressif

◊ Obligation pour le juge national d'écarter la norme interne qui est contraire au traité international régulièrement ratifié ou approuvé (Crim., 24 mai 1975, aff. Jacques Vabres)

▪ Primauté du texte international sur les normes internes antérieures devenues incompatibles ou les normes adoptées postérieurement

◊ Vérification de la ratification et de la régularité du décret d'application

◊ Pouvoir d'interprétation des textes internationaux

▪ Le renvoi au ministre des affaires étrangères est facultatif

▪ L'avis du ministre ne lie pas le juge

§2 - Le droit européen

A - Le droit de l'Union européenne

1 – Les sources du droit de l'Union européenne

Le droit de l'Union européenne est l'ensemble des règles de droit applicables aux institutions européennes, aux États membres, aux citoyens européens, dans les domaines de compétence de l'Union européenne.

a – Le droit originaire

Le droit originaire ou droit primaire est constitué par les différents traités instituant la communauté puis l'Union européenne

La Charte des droits fondamentaux de l'Union européenne constitue un élément d'interprétation des normes européennes même si elle n'a aucune valeur contraignante.

b – Le droit dérivé

Le règlement européen, acte de portée générale, obligatoire et directement applicable dans tous les États membres prime sur la loi interne. Mais les sanctions pénales doivent être prévues par une norme interne.

La directive lie les États quant aux buts à atteindre mais leur laisse toute compétence pour déterminer la forme et les moyens pour parvenir au résultat. Elle n'est pas d'application directe et doit être transposée avant de produire effet.

c – La compétence de l'Union en matière pénale

Le traité de fonctionnement de l'Union européenne crée un espace de liberté, de sécurité et de justice permettant d'assurer une coopération judiciaire et policière en matière pénale.

La coopération judiciaire en matière pénale est fondée sur le principe de reconnaissance mutuelle des jugements et décisions judiciaires et inclut le rapprochement des dispositions législatives et réglementaires des États membres dans les domaines de compétence de l'Union notamment par l'adoption de règles minimales de procédure pénale ou de droit pénal de fond.

§2 – Le droit européen

A – Le droit de l'Union européenne

1 – Les sources du droit de l'Union européenne

Droit originaire

- ◊ Traités constitutifs
  - Traité de Paris 18 avril 1951
  - Traités de Rome 25 mars 1957 : CEE et EURATOM
- ◊ Traités complémentaires
  - Acte unique européen 1986
  - Traité de Maastricht 1986: Union européenne
  - Traité d'Amsterdam 1997
  - Traité de Nice 2001
  - Traité de Lisbonne 2007 : Traité sur le fonctionnement de l'Union européenne
- ◊ Charte des droits fondamentaux de l'Union européenne, déc. 2000

Droit dérivé

- ◊ Règlement communautaire : actes de portée générale et impersonnelle directement applicables en droit interne
- ◊ Directive : applicable après transposition en droit interne
- ◊ Décisions des institutions communautaires
- ◊ Les principes généraux dégagés par la CJUE

La compétence de l'Union européenne en matière pénale

⇓

Adoption de règles minimales communes

- ◊ Procédure pénale
  - Règles minimales relatives aux droits des personnes, des victimes ou d'autres éléments de procédure pénale
- ◊ Droit pénal
  - Règles minimales relatives à la criminalité grave à dimension transfrontière
  - Mise en œuvre des politiques de l'Union européenne
    - ✓ Règles minimales relatives à la définition des infractions pénales et des sanctions
    - ✓ Rapprochement des dispositions pénales
  - Sanction pénale contre les abus du marché
- ◊ Normes minimales : pas d'harmonisation totale, mais exigence d'une répression pénale et/ou d'un certain niveau de sévérité

2 – Les principes régissant le droit de l'Union européenne

Le principe de la primauté du droit de l'union européenne repose sur l'article 55 Const., relativement aux traités et accords régulièrement ratifiés ou approuvés par la France. L'article 88-1 Const. dispose que *« La République participe à l'Union européenne constituée d'États qui ont choisi librement d'exercer en commun certaines de leurs compétences en vertu du traité sur l'Union européenne et du traité sur le fonctionnement de l'Union européenne, tels qu'ils résultent du traité signé à Lisbonne le 13 décembre 2007.»*

. Selon l'article 288 TFUE, le règlement européen a une portée générale et s'applique directement dans les États membres.

Le juge national doit faire prévaloir les traités et les règlements européens et les directives transposées sur les normes internes. Toutefois, une directive non transposée peut être invoquée devant une juridiction interne dès lors qu'elle est claire et précise.

La CJUE est seule compétente pour interpréter les normes européennes et pour en apprécier la régularité. Elle peut constater la non-conformité d'un droit national et infliger le paiement d'une somme forfaitaire ou d'une astreinte à l'État qui ne se conforme pas à ses décisions.

Dans la mesure où la transposition d'une directive européenne résulte d'une exigence constitutionnelle, elle ne saurait aller à l'encontre d'un principe inhérent à l'identité constitutionnelle de la France, sauf à ce que le constituant y ait consenti.

2 – Les principes régissant le droit de l'Union européenne

Le principe de l'application directe du droit de l'Union européenne

◇ Textes ayant force de loi
- Application directe des règlements européens dès leur adoption
- Directives applicables après leur transposition
  - ✓Directive claire, précise et inconditionnelle invocable après l'écoulement du délai de transposition

◇ Détermination des sanctions par une norme interne

Primauté du droit de l'Union européenne

◇ La norme interne doit être écartée si elle contrarie le droit de l'Union

◇ Incrimination et sanction au regard des règles minimales européennes

Rôle de la CJUE

◇ Interprétation et appréciation des textes de l'Union
- Recours préjudiciel facultatif pour les juges du fond, obligatoire pour la Cour de cassation

◇ Sanction du droit national jugé non conforme au droit de l'union
- Condamnation à une amende ou à une mise en conformité

B - La Convention européenne des droits de l'homme

La Convention européenne des droits de l'homme et des libertés fondamentales (CEDH) du 4 novembre 1950 a été ratifiée par la France en 1974. Elle n'est pas une source d'incrimination et de sanction. Cependant, elle comporte un exposé de principes fondamentaux qui permettant de garantir les libertés individuelles.

Les droits intangibles exigent une protection absolue à laquelle on ne peut déroger, sauf en cas d'exception prévue par la convention. Les autres droits bénéficient d'une protection relative, l'État pouvant y apporter des restrictions sous certaines conditions.

La convention étant d'application directe, elle peut être invoquée par un particulier devant les juridictions internes qui doivent écarter l'application de la disposition jugée en contradiction avec elle.

La Cour EDH peut être saisie par un justiciable après épuisement des voies de recours internes. La décision de la Cour constatant la contrariété d'une disposition nationale contraire à la convention n'entraîne pas l'annulation de celle-ci. Il revient à l'État fautif de modifier sa législation. L'article 626 CPP renforce la portée des arrêts de la Cour EDH en matière pénale. Il institue la procédure de réexamen d'une décision de justice définitive après condamnation par la Cour EDH.

Lorsqu'un dysfonctionnement systémique et structurel dans le pays en cause a donné lieu ou est susceptible de donner lieu à l'introduction d'autres requêtes analogues, la Cour peut rendre un arrêt pilote (art. 61 CEDH). La Cour EDH identifie les mesures de redressement, impose un délai pour l'adoption de ces mesures qui peuvent être applicables aux autres requérants, déclarés ou potentiels. Si l'État ne se conforme pas à l'arrêt pilote, la Cour, sauf exception, reprend l'examen des requêtes qui ont été ajournées.

B – La Convention européenne des droits de l'homme

La CEDH

◇ 4 nov. 1950, ratifiée par la France du 3 mai 1974

◇ Droits fondamentaux : droit à la vie, au respect de la vie privée, droit à la liberté et à la sûreté

◇ Principes de droit pénal et de procédure pénale : principe de la légalité, interdiction de la torture et de traitements inhumains ou dégradants, droit à un procès équitable, droit à un tribunal indépendant et impartial

◇ Droits intangibles
- auxquels il ne peut être dérogé, sauf exception prévue par la convention elle-même
  - ✓Art. 2 : droit à la vie, sauf pour le cas de décès résultant d'actes licites de guerre
  - ✓Art. 3 : interdiction de la torture et des peines ou traitements inhumains et dégradants
  - ✓Art. 4 §1 : interdiction de l'esclavage, de la servitude et du travail forcé
  - ✓Art. 7 : principe de la légalité des délits et des peines
  - ✓Protocole n° 13 : abolition de la mort en toute circonstance

◇ Droits relatifs
- pouvant faire l'objet de restrictions pour des nécessités liées à la défense de l'ordre public ou à la prévention des infractions et à condition qu'elles soient proportionnelles à l'objectif à atteindre
  - ✓Art. 5 : droit à la liberté et à la sûreté
  - ✓Art. 6 : droit à un procès équitable devant un tribunal indépendant et impartial
  - ✓Art. 8 : droit au respect de la vie privée et familiale, du domicile et de la correspondance
  - ✓Art. 13 : droit à un recours effectif devant une instance nationale en cas de violation des droits et libertés reconnus dans la convention

◇ Convention d'application directe
- Texte pouvant être invoqué devant les juridictions internes

◇ Recours individuel devant la Cour EDH

◇ Primauté de la CEDH
- Le juge national doit écarter la disposition interne contraire

Influence de la jurisprudence de la Cour EDH

◇ Effet indirect : la Cour EDH ne supprime pas la disposition litigieuse
- L'État doit modifier la norme interne pour éviter des recours

◇ Référence des juges nationaux à la jurisprudence de la Cour EDH en cas de carence de la loi interne

◇ Art. 626-1 CPP : réexamen d'une décision devenue définitive après condamnation par la Cour EDH

◇ Procédure d'arrêt pilote
- Affaires répétitives portant sur un dysfonctionnement chronique d'une disposition interne
- Indication par la Cour des mesures de redressement applicables
  - ✓L'État doit adopter ces mesures dans le délai imposé
  - ✓Mesures pouvant être appliquées par les autres États concernés par le même problème

Titre 2 – L'application de la loi pénale

Chapitre 1 – L'interprétation de la loi pénale

Section 1 – Le principe de l'interprétation stricte de la loi pénale

La norme pénale est générale. Elle doit être interprétée pour être appliquée à des cas particuliers. Si la loi est abstraite, imprécise ou équivoque, le juge, tenu de dire le droit, doit en dégager le sens (art. 4 C. civ., 434-7-1 CP).

Mais, le juge ne peut, sous couvert d'interprétation, ajouter à la loi. L'article 111-4 CP dispose : *La loi pénale est d'interprétation stricte.* Le juge ne peut pas étendre le contenu du texte. Il doit seulement en dégager le sens afin de déterminer son champ d'application.

Section 2 – Application du principe

§1 - Les lois pénales de fond

a – En présence d'une loi claire et précise

Le juge pénal doit donner au texte toute sa capacité maximale d'application dans les limites prévues par le législateur.

Il doit appliquer le texte aux seuls cas prévus. C'est l'exclusion du raisonnement par analogie qui consiste à étendre le texte aux cas non prévus par la loi. Cependant, l'interprétation large peut prévaloir si le texte est favorable au prévenu. Les lois d'amnistie sont toutefois appliquées restrictivement par la jurisprudence.

Il doit appliquer le texte à tous les cas prévus. Il ne peut restreindre le domaine d'application du texte. Cette règle exclut l'interprétation stricte, restant en deçà du texte, issue de la méthode littérale. Mais pour donner tout son sens au texte, le juge doit l'adapter et recourir au raisonnement téléologique.

b – En présence d'un texte absurde, obscur ou équivoque

Le juge répressif doit restituer au texte tout son sens, d'où l'exclusion de la méthode littérale s'attachant à la lettre du texte et le recours à la méthode téléologique.

§2 - Les lois pénales de forme

Les lois pénales de forme sont interprétées analogiquement, à condition de ne pas nuire aux intérêts de la personne poursuivie.

TITRE 2 – L'application de la loi pénale

Chapitre 1 – L'interprétation de la loi pénale

Section 1 : Le principe

Art. 111-4 CP : *La loi pénale est d'interprétation stricte*

Obligation pour le juge de dégager le sens de la loi, générale et abstraite, pour l'appliquer aux cas particuliers
- ◇ Le refus d'appliquer la loi, même obscure constitue un déni de justice (art. 434-7-1 CP)

Les méthodes d'interprétation
- ◇ La méthode littérale : le juge doit appliquer la lettre de la loi, sans distinguer là où la loi ne distingue pas, en se fondant sur les dispositions du texte.
  - ▪ Le texte est censé être parfait, sans erreur
- ◇ La méthode analogique : elle permet d'étendre le texte aux cas non prévus
  - ▪ Analogie légale : appliquer le texte à un comportement non incriminé, mais qui ressemble à un cas légalement prévu
  - ▪ Analogie juridique : référence au système juridique
- ◇ La méthode téléologique : le juge doit rechercher l'intention du législateur, la *ratio legis*
  - ▪ Recours aux travaux préparatoires, au contexte socio-économiques, histoire

Signification du principe
- ◇ Le juge ne peut étendre le texte au-delà de son domaine d'application : rejet de la méthode analogique
- ◇ Le juge doit donner tout son sens au texte, retenir l'intention du législateur : application de la méthode téléologique du texte si texte imprécis

Section 2 : Application du principe

§1 – Loi pénale de fond

Texte clair et précis : le juge n'a pas en principe de pouvoir d'interprétation
- ◇ Application du texte dans les limites légales

- ◇ Interdiction d'étendre le texte aux cas non prévus
  - ▪ Exclusion de l'analogie, extensive
    - ✓ Possibilité d'élargir le domaine des lois favorables à la personne poursuivie

Application du texte à tous les cas prévus
- ◇ Exclusion de la méthode littérale, restrictive
- ◇ Recours à la méthode téléologique
  - ▪ Adaptation du texte en tenant compte des évolutions techniques, scientifiques
  - ▪ Adaptation du texte en tenant compte des besoins de la politique criminelle

Texte absurde, obscur ou équivoque, imprécis : le juge doit restituer son sens au texte
- ◇ Rejet de la méthode littérale
  - ▪ Il est nécessaire de définir les notions, de corriger les erreurs matérielles
    - ✓ Recours à la méthode téléologique
  - ▪ Divergences doctrinales

§2 – Loi pénale de forme

- ◇ Méthode analogique d'interprétation
  - ▪ Interprétation large des lois de procédure, sauf exception légale ou jurisprudentielle

Chapitre 2 – Le domaine d'application de la loi pénale

Section 1 – La qualification des faits par le juge

La qualification des faits consiste pour le juge à apprécier si les faits commis par la personne poursuivie correspondent aux éléments de l'infraction, tels qu'ils sont décrits par les textes ou résultent de son interprétation. Cette étape est importante puisqu'elle gouverne le régime des poursuites.

L'obligation de qualifier découle du principe de la légalité criminelle. Elle impose au juge d'indiquer les références du texte applicable à l'espèce.

§ 1 – Les principes généraux de la qualification des faits

A – L'appréciation de la qualification

Le juge pénal doit se placer au temps de l'action, au moment où le fait a été commis. Les circonstances postérieures sont en principe indifférentes et ne peuvent ni nuire, ni profiter à l'intéressé.

La qualification pénale doit s'opérer de façon autonome. Le juge pénal n'est pas lié les définitions ou mécanismes propres aux autres branches du droit.

B – L'évolution de la qualification

1 – Le principe de la liberté de qualification

La qualification est susceptible de modification au cours du procès. Ce principe s'explique par le fait que les juridictions sont saisies *in rem*, du fait matériel et non de sa qualification. Par conséquent, chaque juridiction a le droit et le devoir de vérifier la qualification proposée et de la modifier si elle ne lui paraît pas adaptée.

La qualification devient définitive lorsque la décision n'est plus susceptible de recours. Le principe de l'autorité de chose jugée et la règle *non bis in idem* s'opposent à ce que les mêmes faits, même autrement qualifiés, donnent lieu à de nouvelles poursuites.

2 – Les limites

En modifiant la qualification, le juge doit prendre garde de ne pas modifier la prévention. Il ne doit pas englober des faits non retenus dans l'acte de saisine, sauf si le prévenu accepte d'être jugé sur ces faits nouveaux. Lorsque la nouvelle qualification s'applique aux mêmes faits, il suffit que le prévenu soit mis en mesure de s'expliquer.

3 – Les exceptions

En application de l'article 50 de la loi 29 juillet 1881, il est interdit de substituer une qualification de la loi de 1881 à une qualification de droit commun ou de permuter deux qualifications de ladite loi. Mais une qualification de droit commun peut être substituée à une qualification de la loi sur la presse.

Chapitre 2 – Le domaine d'application de la loi pénale

Section 1 – La qualification des faits par le juge

§1 - Les principes généraux de la qualification des faits

Intérêts de la qualification :
- ◊ Vérifier que les faits sont incriminés
- ◊ Déterminer le régime des poursuites

A – L'appréciation de la qualification

◊ Appréciation de la qualification au temps de l'action
- ▪ Indifférence des circonstances postérieures quant à la qualification de l'infraction
  - ✓Limites : loi nouvelle de fond plus douce, prise en compte du dommage pour les infractions matérielles, amnistie

◊ Appréciation autonome des données extrapénales

B – L'évolution de la qualification

En cours de procédure

◊ Principe de la liberté de qualification
- ▪ Saisine *in rem* des juridictions : obligation pour chaque juge de vérifier sa compétence en qualifiant les faits
- ▪ Pouvoir de requalification
  - ✓Aucun intervenant n'est tenu par la qualification donnée par l'autorité précédente, ni par la victime

◊ Limites à la requalification
- ▪ Interdiction d'ajouter à la prévention
- ▪ Respect des droits de la défense
  - ✓Notification de la nouvelle qualification à la personne poursuivie

◊ Exceptions à la requalification
- ▪ Infractions de presse (art 50, loi 29 juil. 1881)

Après le jugement définitif

◊ Autorité de la chose jugée, principe *non bis in idem*
- ▪ Interdiction de poursuivre à nouveau les mêmes faits sous la même qualification
- ▪ Interdiction de poursuivre à nouveau les mêmes faits, même sous une qualification différente
  - ✓En cas d'acquittement par la cour d'assises (art. 368 CPP)
  - ✓Principe étendu aux décisions du tribunal correctionnel et de police

◊ Exception
- ▪ Découverte d'éléments postérieurement à la décision définitive permettant de retenir une infraction intentionnelle au lieu d'une infraction non intentionnelle

§2 – Les modalités de la qualification

Une seule activité matérielle peut tomber sous le coup de plusieurs qualifications appelant l'application de sanctions différentes. Dans le silence de la loi, la jurisprudence distingue deux hypothèses : celle du concours apparent et du concours idéal de qualifications.

A – Le concours apparent de qualifications

Une seule qualification est applicable.

1 – Les qualifications incompatibles

Les qualifications sont incompatibles lorsqu'une infraction est la conséquence logique et naturelle de l'autre. Les deux infractions sont psychologiquement inconciliables. Un individu ne porte pas secours à l'individu qu'il vient de frapper. La poursuite ne vise que les violences.

L'incompatibilité est relative. Les qualifications de violences volontaires et d'omission de porter secours peuvent être retenues cumulativement lorsque le résultat a dépassé l'intention de l'auteur. De même, il n'y a pas de concours apparent lorsque la commission d'une infraction implique la réalisation d'une autre. Le détournement d'avion implique la séquestration des personnes se trouvant dans l'appareil.

2 – Les qualifications alternatives

Les deux qualifications s'excluent réciproquement. Il peut en être ainsi lorsque le fait délictueux est qualifié autrement par la loi selon la nature ou le degré de la faute imputable à son auteur, le dommage ou les circonstances. Le juge ne doit alors retenir qu'une seule qualification.

§ 2 – Les modalités de la qualification

B – Le concours idéal de qualifications

Plusieurs qualifications sont applicables.

1 – Notion

Dans le concours idéal de qualifications, un fait unique viole plusieurs textes et il est susceptible de recevoir plusieurs qualifications. Par un seul et même comportement, un individu commet les éléments constitutifs de plusieurs infractions. Il se pose alors la question de savoir si le juge doit retenir toutes les qualifications en conflit ou s'il ne doit tenir compte que d'une seule.

2 – Le régime juridique

a – Le principe

En présence d'un concours idéal de qualifications, on ne peut retenir qu'une qualification unique, car un même fait ne peut donner lieu à plusieurs déclarations de culpabilité en vertu du principe *non bis in idem.*

Le juge doit retenir la qualification la plus sévère. C'est le principe de la plus haute expression pénale. Cependant, si les faits constituent à la fois un délit ou un crime et une contravention, le cumul est possible.

Si le fait tombe sous le coup d'une qualification générale et d'une qualification spéciale, c'est la seconde qui doit prévaloir. Si un même fait constitue à la fois une infraction et une circonstance aggravante d'une autre, il faut retenir la qualification aggravée. Lorsque les faits tombent sous des qualifications équivalentes, la qualification la plus adéquate au comportement du délinquant doit être préférée.

Seules les peines attachées à la qualification retenue sont prononcées.

b – Les exceptions

• Pluralité de victimes : lorsque un acte unique occasionne des dommages différents à plusieurs victimes, la juridiction retient toutes les qualifications possibles afin de tenir compte de toutes les conséquences dommageables et de garantir à chacune des victimes le droit d'obtenir réparation civile du préjudice subi. Cependant, seule la sanction pénale correspondant à l'infraction la plus grave est prononcée.

• Atteinte à des valeurs sociales différentes : lorsque le même fait matériel a porté atteinte à des valeurs sociales différentes, la jurisprudence retient le concours réel d'infractions. Il y a plusieurs déclarations de culpabilité mais le principe du non-cumul des peines s'applique.

B – Le concours idéal de qualifications

Un même fait tombe sous le coup de plusieurs qualifications pénales ayant égale vocation à s'appliquer

Principe : Unité de qualification

Résolution du conflit

- ◇ Principe de la plus haute expression pénale : choix de la qualification la plus grave
  - ▪ Si les deux qualifications sont de gravité égale :
    - ✓Faire prévaloir l'infraction-fin sur l'infraction-moyen
    - ✓Tenir compte des circonstances et du comportement de l'auteur
  - ▪ En cas d'erreur sur la qualification : application de la théorie de la peine justifiée
- ◇ Principe de la spécialité en cas de conflit entre une loi générale et une loi spéciale
- ◇ Un même fait constitue à la fois une infraction et une circonstance aggravante d'une autre : il faut retenir la qualification aggravée
- ◇ Qualifications équivalentes : retenir celle qui correspond le mieux au comportement du délinquant

Unité de peine

- ◇ Seule la peine attachée à l'infraction retenue est prononcée

Exception : Cumul de qualifications

Pluralité de victimes

- ◇ Autant de déclarations de culpabilité que de victimes
  - ▪ Intérêt : permettre l'indemnisation de toutes les victimes
- ◇ Faute unique : unité d'action du coupable
  - ▪ Application de la peine correspondant à l'infraction la plus grave

Atteinte à des valeurs sociales différentes (Crim. 3 mars 1960, Ben Haddadi)

- ◇ Plusieurs qualifications sont retenues
- ◇ Pluralités de fautes
  - ▪ Application du concours réel d'infractions : principe du non-cumul des peines

Section 2 – Les conflits de lois

§1 – L'application de la loi pénale dans le temps

La loi pénale a vocation à s'appliquer aux faits commis après son entrée en vigueur. Mais en cas d'intervention d'une loi nouvelle, les règles applicables au moment de la commission des faits peuvent ne plus l'être lors des poursuites ou du jugement. Il y a alors un conflit des lois dans le temps dont la résolution dépend de la nature de la loi pénale.

A – Les lois nouvelles d'incrimination et de pénalité

Il s'agit des lois pénales de fond qui déterminent les infractions et les peines applicables ainsi que les conditions de responsabilité des délinquants.

1 – Le principe de la non-rétroactivité de la loi pénale de fond plus sévère

a – Sens du principe

La loi nouvelle de fond plus sévère s'applique exclusivement aux faits commis à partir de sa date d'entrée en vigueur et les faits antérieurs même non définitivement jugés restent régis par la loi ancienne. Elle ne peut s'appliquer à des faits punis moins sévèrement ou qui n'étaient pas incriminés lorsqu'ils ont été commis.

La non-rétroactivité de la loi pénale plus sévère est un principe à valeur constitutionnelle. Il est reconnu par le droit international (art. 7-1° CEDH, 15-1° Pacte relatif aux droits civiques et politiques).

b – Exceptions

La non-rétroactivité des lois pénales de fond plus sévères connaît des exceptions :

• les lois incriminant des atteintes à des valeurs essentielles de la civilisation : il s'agit de lois incriminant des actes réprimés par le droit international humanitaire mais qui n'étaient pas considérés comme des infractions au moment de leur commission par la législation interne (art. 15§2 Pacte international relatif aux droits civils et politiques, 7§2 CEDH) ;

• les lois interprétatives ayant objet de préciser une loi antérieure obscure sans en modifier le contenu ;

• les lois déclaratives constatant une règle préexistante ;

• les lois instituant les mesures de sûreté car ces mesures tendent à lutter contre un état dangereux. La rétention de sûreté n'est cependant applicable de manière rétroactive ;

• les lois expressément déclarées rétroactives par le législateur.

Section 2 – Les conflits de lois

§1 – L'application de la loi pénale dans le temps

Application de la loi pénale
◊ dès son entrée en vigueur, après publication au Journal officiel
- à la date qu'elle fixe, à défaut le lendemain de sa publication
- à la date d'entrée en vigueur du règlement d'application
- pour les règlements non publiés : publicité par affichage

◊ jusqu'à
- son abrogation
  ✓Terme fixé par la loi elle-même s'il s'agit d'une loi temporaire
  ✓Abrogation expresse par une loi nouvelle
  ✓Abrogation tacite si le texte est devenue inconciliable avec une loi nouvelle ou un texte international
- ou son annulation

A – Les lois d'incrimination et de pénalité

1 – La non-rétroactivité de la loi nouvelle de fond plus sévère

Valeur du principe
◊ Art. 112-1 CP : *Sont seuls punissables les faits constitutifs d'une infraction à la date à laquelle ils ont été commis ; Peuvent seules être prononcées les peines légalement applicables à la même date*
◊ Principe à valeur constitutionnelle : C. const. 19-20 janv. 1981
◊ Texte internationaux : art. 15§1 Pacte international relatif aux droits civils et politiques; art. 7§1 CEDH, art. 49§1 Charte des droits fondamentaux de l'Union européenne

Domaine de la loi pénale nouvelle de fond plus sévère
◊ Faits commis après son entrée en vigueur
◊ Exclusion des faits commis antérieurement et non encore jugés

Exceptions au principe
Application de la loi pénale nouvelle de fond plus sévère aux faits commis antérieurement à son entrée en vigueur
◊ Loi interprétative
◊ Loi déclarative
- à l'exclusion des lois validant rétroactivement des actes administratifs annulés

◊ Loi déclarée rétroactive par le législateur
- Impossibilité pour le juge judiciaire de déclarer son inconstitutionnalité
- Possibilité d'écarter son application par référence à une convention
- QPC possible

◊ Loi incriminant des atteintes à des valeurs essentielles de la civilisation (art. 7§2 CEDH, 15 § 2 Pacte international relatif aux droits civils et politiques
◊ Loi instituant des mesures de sûreté
- à l'exclusion des mesures de sûreté considérées comme des peines

2 – La rétroactivité *in mitius* de la loi nouvelle de fond plus douce

a – Sens du principe

Les dispositions pénales de fond nouvelles s'appliquent aux infractions commises avant leur entrée en vigueur et n'ayant pas encore donné lieu à une condamnation passée en force jugée lorsqu'elles sont moins sévères que les dispositions anciennes (art. 112-1 CP). La loi nouvelle plus douce s'applique aux faits commis après son entrée en vigueur mais également aux affaires pendantes devant les juridictions.

La loi de fond nouvelle ne peut remettre en cause les condamnations devenues définitives avant son entrée en vigueur. Toutefois, la peine cesse de recevoir effet pour un fait qui, en vertu d'une loi postérieure au jugement, n'a plus le caractère d'une infraction pénale (art. 112-4 CP).

b – Les limites du principe

Les lois temporaires fixent un terme à l'incrimination alors que les lois de circonstances s'adaptent aux évolutions notamment en matière économique, fiscale, douanière et de change.

En l'absence de dispositions contraires expresses, une loi nouvelle plus douce, même de nature économique, s'applique aux faits non définitivement jugés commis avant son entrée en vigueur. Mais l'abrogation du règlement d'application d'une loi n'a pas d'effet rétroactif si la loi, support de l'incrimination, est toujours en vigueur.

2 – La rétroactivité *in mitius* de la loi nouvelle de fond plus douce

Valeur du principe

◊ Art. 112-1 al. 3 CP : *les dispositions nouvelles s'appliquent aux infractions commises avant leur entrée en vigueur et n'ayant pas encore donné lieu à une condamnation passée en force de chose jugée lorsqu'elles sont moins sévères que les dispositions anciennes*

◊ Principe à valeur constitutionnelle : C. const. 19-20 janv. 1981

◊ Textes internationaux : art 15§1 Pacte international relatif aux droits civils et politiques

◊ Jurisprudence internationale : CJUE 3 mai 2005 ; CEDH 25 sept 1995

Domaine d'application

◊ Faits commis après l'entrée vigueur de la loi

◊ Faits commis avant l'entrée en vigueur de la loi nouvelle n'ayant pas encore fait l'objet d'une décision définitive :

- Faits non encore jugés
- Faits jugés en première instance, pendants devant la Cour d'appel
- Faits jugés en appel et soumis à la Cassation
- Faits soumis à une juridiction de renvoi après cassation
- Délais de recours non encore expirés au moment de l'entrée en vigueur de la loi nouvelle plus douce : l'exercice de la voie de recours permet l'application de la loi nouvelle

◊ Faits définitivement jugés avant la loi nouvelle de fond plus douce

- Les condamnations devenues définitives demeurent valables
  - ✓Cependant, si l'infraction a été abrogée par la loi nouvelle, les peines en cours cessent d'être exécutées
  - ✓Si les faits restent punis sous une autre qualification, la peine sera exécutés en tenant compte la nouvelle pénalité moins sévère

Les limites du principe

◊ Lois temporaires et de circonstances

- Lois fixant elles-mêmes un terme à leur application
  - ✓Pas de poursuites après l'expiration de la période d'application
- Lois de circonstances en matière économique
  - ✓Si le texte abrogé est une loi : application de la rétroactivité *in mitius*
  - ✓ Si le texte abrogé est un règlement d'application : exercice des poursuites engagées avant son abrogation lorsque le support légal de l'incrimination demeure en vigueur

3 – L'application des principes

a – La date de commission de l'infraction

La résolution du conflit des lois suppose que soit connue la date de commission de l'infraction.

b – La détermination de la loi pénale de fond plus douce

• Les lois simples : relativement à l'incrimination, la loi nouvelle est plus douce que l'ancienne si elle supprime une incrimination sans réprimer les mêmes faits sous une qualification différente, si elle restreint le champ d'application de l'infraction par une définition plus étroite de ses éléments constitutifs, si elle subordonne l'existence d'une infraction à la réalisation d'une condition nouvelle, si elle introduit un fait justificatif ou une cause de non-imputabilité.

S'agissant des peines, la loi nouvelle est immédiatement applicable si elle supprime une peine, si elle transforme un crime en délit, si elle ne prévoit plus de peine de sûreté de plein droit pour l'infraction commise ou en réduit la durée.

La comparaison entre deux lois de pénalité se fait à partir des classifications établies par le code pénal. Ainsi, les peines contraventionnelles sont plus douces que les peines correctionnelles qui sont elles-mêmes plus douces que les peines criminelles. Cependant, pour l'application des peines, les peines privatives de liberté sont de même nature, la plus sévère étant celle dont la durée est la plus longue, quelle que soit sa nature criminelle ou correctionnelle (art. 132-3 et 132-4 CP).

Entre deux peines non privatives de liberté de même contenu, la plus sévère est celle dont le *quantum* est le plus élevé. Si elles sont de contenu différent, l'appréciation se fait au cas par cas, compte tenu des intérêts du prévenu.

• Les lois complexes : lorsqu'une loi comporte à la fois des dispositions plus douces et plus sévères, le juge peut les appliquer de manière distributive lorsque ces dispositions sont divisibles.

Lorsque la dissociation n'est pas possible parce que les dispositions sont indivisibles, il faut alors soit considérer le texte dans son ensemble et faire prévaloir le caractère dominant de celui-ci, soit se référer à la disposition principale de la loi.

3 – L'application des principes

Détermination de la date de commission de l'infraction

◇ Infraction instantanée : jour de commission de l'acte

◇ Infraction d'habitude ou complexe : réalisation d'un acte constitutif d'habitude ou un des actes de l'infraction complexe sous l'empire de la nouvelle loi

◇ Infraction continue : poursuite des faits délictueux après l'entrée en vigueur de la loi nouvelle

◇ Récidive ou concours réel : lorsqu'une loi aggrave le régime de la récidive, elle s'applique si l'une des infractions en récidive a été commise après son entrée en vigueur

◇ Infraction supposant une condition préalable : la loi qui réprime une infraction supposant une condition préalable s'applique si cette condition s'est réalisée après son entrée en vigueur

Détermination de la loi pénale plus douce

Principes

◇ Lois d'incrimination

- Loi plus douce : suppression d'une incrimination, institution d'une nouvelle cause d'irresponsabilité
- Loi plus sévère : nouvelle incrimination, élargissement d'une incrimination quant aux faits ou aux personnes, suppression d'un fait justificatif

◇ Lois de pénalité

- Loi plus douce : diminution du *quantum* de la peine, suppression d'une peine complémentaire, institution d'une cause d'exemption ou de diminution de peine
- Loi plus sévère : augmentation du *quantum* de la peine, institution d'une nouvelle peine, suppression des modalités d'aménagement de la peine, ajout d'une peine
- Prise en compte de l'échelle des peines (art. 131-1 CP), mais aussi de la nature des peines (art. 132-3 et 132-4 CP)

Lois complexes

- Loi comprenant à la fois des dispositions douces et des dispositions sévères
  - Dispositions divisibles : application de manière distributive
    - ✓Application immédiate des dispositions plus douces
    - ✓Non-rétroactivité des dispositions plus sévères
  - Dispositions indivisibles
    - ✓Soit faire une appréciation de la disposition principale
    - ✓Soit faire une appréciation globale de la loi

B – L'application immédiate des lois pénales de forme

• Les lois de compétence et d'organisation judiciaire s'appliquent immédiatement, sauf si un jugement au fond a été rendu en première instance (art. 112-2, 1° CP).

• Les lois nouvelles de procédure relatives au déroulement du procès pénal sont d'application immédiate tant qu'un jugement au fond n'a pas encore été rendu en première instance (art.112-2, 2° CP). L'article 112-3 CP dispose que *les lois relatives à la nature, aux cas d'ouverture des voies de recours, aux délais et aux personnes admises à se pourvoir s'applique aux décisions prononcées après leur entrée en vigueur. Toutefois, la forme de recours sera celle prévue par la loi en vigueur au jour de l'exercice.* L'application de la loi nouvelle ne peut entraîner la nullité des actes régulièrement accomplis sous l'empire de la loi ancienne ni davantage proroger la validité d'ordonnances rendues en matière de détentions préventives avant sa promulgation (art. 112-4 CP).

• Les lois relatives au régime de l'exécution et d'application des peines sont applicables immédiatement aux condamnés en cours de peine (art. 122-2, 3° CP) sauf si leur application aurait pour résultat de rendre plus sévères les peines prononcées par la décision de condamnation.

• Les lois relatives à la prescription de l'action publique et de prescription des peines sont applicables immédiatement aux infractions commises avant leur entrée en vigueur lorsque les prescriptions ne sont pas acquises (art. 112-2, 4° CP).

B – L'application immédiate des lois pénales de forme

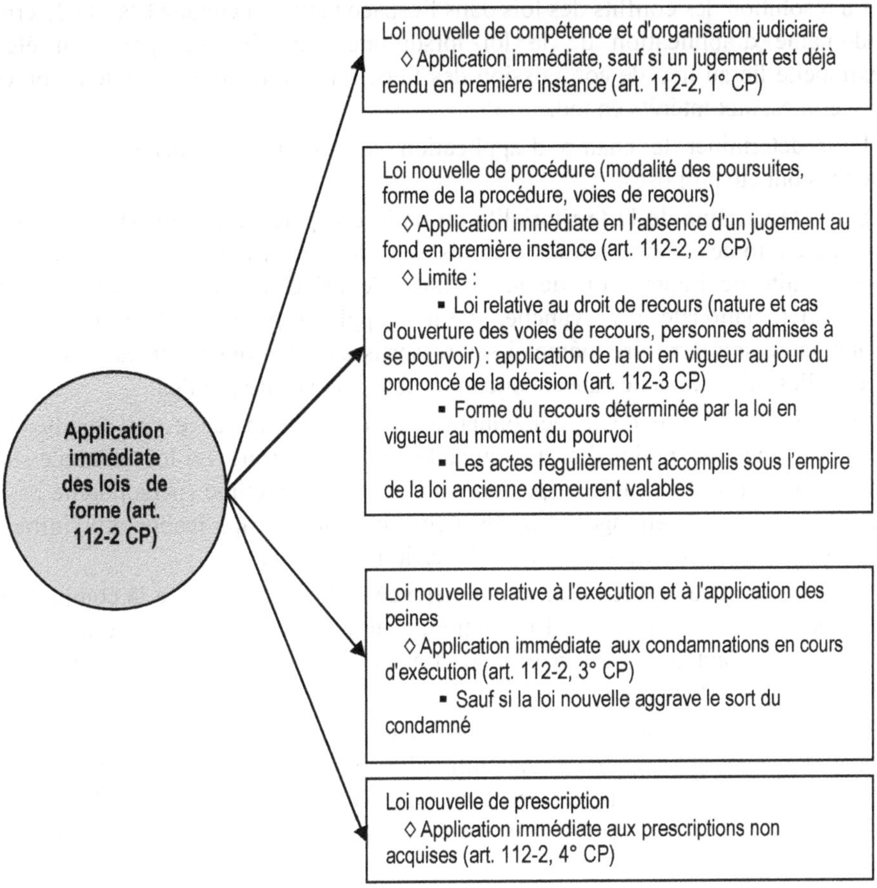

§2 - L'application de la loi pénale dans l'espace

La résolution des conflits des lois dans l'espace permet à chaque État de déterminer le domaine d'application de la loi lorsqu'une infraction comporte un élément d'extranéité lié au lieu de commission des faits, à la nationalité des auteurs ou celles des victimes, aux intérêts en jeu.

Pour déterminer le champ d'application spatial du droit pénal, de nombreux systèmes ont été proposés.

Selon le système de la territorialité ou de la compétence territoriale, la loi pénale s'applique à toutes les infractions commises sur le territoire d'un État, quelle que soit la nationalité de l'auteur ou de la victime. Ce principe est la conséquence de la souveraineté nationale. En revanche, elle ne s'applique pas aux infractions commises en dehors de son territoire même si ses ressortissants en sont victimes ou coupables, car de telles infractions ne causent aucun trouble à son ordre public.

D'après le système de la personnalité ou de la compétence personnelle, la loi pénale s'attache à la nationalité du coupable ou de la victime. La loi nationale suit les ressortissants d'un État, auteur (personnalité active) ou victime (personnalité passive) d'une infraction à l'étranger. En revanche, elle sera inapplicable aux infractions commises par des étrangers, même sur le territoire national.

Le système de la réalité ou de la compétence réelle fait dépendre la compétence de la loi pénale de la nature de l'infraction, peu importe le lieu de commission, la nationalité de l'auteur ou de la victime. La loi nationale est applicable à toutes les infractions qui portent atteinte à ses intérêts.

Le système de l'universalité ou de la compétence universelle de la loi pénale permet de juger le coupable d'une infraction en tenant compte de la loi du lieu d'arrestation. Ce système ne concerne en pratique que des infractions d'une extrême gravité qui portent atteinte aux intérêts fondamentaux de la communauté internationale.

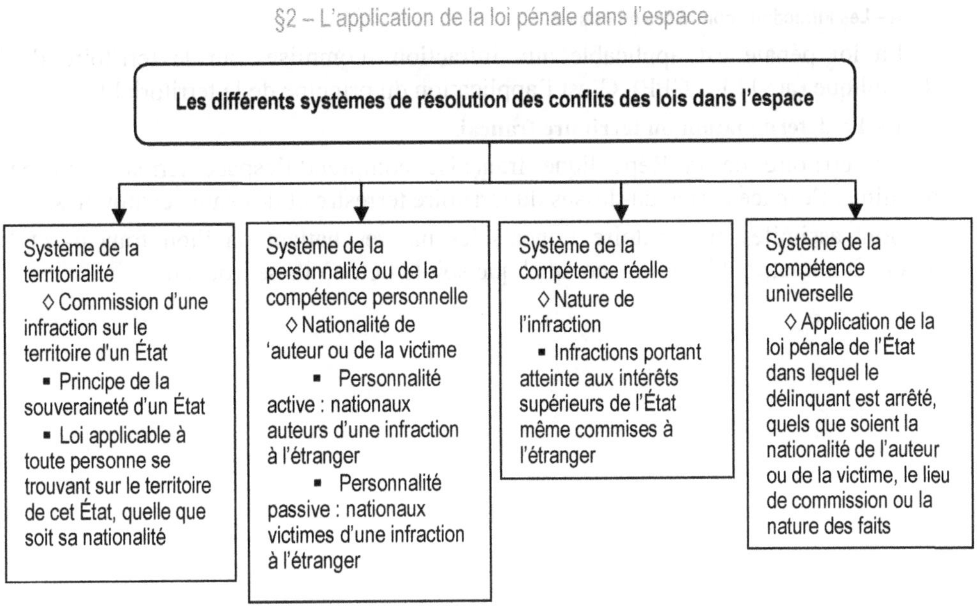
§2 – L'application de la loi pénale dans l'espace
Les différents systèmes de résolution des conflits des lois dans l'espace
Système de la territorialité
◇ Commission d'une infraction sur le territoire d'un État
▪ Principe de la souveraineté d'un État
▪ Loi applicable à toute personne se trouvant sur le territoire de cet État, quelle que soit sa nationalité
Système de la personnalité ou de la compétence personnelle
◇ Nationalité de 'auteur ou de la victime
▪ Personnalité active : nationaux auteurs d'une infraction à l'étranger
▪ Personnalité passive : nationaux victimes d'une infraction à l'étranger
Système de la compétence réelle
◇ Nature de l'infraction
▪ Infractions portant atteinte aux intérêts supérieurs de l'État même commises à l'étranger
Système de la compétence universelle
◇ Application de la loi pénale de l'État dans lequel le délinquant est arrêté, quels que soient la nationalité de l'auteur ou de la victime, le lieu de commission ou la nature des faits

A – Les infractions commises en France

La loi pénale est applicable aux infractions commises sur le territoire de la République (art 113-2 CPP). C'est l'application du principe de la territorialité.

1 – La détermination du territoire français

Le territoire de la République française comprend l'espace terrestre, l'espace maritime, l'espace aérien au-dessus du territoire terrestre et des eaux territoriales.

Sont assimilés au territoire français les navires battant pavillon français et les aéronefs immatriculés en France, quel que soit le lieu où ils se trouvent.

A – Les infractions commises en France

Le principe de la territorialité

Art. 113-2 CP : *La loi pénale française est applicable aux infractions commises sur le territoire de la République*

◊ Peu importe la nationalité de l'auteur ou la nature de l'infraction

1 – Détermination du territoire français

Le territoire proprement dit (art 113-1 CP)

◊ Espace terrestre
- Métropole
- Départements et régions d'Outre-mer
- Collectivités d'outre-mer
- Collectivités à statut particulier

◊ Espace maritime :
- Eaux intérieures
- Mer territoriale : 22,5 km à compter de la côte
- Extension de l'espace maritime
  - ✓Zone contiguë
  - ✓Zone économique exclusive
  - ✓Zone de protection écologique
  - ✓Plateau continental

◊ Espace aérien : au-dessus de l'espace terrestre et maritime

Espaces assimilés au territoire français (art. 113-3 et 113-4 CP)

◊ Navire battant pavillon français quel que soit le lieu où il se trouve

◊ Aéronefs immatriculés en France

Limites au principe de la territorialité

◊ Immunité des agents diplomatiques étrangers
- Loi française applicable si l'immunité est retirée par l'État que ces agents représentent et à condition qu'ils se présentent devant une juridiction française

◊ Inviolabilité des locaux diplomatiques étrangers établis en France
- Les autorités judiciaires et policières ne peuvent y accéder qu'avec l'autorisation du chef de la mission diplomatique
- Toutefois, application de la loi française aux infractions commises dans ces locaux

◊ Immunité du chef de l'État pendant le mandat présidentiel pour les actes accomplis dans l'exercice de sa mission
- Compétence de la Haute Cour en cas de manquement manifestement incompatible avec l'exercice du mandat
- Suspension des poursuites relativement aux faits pendant la durée du mandat

2 – La localisation d'une infraction sur le territoire français

La loi française s'applique aux infractions entièrement commises en France par toute personne, quelle que soit sa nationalité (art. 113-2 al. 1 CP). L'infraction est réputée commise en France si un de ses faits constitutifs a été exécuté sur le territoire français (art. 113-2 al. 2 CP). Tout crime ou tout délit réalisé au moyen d'un réseau de communication électronique, lorsqu'il est tenté ou commis au préjudice d'une personne physique résidant sur le territoire de la République ou d'une personne morale dont le siège se situe sur le territoire de la République, est réputé commis sur le territoire de la République (art. 113-2-1 CP).

La loi pénale française est applicable aux infractions commises à bord des navires battant un pavillon français, ou à l'encontre de tels navires ou des personnes se trouvant à bord, en quelque lieu qu'ils se trouvent. Elle est seule applicable aux infractions commises à bord des navires de la marine nationale, ou à l'encontre de tels navires ou des personnes se trouvant à bord, en quelque lieu qu'ils se trouvent (art. 113-3 CP).

La loi pénale française est applicable aux infractions commises à bord des aéronefs immatriculés en France, ou à l'encontre de tels aéronefs ou des personnes se trouvant à bord, en quelque lieu qu'ils se trouvent. Elle est seule applicable aux infractions commises à bord des aéronefs militaires français, ou à l'encontre de tels aéronefs ou des personnes se trouvant à bord, en quelque lieu qu'ils se trouvent (art. 113-4.

La jurisprudence étend le lieu de rattachement de l'infraction avec le territoire français lorsqu'un acte préparatoire, une condition préalable, des effets ont lieu en France. En ce qui concerne les infractions complexes et les infractions d'habitude, il suffit que l'un des actes constitutifs ait été commis en France. La loi pénale française est applicable aux infractions continues dès lors que le comportement délictueux se poursuit en partie sur le territoire français.

L'article 113-5 CP étend l'application de la loi française à l'acte de complicité en France d'un crime ou d'un délit commis à l'étranger à condition le fait soit puni à la fois par la loi française et par la loi étrangère et que l'infraction qualifiée crime ou délit ait été constatée par une décision définitive de la juridiction étrangère

La jurisprudence applique la loi française aux faits commis à l'étranger présentant un lien de connexité et d'indivisibilité avec des infractions commises en France.

2 – Localisation d'une infraction sur le territoire français

Application de la loi pénale française

Infraction entièrement commise sur le territoire français (art. 113-2 al. 1 CP)

◊ Tous les éléments constitutifs ont été commis sur le territoire de la République

▪ Peu importe la nationalité de l'auteur ou de la victime de l'infraction

◊ Infraction commise dans un espace assimilé au territoire français

▪ Navire battant pavillon français (art. 113-3 CP) ou aéronef immatriculé en France (art. 113-4 CP)

▪ Navire et aéronef militaire français : compétence exclusive de la loi française

Extension de la territorialité

Par la loi

◊ Acte de complicité en France d'une infraction commise à l'étranger (art 113-5 CP)

▪ Réciprocité d'incrimination du fait principal

▪ Crime ou délit constaté par une décision définitive de la juridiction étrangère

Par la jurisprudence

◊ Infraction entièrement commise à l'étranger connexe ou indivisible avec une infraction non prescrite commise en France

Infraction réputée commise en France

◊ un des faits constitutifs a été réalisé sur le territoire français (art. 113-2 al. 2 CP)

▪ Infraction complexe ou d'habitude : commission d'un des actes matériels constitutifs en France

▪ Infraction continue : réitération de la volonté criminelle en France

▪ Infraction d'omission : obligation non représentée en France

▪ Interprétation jurisprudentielle du fait constitutif

✓Acte préparatoire commis en France même si l'infraction ou la tentative est perpétrée l'étranger

✓Condition préalable commise en France alors que l'infraction a lieu à l'étranger

✓Effets en France d'une infraction commise à l'étranger

◊ Crime ou tout délit réalisé au moyen d'un réseau de communication électronique (art. 113-2-1 CP)

▪ ayant pour victime une personne physique ou morale résidant en France commis sur le territoire de la République

B – Les infractions commises à l'étranger

1 – La compétence personnelle

L'infraction est commise par ou contre un Français.

a – La compétence personnelle active (art. 113-6 CP)

La loi française est toujours applicable en cas de crime commis à l'étranger par un Français.

Les délits commis à l'étranger par un Français tombent sous le coup de la loi française à la condition que les faits soient punis à la fois par la France et par la législation du pays où ils ont été perpétrés. Il n'est cependant pas nécessaire que les deux qualifications soient identiques. Le principe de la double incrimination est écarté si la victime est française, s'il s'agit d'une infraction sexuelle dont un mineur est victime, de participation à une activité mercenaire, ou si le délit a été commis à bord ou à l'encontre d'un aéronef non immatriculé en France.

La loi françaises est applicable aux infractions aux dispositions du règlement (CE) n° 561/2006 du Parlement européen et du Conseil du 15 mars 2006 relatif à l'harmonisation de certaines dispositions de la législation sociale dans le domaine des transports par route, commises dans un autre État membre de l'Union européenne et constatées en France, sous réserve des dispositions de l'article 692 du code de procédure pénale ou de la justification d'une sanction administrative qui a été exécutée ou ne peut plus être mise à exécution.

La nationalité du prévenu est appréciée au jour de la mise en mouvement de l'action publique. Elle peut avoir été acquise après la commission des faits.

L'étranger ayant sa résidence habituelle en France est assimilé à un français s'il commet à l'étranger des actes de proxénétisme à l'égard d'un mineur (art. 225-11-2 CP).

b – La compétence personnelle passive (art. 113-7 CP)

La loi française est applicable à tout crime et a tout délit puni d'un emprisonnement commis à l'étranger lorsque la victime est de nationalité française au moment de l'infraction. Peu importe la nationalité de l'auteur. Aucune condition de réciprocité n'est posée.

Le mineur de nationalité étrangère ayant sa résidence habituelle en France est assimilé à un Français lorsqu'il est victime d'infractions de violences volontaires à l'étranger (art. 222-16-2 CP).

c – Les règles communes (art. 113-8 et 113-9 CP)

L'application de la loi française est subsidiaire. L'auteur ne doit pas avoir été définitivement jugé à l'étranger, et en cas de condamnation, subi ou prescrit sa peine (art. 113-9 CP). Les faits doivent être punissables en France.

La poursuite des délits ne peut être exercée qu'à la requête du Ministère public qui reste libre d'apprécier l'opportunité des poursuites. Mais l'action publique doit être précédée d'une plainte de la victime ou ses ayants droit ou d'une dénonciation officielle par l'autorité du pays où le fait a été commis, sauf s'il s'agit d'infraction sexuelle contre les mineurs.

B – Les infractions commises à l'étranger

1 – La compétence personnelle

La compétence personnelle active

Une personne de nationalité française commet une infraction à l'étranger

Domaine (art. 113-6 CP)

◊ Personnes concernées

- Auteur de nationalité française
  - ✓Nationalité appréciée au jour du déclenchement des poursuites
- Assimilation de l'étranger résidant habituellement en France à un Français en matière de proxénétisme contre un mineur (art. 225-11 CP), de recours à la prostitution d'un mineur (art 225-12-3 CP), en matière de terrorisme (art. 113-3 CP)

◊ Infractions

- Crime
- Délit
  - ✓Réciprocité d'incrimination
    - o Prise en compte de la loi étrangère pour déterminer le caractère répréhensible des faits
    - o Exercice des poursuites en fonction de la loi pénale française
  - ✓Exclusion de la réciprocité d'incrimination
    - o Infraction sexuelle contre un mineur, activité mercenaire, traite des humains
- Contravention aux dispositions du règlement européen dans le domaine des transports par route, commise dans un autre État membre de l'Union européenne et constatée en France

◊ Compétence personnelle active en matière terroriste

- Crime ou délit terroriste commis à l'étranger par un Français ou une personne résidant habituellement en France

La compétence personnelle passive

Une personne de nationalité française est victime d'une infraction à l'étranger

Domaine (art. 113-7 CP)

◊ Infractions

- Crime
- Délit puni d'emprisonnement, réciprocité non exigée
- Exclusion des délits punis seulement d'une amende et des contraventions

◊ Personnes

- Victime de nationalité française au moment de l'infraction
- Personne assimilée : mineur de nationalité étrangère ayant sa résidence habituelle en France victime de violences volontaires à l'étranger (art 222-16-2 CP)

Règles communes

◊ Faits objectivement punissables en France

- Pas de poursuite en France si le fait est couvert pas un fait justificatif ou amnistié

◊ Mise en mouvement de l'action publique par le ministère public en matière délictuelle subordonnée

- à une plainte préalable de la victime ou d'une dénonciation officielle du pays où l'infraction a été commise, sauf en cas d'infraction sexuelle ou de violences ayant entraîné une mutilation permanente commises contre un mineur (art. 113-8 CP)
- la plainte peut être déposée en France ou à l'étranger à condition dans ce dernier cas qu'elle soit transmise aux autorités judiciaires françaises

◊ Compétence subsidiaire (principe *non bis in idem*)

- L'auteur ne doit pas avoir été jugé définitivement à l'étranger, et en cas de condamnation, subi ou prescrit sa peine (art. 113-9 CP)
- et s'agissant du règlement européen, avoir exécuté ou prescrit une sanction administrative

2 – La compétence réelle

La loi française est applicable, sans tenir compte de la nationalité de l'auteur ou du lieu de commission de l'infraction en cas d'infraction portant d'atteinte aux intérêts fondamentaux de la nation, de falsification et de contrefaçon du sceau de l'État, des pièces de monnaies, de billets de banque ou d'effets publics (art. 113-10 CP). Il en est de même en cas de crimes et délits contre les agents ou les locaux diplomatiques et consulaires français à l'étranger.

3 – La compétence universelle

La compétence universelle permet aux tribunaux d'un État de juger une infraction portant atteinte aux intérêts de la communauté internationale, indépendamment du lieu de commission de l'infraction, de la nationalité de l'auteur ou de la victime.

Cette compétence résulte généralement d'une convention internationale et ne vaut que pour les infractions que celle-ci désigne (art. 689-1 et ss. CPP).

La personne doit se trouver en France et ne doit pas avoir été jugée à l'étranger pour les mêmes faits, et en cas de condamnation, ne pas avoir subi ou prescrit sa peine.

2 – La compétence réelle

◇ Infractions contre les intérêts fondamentaux français (art. 410-1 à 419-14 CP)
◇ Falsification ou contrefaçon du sceau de l'État, de pièces de monnaie, de billets de banque ou d'effets publics (art. 442-1, 443-1, 444-1 CP)

◇ Infractions contre les agents diplomatiques ou contre les locaux diplomatiques ou consulaires à l'étranger

Loi française applicable, peu importe la nationalité de l'auteur de l'infraction ou le lieu de commission de l'infraction

3 – La compétence universelle

Compétence juridictionnelle
◇ Attribution de compétence aux juridictions d'un État
- Arrestation ou résidence du délinquant en France (peu importe sa nationalité)
- Source : convention internationale déterminant les infractions concernées

◇ Compétence subsidiaire : application du principe *non bis in idem*

Cas de compétence universelle des juridictions françaises (art. 689-2 à 689-10 CPP)
◇ Torture ou autres traitements cruels, inhumains ou dégradants (Convention New York, 10 déc. 1984)
◇ Terrorisme et financement du terrorisme (Convention européenne, Strasbourg, 22 janv. 1977)
◇ Infractions contre les installations nucléaires ou commises au moyen de matières nucléaires (Convention sur la protection physique des matières nucléaires, Vienne et New York 3 mars 1980)
◇ Infraction en matière de sécurité aérienne et capture illicite d'aéronefs (Convention Haye 16 déc. 1970 ; Montréal, 23 sept. 1971)
◇ Atteintes à la sécurité maritime (Convention de Rome, 10 mars 1988)
◇ Atteintes aux intérêts financiers des communautés européennes (Convention Dublin, 27 sept. 1996 ; Bruxelles, 26 mai 1997)
◇ Actes de terrorisme au moyen d'un engin explosif ou meurtrier (Convention New York, 12 janv. 1998)
◇ Actes relevant de la compétence de la Cour pénale internationale (Convention de Romme, 18 juil. 1988)
◇ Infractions liées aux disparitions forcées (Convention de New-York, 20 déc. 2006)
◇ Infraction à la réglementation du temps de conduite et de repos commise dans un État de l'Union européenne (Règlement (CE) n° 561/2006 du Parlement européen et du Conseil du 15 mars 2006 relatif à l'harmonisation de certaines dispositions de la législation sociale dans le domaine des transports par route)

4 – Les autres cas de compétence

a – Les atteintes aux intérêts d'un État étranger

L'article113-10 CP étend la compétence de la loi française aux infractions commises à l'encontre des intérêts supérieurs étrangers, notamment en cas de falsification et de contrefaçon du sceau de l'État, de pièces de monnaie, de billets de banque ou d'effets publics étrangers (art 441-1 et s. CP).

L'article 113-8-1 CP dispose que la loi française est applicable à tout crime ou délit puni d'au moins 5 ans d'emprisonnement commis hors du territoire de la République par un étranger, dont l'extradition a été refusée à l'État requérant par les autorités françaises, soit que le fait à raison duquel l'extradition a été demandée est sanctionnée d'une peine contraire à l'ordre public français, soit que la personne réclamée aurait été jugée par ledit État par un tribunal n'assurant pas les garanties fondamentales de procédure et de protection des droits de la défense, soit que le fait considéré revêt le caractère d'infraction politique. La poursuite ne peut être exercée qu'à la requête du ministère public.

b- Les infractions commises sur un territoire étranger assimilé

Aux termes de l'article 113-11 CP, la loi pénale française est applicable aux crimes et délits commis à bord ou à l'encontre des aéronefs non immatriculés en France ou des personnes se trouvant à bord :

1° Lorsque l'auteur ou la victime est de nationalité française ;

2° Lorsque l'appareil atterrit en France après le crime ou le délit ;

3° Lorsque l'aéronef a été donné en location sans équipage à une personne qui a le siège principal de son exploitation ou, à défaut, sa résidence permanente sur le territoire de la République.

Aucune poursuite ne peut être exercée contre une personne justifiant qu'elle a été jugée définitivement à l'étranger pour les mêmes faits et, en cas de condamnation, que la peine a été subie ou prescrite.

c– Les infractions commises hors de la mer territoriale

Les infractions commises hors de la mer territoriale peuvent relever de la loi française si les conventions internationales et la loi le prévoient (art. 113-12 CP, art. 92 CMB). L'ordonnance du 8 décembre 2016 relative aux espaces maritimes relevant de souveraineté ou de la juridiction de la République française fixe le régime de ces zones sous juridiction française.

3 – Les autres cas de compétence

a – Les atteintes aux intérêts d'un État étranger

Protection des intérêts économiques et financiers d'un État étranger (art. 113-10 CP) : compétence réelle
◇ Falsification et contrefaçon du sceau de l'État, des pièces de monnaie, de billets de banque ou d'effets publics étrangers

Application de la loi française résultant du refus par les autorités françaises d'extrader un étranger (art. 113-8-1 CP)
◇ Crime ou délit puni d'au moins 5 ans d'emprisonnement
◇ Extradition refusée à l'État requérant pour l'un des motifs suivants :
- peine encourue contraire à l'ordre public français
- garanties fondamentales de procédure et protection des droits de la défense non respectées dans le pays requérant
- Infraction politique

◇ Poursuite exercée à la requête du ministère public

b- Les infractions commises sur un espace étranger assimilé

◇ Art. 113-11 CP : application de la loi française aux crimes et délits commis à bord ou à l'encontre des aéronefs non immatriculés en France
- si la victime est de nationalité française
- lorsque l'appareil atterrit en France après le crime ou le délit
- si l'aéronef a été donné en location sans équipage à une personne qui a le siège principal de son exploitation ou sa résidence permanente sur le territoire de la République

c- Les infractions commises au-delà de la mer territoriale

Les infractions commises hors de la mer territoriale peuvent relever de la loi française si les conventions internationales et la loi le prévoient (art. 113-12 CP).

◇ Eaux sous juridiction française
- Zone contiguë :
  ✓Prévention et répression des infractions à la législation française, commise sur le territoire terrestre ou maritime en matière douanière, fiscale, sanitaire et d'immigration (art 44 bis Code des douanes).
- Zone économique exclusive
  ✓compétence limitée à l'exploration et à l'exploitation des ressources naturelles en vertu des conventions particulières
- Zone de protection écologique
  ✓compétence reconnue par le droit international et relative à la protection de l'environnement
  ✓Loi nationale applicable en cas de rejets polluants sans tenir compte de la loi du pavillon
- Plateau continental

◇ Haute mer : loi française applicable en vertu de conventions internationales

2e partie
La responsabilité pénale

Titre 1 – L'infraction pénale

Titre 2 – Les personnes pénalement responsables

Titre 1 – L'infraction pénale

L'infraction pénale est tout comportement, d'action ou d'omission interdit par la loi sous la menace d'une sanction pénale.

Chapitre 1 – La classification des infractions

Le code pénal distingue les infractions d'après leur gravité ou d'après leur nature.

Section 1 – La classification des infractions selon leur gravité

§1 – Le critère de la distinction

Aux termes de l'article 111-1CP, les infractions sont classées suivant leur gravité en crimes, délits ou contraventions.

Le législateur détermine les infractions en fonction de la gravité de la peine principale encourue. Il distingue les peines criminelles, correctionnelles et contraventionnelles. Cette classification s'opère au regard de peines encourues par les personnes physiques (art. 131-1, 131-4 et 131-13 CP).

Les actes les plus graves, les crimes, sont les infractions punies de la réclusion criminelle (infraction de droit commun) ou de la détention criminelle (infractions politiques). La durée de la privation de liberté peut être perpétuelle, ou limitée par la loi à 30, 20 ou 15 ans (art. 131-1 CP).

Sont qualifiées délits les infractions que la loi punit d'un emprisonnement dont le maximum est de 10 ans et le minimum de deux mois et/ou d'une peine d'amende supérieure à 3750 euros (art. 131-4 CP et 381 CPP).

Les contraventions sont les infractions punies à titre principal d'une amende dont le montant est de 38 euros pour les contraventions de 1re classe, 150 euros pour la 2e classe, 450 euros pour la 3e classe, 750 euros pour la 4e classe et 1 500 euros pour la 5e classe. En cas de récidive et lorsque le règlement le prévoit et hors le cas où la loi prévoit que la récidive de la contravention constitue un délit, le montant de la contravention de 5e classe peut être porté à 3000 euros en cas de récidive (art. 131-13 CP et 521 CPP).

Titre 1 – L'infraction pénale

Chapitre 1 – La classification des infractions

Section 1 – La classification des infractions selon leur gravité

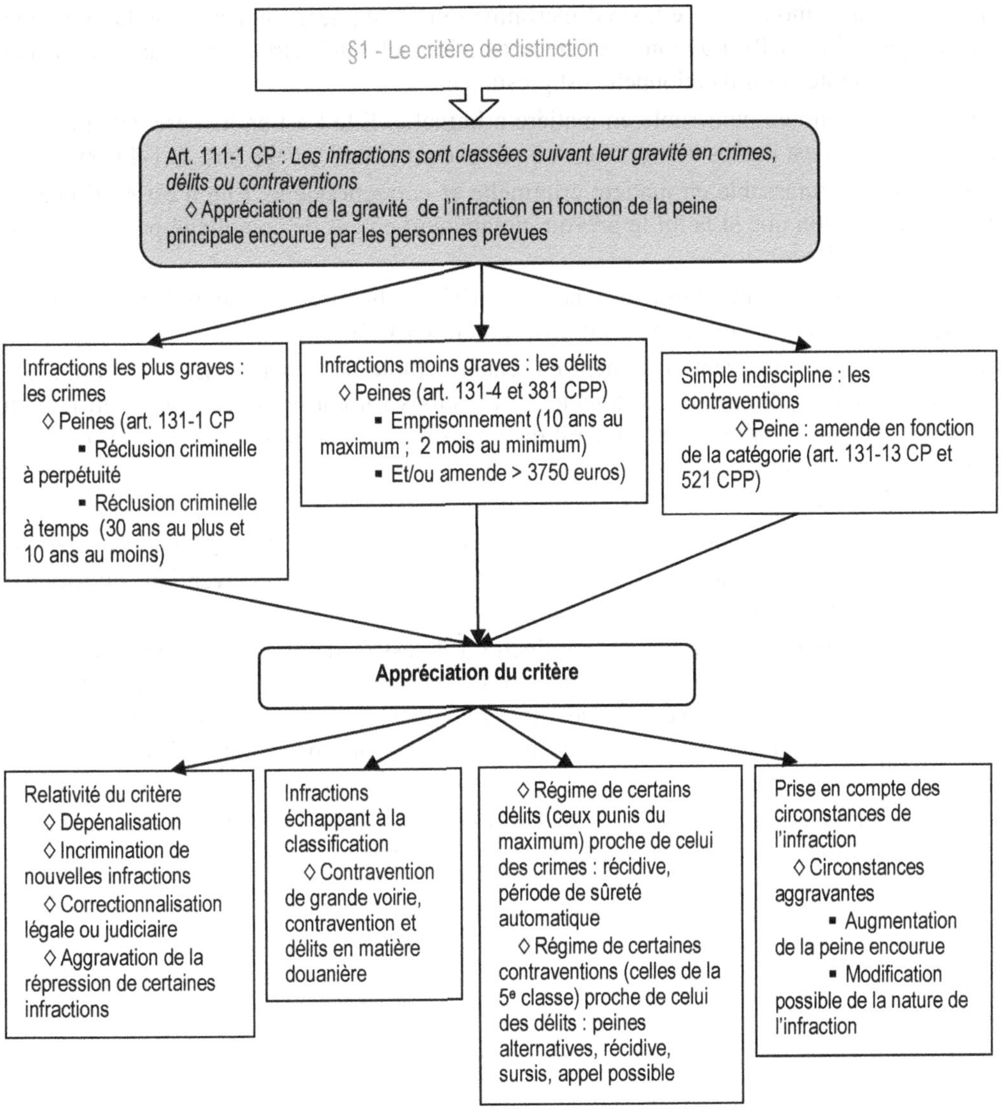

§2 - Les intérêts de la distinction

A - Les conséquences de fond

La loi détermine les peines et les délits et fixe les peines applicables. Les contraventions sont de la compétence du règlement (art. 112-1 CP).

Les crimes impliquent toujours une intention. Il en est de même pour les délits, sauf lorsque la loi exige une faute non intentionnelle. Les contraventions sont constituées lorsque le fait matériel est commis, à moins que le texte d'incrimination ne requière l'intention ou la faute non intentionnelle (art. 121-3 CP). La faute criminelle ou délictuelle doit être établie par le ministère public alors que la faute contraventionnelle est présumée.

La tentative est toujours punissable en matière criminelle. Elle l'est en matière délictuelle si la loi le prévoit. Elle n'est jamais incriminée en matière contraventionnelle (art. 121-4 CP).

La complicité est punissable en matière criminelle et correctionnelle. Elle n'est réprimée en matière de contravention que si la loi le prévoit, notamment en cas de complicité par instigation (art. 121-7, R610-2 CP).

La non-dénonciation d'une infraction aux autorités judiciaires ou administratives n'est punissable que s'il s'agit d'un crime ou d'un délit (art. 434-1 CP).

Les peines encourues diffèrent également en tenant compte de la nature de l'infraction. Les règles relatives au cumul des peines, à la récidive, au sursis varient en fonction la qualification retenue. Le délai de prescription de la peine est de 20 ans pour les crimes, 5 ans pour les délits et 3 ans pour les contraventions.

B - Les conséquences de procédure

La compétence juridictionnelle est déterminée par la gravité de l'infraction. Les crimes relèvent de la cour d'assises, les délits du tribunal correctionnel et les contraventions du tribunal de police ou du juge de proximité.

L'instruction est obligatoire en matière criminelle. Elle est facultative en matière délictuelle, sauf en cas de délits commis par un mineur et n'est possible en matière de police que sur réquisitions du procureur de la République (art. 79 CPP). Les procédures alternatives aux poursuites et les procédures simplifiées de jugement ne sont pas applicables en matière criminelle.

Le délai de droit commun de prescription de l'action publique est de 20 ans pour les crimes, 6 ans pour les délits et 1 an pour les contraventions (art. 7, 8, 9 CPP).

§2 – Intérêts de la distinction

A – Les conséquences de fond			
	Crimes	**Délits**	**Contravention**
Source	Loi	Loi	Décret en Conseil d'État
Élément moral	Intention - Preuve par le ministère public	Intention sauf si la loi prévoit la mise en danger ou l'imprudence (simple ou qualifiée) - Preuve par le ministère public	Faute présumée sauf dans les cas où texte exige l'intention ou la faute d'imprudence
Tentative	Punissable	Punissable si la loi prévoit	Non réprimée
Complicité	Punissable	Punissable	Complicité par aide ou assistance lorsque le texte le prévoit
Application de la loi dans l'espace	Crime commis à l'étranger	Délit commis à l'étranger sous certaines conditions	Loi française non applicable pour les contraventions commises à l'étranger
Prescription des peines	20 ans	6 ans	3 ans
Concours d'infractions	Non-cumul des peines	Non cumul des peines	Cumul des amendes
Récidive	Aggravation de la peine	Aggravation de la peine	Aggravation dans les cas prévus par la loi
B – Les conséquences de procédure			
Juridiction compétente	Cour d'assises - Formation collégiale - Jury	Tribunal correctionnel - Juge unique - Formation collégiale	Tribunal de police - Juge unique
Prescription de l'action publique	20 ans	6 ans	1 an
Instruction	Obligatoire	Facultative, sauf délit commis par un mineur ou délit complexe	Sur réquisitions du parquet
Comparution immédiate	Non applicable	Applicable	Non applicable
Ordonnance pénale	Non applicable	Applicable	Applicable
Extradition	Possible	Possible	Exclue
Dispense et ajournement de peine	Inapplicables	Applicables	Applicables

Section 2 – La classification des infractions selon leur nature

§ 1– Les infractions politiques

A – Notion

1 – La loi

Le législateur ne définit pas l'infraction politique. Il prévoit une peine spécifique en matière criminelle, la détention criminelle, à perpétuité ou à temps. Mais la détention criminelle ne sanctionne pas tous les crimes et il n'existe pas de peine spécifique pour les délits politiques.

2 – La doctrine

La tendance objective, restrictive, fondée sur la considération de l'objet, qualifie d'infraction politique les infractions portant atteinte à l'organisation et au fonctionnement de l'État et aux droits politiques;

La tendance subjective s'attache au mobile animant de son auteur. Est réputée politique l'infraction de droit commun, inspirée par des motifs politiques.

3 – La jurisprudence

Elle retient le critère objectif d'après lequel l'infraction, même punie d'une peine de droit commun est politique si son objet est politique. Les infractions complexes, celles qui, tout en lésant directement un intérêt privé, sont commises pour un motif ou un mobile politique restent des infractions de droit commun.

B – Intérêts de la distinction

Le régime pénitentiaire des détenus politiques est plus souple (art. D490 CPP) : séparation d'avec les autres détenus, droit de recevoir la visite tous les jours, possibilité de se réunir entre eux.

Une condamnation politique ne fait pas obstacle à l'octroi ultérieur d'un sursis simple (art. 132-30 CP).

Le régime procédural des infractions politiques est différent selon qu'elles sont commises en temps de paix ou en temps de guerre.

L'extradition est exclue en ce qui concerne les infractions politiques et pour les délits connexes à une infraction politique, sauf lorsque ces délits constituent un acte de barbarie et de vandalisme défendu par les lois de la guerre et seulement lorsque la guerre civile a pris fin. Cependant, des conventions admettent l'extradition en dépit du mobile politique de l'infraction lorsque les faits sont d'une exceptionnelle gravité.

Section 2 – La classification des infractions selon leur nature

§1 – Les infractions politiques

Critères de la distinction

Loi

◇ Absence de définition légale

Doctrine

◇ Critère objectif : infraction portant atteinte à l'organisation et à l'existence d'un État

▪ Crimes et délits contre les intérêts fondamentaux de la Nation, participation à un attroupement, fraude électorale

◇ Critère subjectif : prise en compte du mobile de l'auteur

▪ Infraction complexe : infraction de droit commun commise pour des motifs politiques

▪ Infraction de droit commun commise à l'occasion d'une infraction politique

Jurisprudence

◇ Application du critère objectif

▪ Infraction politique par nature : une infraction, même punie d'une peine de droit commun, est politique si son objet est politique

✓Infractions portant atteinte à l'organisation et au fonctionnement de l'État : crimes et délits contre les intérêts fondamentaux de l'État, participation à un attroupement armé, fraudes électorales, trahison, espionnage, atteinte au secret de la défense nationale

◇ Exclusion du critère subjectif : indifférence du mobile

▪ Infraction complexe : infraction de droit commun (arrêt Gorguloff, Crim., 20 août 1932)

▪ Infraction connexe à une infraction politique : assimilation à une infraction politique

Intérêts de la distinction

Les peines

◇ Peine spécifique pour certains crimes politiques : la détention criminelle

▪ Application des peines de commun pour toutes les autres infractions politiques

◇ Régime de détention plus souple pour les détenus politiques

Procédure

◇ Composition pénale, comparution immédiate et comparution sur reconnaissance préalable de culpabilité inapplicables

◇ Juridiction compétente

▪ En temps de guerre : compétence des juridictions des forces armées pour les infractions portant atteinte aux intérêts fondamentaux de la nation

▪ En temps de paix : juridictions de droit commun spécialisées en matière militaire

◇ Extradition

▪ Exclue si l'infraction est politique ou s'il s'agit d'un délit connexe ou si l'extradition est demandée dans un but politique

✓Possibilité de juger l'auteur des faits d'après la loi française (art. 113-8-1 CPP)

▪ Admise pour les infractions d'une exceptionnelle gravité

◇ Application du mandat européen (art. 695-11 CPP)

§2 - Les infractions militaires

Les infractions militaires par nature consistent en un manquement au devoir ou à la discipline militaire et ne peuvent être commises que par des militaires (Livre III, Titre 2 CJM). Elles tendent à soustraire leur auteur à ses obligations militaires : insoumission, désertion. Elles portent atteinte à l'honneur ou au devoir : capitulation, complot militaire. Elles consistent aussi en des infractions contre la discipline : révolte, refus d'obéissance. Certaines infractions comme l'incitation à la désertion peuvent être commises par les civils.

Les crimes et délits commis par les militaires dans l'exécution de leur service sont considérés comme des infractions militaires.

Les peines applicables sont en principe celles de droit commun. Cependant, il existe des peines spécifiquement militaires comme la destitution ou la perte de grade. Un régime particulier est prévu en matière de sursis simple, de mise à l'épreuve et de récidive.

§2 – Les infractions militaires

Notion

Infraction militaire

◇ Manquement à la discipline et au devoir ne pouvant être commis que par des militaires

◇ Infraction de droit commun commise par des militaires dans l'exécution du service

- Exclusion des infractions lésant des intérêts militaires commises par un non militaire
- Exclusion des infractions de droit commun commises par un militaire en dehors du service

Militaire

◇ Personnes ayant le statut des militaires (art. L121-3 CJM)

- Militaires de carrière, militaires servant en vertu d'un contrat ; militaires accomplissant le service militaire ; militaires de la réserve accomplissant un engagement à servir dans la réserve opérationnelle, ou faisant partie des personnes soumises à l'obligation de disponibilité, à l'exception des militaires en position hors cadre ou de retraite, ainsi que des déserteurs.

◇ Personnes assimilées

- Personnes à la suite de l'armée en vertu d'une autorisation, personnes civiles à titre statutaire ou contractuelle employées par les armées, personnes à la charge de militaires qui accompagnent le chef de famille à l'étranger (art. L121-4 CJM)
- Personnes portées présentes, à quelque titre que ce soit, sur le rôle d'équipage d'un bâtiment de la marine ou le manifeste d'un aéronef, sur les contrôles et accomplissent du service ; membres d'un équipage de prise ; prisonniers de guerre (art. L121-5 CJM)

Régime juridique

Application des peines

◇ Peines de droit commun

◇ Peines spécifiquement militaires : destitution, perte de grade (art. 698-8 CPP)

◇ Condamnation pour une infraction militaire prise en compte pour la récidive

◇ Possibilité d'assortir la peine d'un SME

Juridictions compétentes

◇ En temps de paix

- Compétence des juridictions de droit commun dans une formation spécialisée en matière militaire pour les infractions militaires
- Compétence des juridictions de droit commun
  - ✓ pour les infractions de droit commun commises hors service par des militaires
  - ✓ pour les infractions commises par les militaires de la gendarmerie dans l'exercice de leurs fonctions de police administrative ou judiciaire
    - o à l'exclusion des infractions commises dans le service du maintien de l'ordre

◇ En temps de guerre

- Compétence des juridictions militaires

Mise en œuvre des poursuites

◇ Exigence, préalablement à l'engagement des poursuites par le procureur de la République, et sauf cas de flagrant délit ou de crime, de l'avis du ministre de la défense

◇ Limitation de la mise en mouvement de l'action civile en réparation par la partie lésée aux cas de décès, de mutilation ou d'infirmité permanente

§3 - Les infractions de presse

Les infractions de presse supposent une certaine publicité et sont réalisées par l'un des moyens énoncés par l'article 23 de la loi du 29 juillet 1881 sur la presse : discours, écrits, imprimés, gravures et emblèmes ou images, ou d'une manière générale, tout autre support de l'écrit, de la parole ou de l'image ou tout moyen de communication audiovisuelle. La publicité implique que les paroles soient prononcées ou que les écrits soient vendus, distribués ou exposés dans des lieux ou des réunions publics.

Toute infraction commise par voie de presse ne constitue pas nécessairement une infraction de presse. Ces infractions sont limitativement prévues par la loi de 1881 (chapitre IV de la loi).

Le particularisme des règles de fond en matière d'infraction de presse concerne la détermination des personnes responsables. Les directeurs de publication ou les éditeurs sont considérés comme auteurs principaux alors que les auteurs des écrits sont poursuivis comme complice. Lorsque le directeur de la publication n'est pas désigné, les auteurs des propos sont poursuivis comme auteur principal, toute autre personne pouvant être punie comme complice. En cas d'écrits anonymes, les imprimeurs sont poursuivis, à défaut, les vendeurs, les distributeurs et afficheurs.

En ce qui concerne le régime des peines, l'interdiction d'exercer une fonction publique et la confiscation ne peuvent être prononcées. La récidive n'est pas applicable.

S'agissant des règles procédurales, le régime de prescription de l'action publique est de 3 mois. La comparution immédiate n'est applicable. Dans certains cas, le procureur de la République ne peut mettre l'action publique en mouvement que sur plainte préalable de la victime. La détention provisoire est interdite dans certains cas. Le juge ne peut modifier la qualification telle qu'elle résulte de l'acte de saisine.

§4 - Les infractions fiscales et douanières

Les infractions fiscales sont prévues par le CGI. Les poursuites sont subordonnées à une plainte de l'administration fiscale sur avis de la commission des infractions fiscales. Les agents de cette administration peuvent constater les infractions. L'administration peut transiger. L'infraction fiscale peut donner suite à des sanctions pénales et fiscales.

En matière douanière, il existe quatre classes de contraventions et trois classes de délits. La preuve des délits est facilitée car la mauvaise foi est présumée. Il revient au prévenu d'établir sa bonne foi. La notion de complicité est remplacée par celle d'intérêt à la fraude. Lorsqu'un même fait constitue plusieurs infractions douanières, seule la plus haute est retenue. Mais le cumul avec une infraction de droit commun ou une infraction fiscale est possible. La transaction est possible.

§3 – Les infractions de presse

Notion

◊ Mode de réalisation des infractions de presse
- Écrit, parole ou image, ou tout autre moyen de communication
- Publicité : paroles prononcées ou écrits distribués ou exposés dans des lieux ou réunions publics

◊ Infractions de presse limitativement énumérées par la loi du 29 juil. 1881 (chap. IV)
- provocation à commettre des crimes et des délits contre les personnes, provocation à la commission des infractions contre les biens, provocation aux infractions portant atteinte aux intérêts de la nation, apologie des crimes de guerre, de crimes contre l'humanité, négationnisme, provocation à la haine raciale, offense au président de la République, diffamation publique, etc.

Régime des infractions de presse

Règles de fond

◊ Responsabilité en cascade
- Est présumé responsable le directeur de publication ou l'éditeur, à défaut les vendeurs, distributeurs ou afficheurs
- Si le directeur ou l'éditeur ou le vendeur est connu, l'auteur de l'écrit ou des propos est présumé complice
- Écrit anonyme : responsabilité de l'imprimeur, à défaut des afficheurs ou vendeurs

◊ Interdiction d'exercer une fonction publique ou une activité professionnelle ou sociale inapplicable

◊ Impossibilité de prononcer la confiscation comme peine de substitution

Règles procédurales

◊ Délai de prescription de l'action publique : 3 mois, un an pour les délits racistes

◊ Comparution immédiate inapplicable

◊ Poursuite exercée par le parquet subordonnée à la plainte préalable de la victime
- Extinction de l'action publique en cas de désistement de la victime

◊ Impossibilité pour les juges de requalifier les faits

◊ Détention provisoire inapplicable

§4 - Les infractions fiscales et douanières

Les infractions fiscales

◊ Fraude fiscale (art. 1741 CGI)
- Toute personne qui se soustrait ou tente de se soustraire frauduleusement à l'établissement de l'impôt ou à son paiement

◊ Exercice des poursuites
- Plainte déposée par l'administration fiscale
  - ✓Sur avis conforme de la commission des affaires fiscales
- Constatation des infractions par les agents de l'administration

◊ Sanctions
- Pouvoirs de l'administration
  - ✓Transaction
- Cumul des sanctions pénales et fiscales

Les infractions douanières

◊ Infractions douanières (art. 408 C. douanes)
- Quatre classes de contraventions
  - ✓La 4è classe prévue en droit commun n'existe pas
- Trois classes de délits
  - ✓Intention présumée
  - ✓Preuve de la bonne foi apportée par le prévenu

◊ Poursuite
- Voie transactionnelle
  - ✓Accord du ministère public nécessaire lorsque l'action publique a déjà été engagée
- Voie judiciaire
  - ✓Application des sanctions douanières
  - ✓Cumul avec les sanctions fiscales et pénales

◊ Constatation des infractions
- Pouvoirs des agents des douanes ou de toute autre administration
  - ✓Droit de saisie, rétention douanière en cas de flagrant délit

§5 – Les infractions en matière de terrorisme, de trafic illégal de stupéfiants et de criminalité organisée

A – Notion

1 – Les actes de terrorisme

Les infractions de droit commun citées à l'article 421-1 CP sont qualifiées d'infractions terroristes lorsqu'elles sont commises en relation avec une entreprise individuelle ou collective ayant pour but de troubler gravement l'ordre public par l'intimidation et la terreur.

Il existe des infractions terroristes spécifiques telles que le terrorisme écologique (art. 421-2 CP), le financement d'une entreprise terroriste, la participation d'une entreprise terroriste ou le fait de profiter du produit d'une entreprise terroriste (art. 421-2 à 421-5 CPP).

L'article 706-16 CPP réprime les infractions connexes aux actes terroristes.

2 – Le trafic illicite de stupéfiants

Constituent des stupéfiants les substances ou plantes classées par arrêté du ministre de la Santé publique, sous réserve des définitions pouvant résulter des traités internationaux liant la France (art. 222-41 CP, L 5132-7 CSPu).

Les infractions en matière de trafic de stupéfiants (art. 222-33 à 222-39 CP) sanctionnent le fait de diriger ou d'organiser un groupement ayant pour objet le trafic illicite de stupéfiants ; le trafic illicite à savoir la production, la fabrication, l'importation, l'exportation, le transport, la détention, l'offre, la cession, l'acquisition ou l'emploi illicites de stupéfiants ; l'aide aux trafiquants notamment le blanchiment du produit du trafic et l'aide aux toxicomanes ; le recel.

Diverses infractions sont également prévues par le code de la santé publique. Il en est ainsi de l'usage de stupéfiants (art. L3421-1 CSPu) et les provocations au trafic, même non suivies d'effet (art. L3421-4 CSPu).

3 – La criminalité et la délinquance organisées

Les infractions de criminalité et de délinquance organisées se caractérisent par leur gravité et par la pluralité d'auteurs. Il s'agit des actes par nature organisée ; des actes commis en bande organisée ; des délits de blanchiment et de recel du produit ; des revenus ou des choses provenant de l'une des infractions visées ; de l'association des malfaiteurs ayant pour objet la préparation de l'une de ces infractions (art. 706-73 CPP).

L'article 706-74 CPP étend le régime dérogatoire quand la loi le prévoit, aux crimes et délits commis en bande organisée autres que ceux relevant de l'article 706-73 CPP ainsi qu'aux délits d'association de malfaiteurs tendant à la préparation des crimes et délits punis de 10 ans d'emprisonnement autres que ceux visés à l'article 706-73 CPP.

§5 – Les infractions de terrorisme et de criminalité organisée

A - Notion

Actes de terrorisme

◊ Infraction de droit commun commise en relation avec une entreprise individuelle ou collective ayant pour but de troubler l'ordre public par l'intimidation et la terreur (art. 421-1 CP)

▪ Prise en compte du mobile

◊ Terrorisme écologique (art. 421-2 CP)

◊ Délit d'association de malfaiteurs en relation avec une entreprise terroriste (art. 421-2-1 CP)

◊ Délit de financement d'une entreprise terroriste (art. 421-2-2 CP)

◊ Recel : non-justification de ressources correspondant à son train de vie, tout en étant en relations habituelles avec une ou plusieurs personnes se livrant à l'un ou plusieurs actes de terrorisme (art. 421-2-3 CP)

◊ Recrutement en vue de la participation à un groupement terroriste (art. 421-2-4 CP)

◊ Provocation à la commission d'acte terroriste (art. art. 421-2-5 et 421-2-6 CP)

◊ Infractions connexes à un acte terroriste (art 706-16 CPP)

Trafic illicite de stupéfiants

Stupéfiants (art. 222-41 CP, L5132-7 CSPu):

◊ Substances, plantes, préparations vénéneuses classées

▪ par arrêté du ministre de la santé publique

▪ par les textes internationaux (convention internationale unique sur les stupéfiants du 30 mai 1961)

Infractions

◊ Code pénal

▪ Direction, organisation d'un groupement ayant pour objet le trafic

▪ Acte de trafic : production, fabrication, importation, exportation, transport, détention, acquisition ou emploi illicite de stupéfiants

▪ Acte facilitant le trafic : aide aux trafiquants, blanchiment du produit du trafic

▪ Recel du produit du trafic

◊ Code de la santé publique

▪ Usage de stupéfiants

▪ Provocation au trafic, même non suivie d'effet

▪ Provocation à l'usage du trafic

▪ Présentation du trafic sous un jour favorable

Criminalité organisée

Absence de définition générale

Art. 706-73 CPP

◊ Infractions par nature organisée : terrorisme, trafic de stupéfiants, traite des êtres humains, proxénétisme, extorsion, fausse monnaie

◊ Infractions commises en bande organisée : crimes et délits punis de 10 ans d'emprisonnement commis avec la circonstance aggravante de bande organisée

◊ Délit de blanchiment, recel de malfaiteurs et association de malfaiteurs concernant l'une des infractions visées

Art. 706-74 CPP

◊ Application du régime dérogatoire aux autres infractions commises en bande organisée, lorsque la loi le prévoit

B – Régime juridique

En matière de terrorisme, de trafic de stupéfiants et criminalité organisée, les pénalités sont plus élevées que pour les infractions de droit commun.

Sous réserve de règles applicables de manière spécifique au terrorisme et au trafic de stupéfiants, les dispositions procédurales sont identiques.

Des juridictions spécialisées interrégionales sont compétentes en matière de criminalité organisée. Ces infractions peuvent donner lieu à des opérations de surveillance ou d'infiltration. Le juge peut prononcer des mesures conservatoires, notamment, le gel des avoirs. La peine peut être évitée ou réduite au profit des repentis ou des dénonciateurs.

Pour les actes terroristes, les juridictions parisiennes exercent une compétente concurrente à celle des jurdictions normalement compétentes et les magistrats parisiens ont une compétence étendue sur l'ensemble du territoire. La cour d'assises compétente n'est composée que de magistrats, sans jury. Les délais de prescription de l'action publique des peines sont plus longs : 30 pour les crimes et 20 ans pour les délits.

B – Régime juridique des infractions de terrorisme, de trafic illicite de stupéfiants et de criminalité organisée

Règles relatives à la criminalité organisée

◇ Applicables au terrorisme et au trafic de stupéfiants sous réserve de dispositions spécifiques

◇ Compétence des juridictions spécialisées interrégionales pour les affaires complexes
- Compétence territoriale du tribunal correctionnel ou de la cour d'assises étendue au ressort d'une ou de plusieurs cours d'appel pour l'enquête, la poursuite, l'instruction et le jugement des crimes et délits

◇ Règles applicables à l'enquête
- Procédure d'infiltration des réseaux de trafic par les officiers de police judiciaire habilités
- Possibilité d'opérer des perquisitions en dehors des heures légales
- Géolocalisation
- Garde à vue
  - ✓ Durée possible : 96 h
  - ✓ Examen médical à l'issue de la première prolongation
  - ✓ Intervention de l'avocat : à l'issue de la 48e heure
- Écoutes téléphoniques

◇ Pouvoir du juge d'instruction
- Saisies conservatoires et gel des avoirs
- Sonorisation et fixation d'images dans les lieux privés
- Surveillance des personnes et des biens
- Captation des données informatiques

◇ Durée maximale de la détention provisoire
- Délit : deux ans
- Crime : 4 ans

◇ Exemption ou diminution de peine au profit des repentis

Règles spécifiques aux actes de terrorisme et trafic de stupéfiants

◇ Juridiction compétente
- Infractions terroristes :
  - ✓ Compétence concurrente entre les juridictions normalement compétentes et les juridictions parisiennes
- En matière criminelle : cour d'assises sans jury

◇ Garde à vue :
- Durée en matière terroriste : en cas de risque imminent d'une action terroriste en France ou à l'étranger ou pour des nécessités de la coopération internationale : prolongation supplémentaire de 24 heures renouvelables une fois après la durée de 96 heures
- Report possible de l'intervention de l'avocat en matière terroriste ou de trafic de stupéfiants : 72e heure

§6 – Les crimes contre l'humanité

A – Notion

Les crimes contre l'humanité sont commis en exécution d'un plan concerté visant à porter atteinte à un groupe humain, déterminé en raison de sa race, son ethnie, sa religion, ou pour tout autre motif arbitraire.

Le génocide est le fait de commettre ou de faire commettre l'un des actes suivants : atteinte volontaire à la vie, atteinte grave à l'intégrité physique ou psychique, soumission à des conditions d'existence de nature à entraîner la destruction totale ou partielle d'un groupe déterminé, mesures visant à entraver les naissances transfert forcé d'enfant (art. 211-1 CP).

Les actes de persécution dirigés contre la population civile sont le fait de commettre, d'organiser ou d'ordonner la déportation, la réduction en esclavage, la pratique massive et systématique d'exécutions sommaires, d'enlèvements de personnes suivis de leur disparition, de la torture ou d'actes inhumains (art. 212-1 CP) inspiré par des motifs idéologiques. En temps de guerre, ces actes sont punis lorsqu'ils sont commis sur ceux qui combattent le système idéologique au nom duquel sont perpétrés les crimes contre l'humanité (art. 212-2 CP).

La participation à un groupement formé ou à une entente établie en vue de la préparation caractérisée par un ou plusieurs faits matériels, de l'un des crimes contre l'humanité est considérée comme un crime contre l'humanité (art. 212-3 CP).

B – La répression des crimes contre l'humanité

La compétence des juridictions françaises se détermine en application du principe de la territorialité de la loi pénale (art. 113-2 et s. CP). Lorsque la compétence résulte de textes internationaux, les juridictions pénales françaises doivent retenir la définition des crimes contre l'humanité telle qu'elle y est visée. Elles peuvent se dessaisir au profit du tribunal international sur décision de la chambre criminelle.

Les personnes physiques sont punies de la réclusion criminelle à perpétuité. Les personnes morales encourent notamment la dissolution si elles ont été créées ou détournées de leur objet pour commettre les crimes, la fermeture d'établissement et la confiscation de tout ou partie de leurs biens.

L'auteur ou le complice d'un crime contre l'humanité ne peut invoquer l'ordre de la loi ou le commandement de l'autorité légitime. Mais la juridiction peut tenir compte de cette circonstance lorsqu'elle détermine la peine et en fixe le montant (art. 213-4 CP).

L'action publique relative aux crimes contre l'humanité ainsi que les peines prononcées sont imprescriptibles.

§6 – Les crimes contre l'humanité

Notion

Prise en compte du mobile (dol spécial)

◊ Le crime contre l'humanité est commis en réalisation d'un plan concerté ayant pour but de détruire ou persécuter un groupe humain

◊ Infraction collective par nature : il n'est cependant pas nécessaire que les autres coauteurs soient poursuivis ou condamnés

◊ Infraction visant un groupe humain déterminé par des motifs arbitraires : nation, race, religion, etc.

Les différents crimes contre l'humanité

◊ Génocide : fait de commettre ou de faire commettre l'un des actes prévus à l'art. 211-1 CP à l'encontre d'un groupe ou des membres d'un groupe

- Destruction délibérée et planifiée d'un groupe humain, soit par élimination physique de ses membres, soit par des mesures visant à entraver les naissances

◊ Actes de persécution contre la population civile : actes commis à l'encontre d'une population civile pour des motifs idéologiques (art. 212-1 CP)

◊ Crimes contre les combattants : actes de persécution commis contre un système idéologique (art. 212-2 CP)

◊ Association criminelle ayant pour but la préparation de crimes contre l'humanité (art. 212-3 CP)

Les infractions complémentaires

◊ Infractions commises par voie de presse

- Apologie des crimes contre l'humanité (art. 24 al 3, loi 29 juil. 1881)
- Contestation des crimes contre l'humanité (art. 24 bis, loi 1881)

◊ Port ou exhibition en public d'uniformes ou d'insignes ou emblèmes rappelant ceux des organisations ou des personnes coupables de crimes (art. R645-1 CP)

- Port de costumes justifié pour les besoins d'un film, d'un spectacle ou d'une exposition comportant une évocation historique

Historique

Avant le nouveau Code pénal

◊ Art. 6 Statut du tribunal international de Nuremberg : actes commis avant ou pendant la guerre par les criminels de guerre des puissances européennes de l'Axe

◊ Autres textes internationaux : Convention des Nations Unies, 9 déc. 1948 ; Convention Conseil de l'Europe, 25 janv. 1974

◊ Jurisprudence

- Domaine d'application : crimes commis lors de la 2nde Guerre mondiale pour le compte d'un pays européen de l'Axe (Crim. 20 déc. 1985, Barbie ; 27 nov. 1992 ; 1er avr. 1993, Boudarel
- Nature des infractions : infractions de droit commun (Crim., 6 févr. 1975, Touvier)

Réforme du Code pénal

◊ Infractions autonomes et générales : la répression n'est plus liée aux actes commis pendant la guerre mondiale

- Loi plus sévère applicable aux actes commis après sa promulgation

Régime de répression

◊ Compétence des juridictions françaises

- Application du principe de la territorialité et de la personnalité
- Compétence universelle
  - ✓Compétence subsidiaire par rapport aux juridictions pénales internationales

◊ Peines applicables

- Peine de droit commun

◊ Cas de complicité spécifique

- Chef militaire ou supérieur hiérarchique n'exerçant pas la fonction de chef militaire n'ayant pas pris les mesures nécessaires pour faire cesser ou réprimer l'exécution des crimes commis par les subordonnés placés sous son autorité ou son contrôle effectif

◊ Impossibilité d'invoquer l'ordre de la loi ou le commandement de l'autorité légitime

- Le juge peut en tenir compte lors du prononcé de la sanction

◊ Infractions imprescriptibles

Chapitre 2 – Les éléments constitutifs de l'infraction

Une infraction pénale est constituée par la réunion de l'élément matériel et de l'élément moral.

Section 1 – L'élément matériel de l'infraction

L'infraction consiste dans la transgression de la loi pénale. Elle se manifeste par l'accomplissement ou la tentative d'accomplissement de l'acte ou du fait décrit et interdit par le texte. La simple pensée criminelle ou l'intention de commettre un crime ne sont pas punissables, sauf si le législateur sanctionne la résolution criminelle caractérisée par un ou plusieurs faits matériels (art. 412-1 et 450-1 CP).

L'élément matériel est le comportement interdit. Il doit être distingué des conditions préalables de l'infraction qui sont des données pénales ou extrapénales précisant le cadre dans lequel l'infraction est commise. Elles permettent de déterminer la valeur sociale protégée.

§1 – Le mode de réalisation de l'élément matériel

A – Acte de commission ou d'omission

L'infraction est dite de commission lorsque l'élément matériel consiste dans l'accomplissement par l'agent de l'acte prohibé par la loi. Il peut s'agir d'un geste, d'une parole, d'un écrit ou d'un dessin.

L'infraction est d'omission lorsque le législateur sanctionne l'agent qui s'abstient d'exécuter une obligation prescrite par la loi.

Le délit de commission ne peut résulter d'une simple omission, même volontaire. Si une abstention non sanctionnée cause le dommage prévu pour une infraction de commission, il ne peut y avoir de répression. Toutefois, l'acte imprudent sanctionné pénalement peut résulter aussi bien d'un acte de commission que d'un défaut de précautions. La jurisprudence réprime parfois l'omission dans l'action. Ainsi, l'abus de confiance qui suppose le fait de détourner est réalisé dans le cas de rétention injuste, lorsque l'agent, de mauvaise foi, refuse de restituer les pièces qui lui avait été remises à titre de mandat.

Chapitre 2 – Les éléments constitutifs de l'infraction

Section 1 – L'élément matériel de l'infraction

Nécessité d'un fait matériel
Art. 121-1 CP : Nul n'est pénalement responsable que son propre fait
- ◊ Comportement décrit par la loi
  - ▪ Action ou omission décrite par la loi

→

- ◊ Résolution criminelle sanctionnée seulement si elle est matérialisée par un acte
- ◊ Seul un acte matériel peut révéler la volonté de violer la loi pénale

§1 – Le mode de réalisation de l'élément matériel

A – Action ou omission

Infraction de commission
- ◊ Exécution de l'acte prohibé par la loi
  - ▪ Acte variable : geste, parole, écrit, dessin
    - ✓Meurtre, vol

Infraction d'omission
- ◊ Abstention ou inaction fautive
  - ▪ L'agent a l'obligation d'agir, mais il s'abstient
    - ✓Omission de porter secours, non-dénonciation de crime

Infraction de commission par omission : une abstention produit un résultat analogue à une infraction de commission
- ◊ Principe
  - ▪ Exclusion du raisonnement par analogie : l'abstention n'équivaut pas à l'action (Poitiers, 20 nov. 1901, affaire de la séquestrée de Poitiers)
  - ▪ Sanction de l'abstention ou de l'omission réprimée à titre autonome
- ◊ Exception
  - ▪ Mise en péril d'un mineur
  - ▪ Jurisprudence : abstention dans l'action (abus de confiance)
- ◊ Tempéraments
  - ▪ Répression de l'imprudence ou de la négligence pouvant être caractérisé par une abstention que par un acte de commission

Intérêts
- ◊ Tentative
  - ▪ Non punissable pour les délits non intentionnels
- ◊ Prescription de l'action publique
  - ▪ Jour de commission de l'infraction
  - ▪ Pour l'infraction d'omission : le jour où l'obligation aurait dû être exécutée

B - Acte unique ou actes multiples

1 – La distinction

L'infraction simple consiste en un seul acte matériel d'exécution déterminé.

L'infraction d'habitude implique la réitération d'un même acte différente.

L'infraction complexe est caractérisée par la commission de plusieurs actes de nature différente.

2 – Intérêts

La loi applicable est celle du dernier acte constitutif de l'infraction complexe ou du dernier acte d'habitude même si elle est plus sévère que le texte en vigueur lors du premier acte.

Le délai de prescription de l'action publique ne commence à courir qu'à compter du jour de l'accomplissement du dernier acte constitutif de l'infraction complexe ou de l'habitude.

Diverses juridictions peuvent être compétentes si les actes ont été accomplis dans des lieux différents.

En ce qui concerne l'infraction d'habitude, l'action civile en réparation du dommage causé par un acte unique ne peut être portée devant les tribunaux répressifs, puisque l'infraction n'est pas encore réalisée. La victime peut cependant agir au civil et établir une faute civile.

B – Acte unique ou actes multiples

Distinction

Infraction simple
- ◊ Acte matériel unique
  - ▪ Vol : fait de soustraire

Infraction complexe
- ◊ Pluralité d'actes matériels de nature différente
  - ▪ Escroquerie constituée par les manœuvres frauduleuses et la remise d'une chose

Infraction d'habitude
- ◊ Pluralité d'actes matériels identiques
  - ▪ Habitude constituée dès le 2e acte : action civile irrecevable si un seul acte est commis
    - ✓Appels téléphoniques malveillants, exercice illégal de la médecine

Intérêts de la distinction

Prise en compte du jour du dernier acte constitutif de l'habitude ou de l'infraction complexe
- ◊ Application de la loi nouvelle plus sévère si cet acte est perpétré après son entrée en vigueur
- ◊ Point de départ de la prescription de l'action publique

Conflit de compétence si les actes sont accomplis en des lieux différents

C – La durée de l'acte

1 – Critères de distinction

Ce critère tient compte de l'immédiateté ou de la persistance de l'élément matériel.

L'infraction instantanée se caractérise par une exécution en un trait de temps. Peu importe la durée de l'exécution ou de préparation qui n'est pas prise en compte dans la définition juridique de l'infraction.

L'infraction continue suppose une action ou une omission qui se prolonge dans le temps en raison d'une volonté constante et persistante de son auteur.

2 – Intérêts

L'infraction instantanée est soumise à la loi en vigueur au moment des faits. La loi nouvelle, même plus sévère, s'applique à l'infraction continue, qui se prolonge sous son empire.

La compétence territoriale est déterminée au lieu pour l'infraction instantanée. Pour le délit continu dont l'action a pu se poursuivre en différents lieux, plusieurs tribunaux peuvent être compétents.

Pour les infractions continues, le point de départ de l'action publique de prescription de l'action publique court à partir du jour où cesse l'activité délictueuse. Pour les infractions instantanées, il s'agit du jour où l'acte a été commis, même si ses effets se prolongent dans le temps. Lorsqu'il s'agit des infractions occultes ou dissimulées, le délai court à compter du jour où l'infraction est apparue et a pu être constatée dans des conditions permettant la mise en mouvement ou l'exercice de l'action publique.

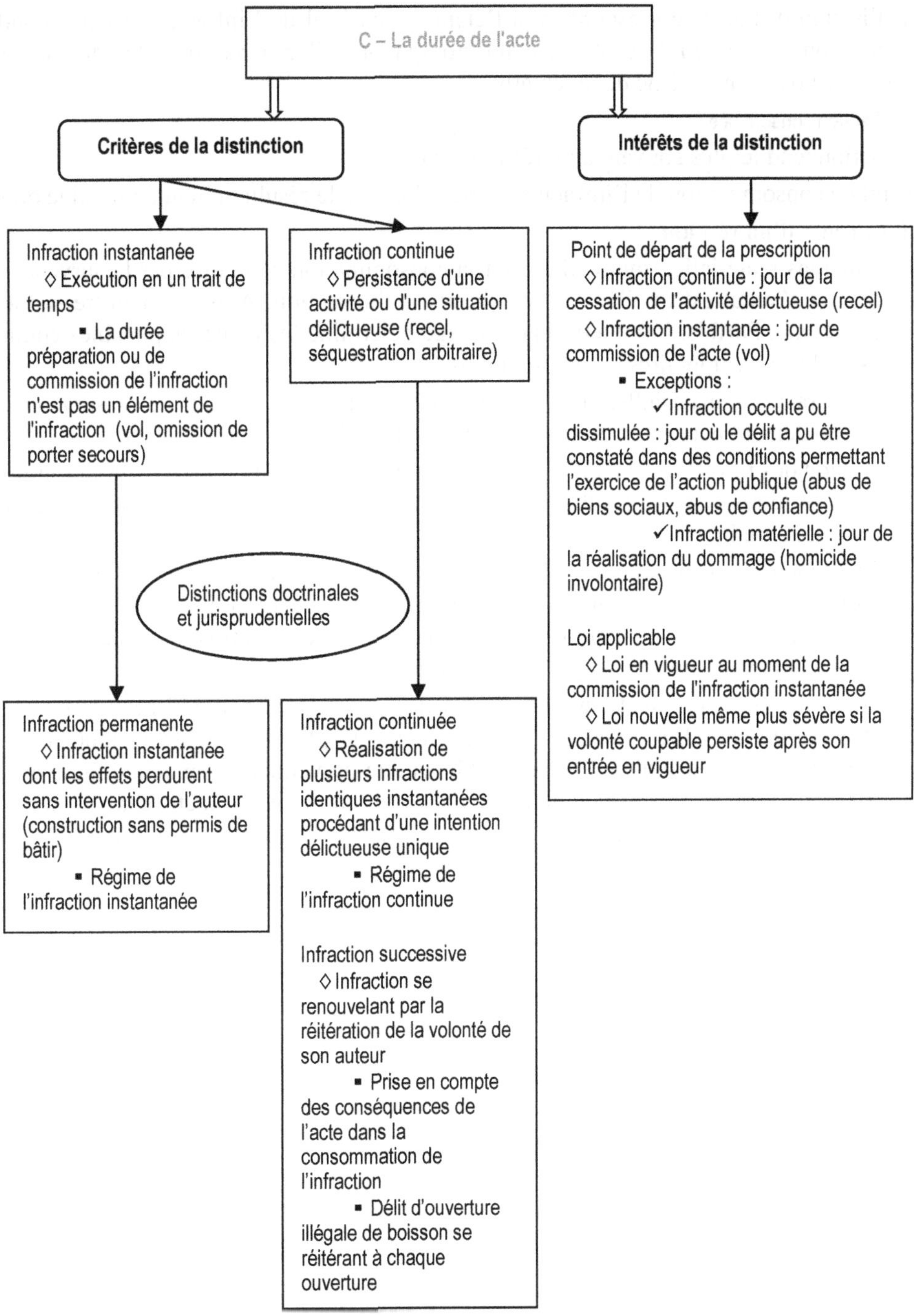
C – La durée de l'acte
Critères de la distinction
Intérêts de la distinction
Infraction instantanée
◊ Exécution en un trait de temps
▪ La durée préparation ou de commission de l'infraction n'est pas un élément de l'infraction (vol, omission de porter secours)
Infraction continue
◊ Persistance d'une activité ou d'une situation délictueuse (recel, séquestration arbitraire)
Point de départ de la prescription
◊ Infraction continue : jour de la cessation de l'activité délictueuse (recel)
◊ Infraction instantanée : jour de commission de l'acte (vol)
▪ Exceptions :
✓Infraction occulte ou dissimulée : jour où le délit a pu être constaté dans des conditions permettant l'exercice de l'action publique (abus de biens sociaux, abus de confiance)
✓Infraction matérielle : jour de la réalisation du dommage (homicide involontaire)
Loi applicable
◊ Loi en vigueur au moment de la commission de l'infraction instantanée
◊ Loi nouvelle même plus sévère si la volonté coupable persiste après son entrée en vigueur
Distinctions doctrinales et jurisprudentielles
Infraction permanente
◊ Infraction instantanée dont les effets perdurent sans intervention de l'auteur (construction sans permis de bâtir)
▪ Régime de l'infraction instantanée
Infraction continuée
◊ Réalisation de plusieurs infractions identiques instantanées procédant d'une intention délictueuse unique
▪ Régime de l'infraction continue
Infraction successive
◊ Infraction se renouvelant par la réitération de la volonté de son auteur
▪ Prise en compte des conséquences de l'acte dans la consommation de l'infraction
▪ Délit d'ouverture illégale de boisson se réitérant à chaque ouverture

§2 - La réalisation de l'élément matériel

La réalisation des actes correspondant à l'élément matériel de l'infraction est une condition de la répression pénale. Si l'agent a été interrompu ou s'il n'a pas pu atteindre le résultat escompté, il se pose le problème de la tentative.

A - L'infraction consommée

L'infraction tend le plus souvent à un résultat prohibé.

Le seuil de consommation de l'infraction varie selon que le résultat redouté est exigé ou non.

1 – L'exigence d'un résultat

Les infractions matérielles sont celles dont la consommation se réalise par la survenance du résultat réel. Le résultat est un élément constitutif de l'infraction. Ainsi, le meurtre suppose le décès de la victime. Parfois, l'ampleur du dommage détermine les peines applicables comme en matière des violences volontaires ou involontaires.

Pour les infractions matérielles, la prescription court à partir du jour de la survenance du résultat. Le désistement peut intervenir tant que le résultat n'est pas encore réalisé.

La répression des infractions matérielles nécessite que l'on établisse un lien de causalité entre l'acte matériel et le résultat. Le résultat doit être la conséquence de l'acte commis et le lien de causalité doit être certain.

Pour les infractions intentionnelles, le lien de causalité doit être certain. Mais il n'est pas nécessaire qu'il soit direct ou immédiat. Est punissable, toute personne ayant concouru à la réalisation du dommage. Le système de la causalité adéquate est utilisé lorsque la répression d'un comportement ayant indirectement causé le dommage paraît inéquitable.

Pour les infractions non intentionnelles, il faut distinguer la causalité directe de la causalité indirecte. En cas de causalité directe, une faute, même la plus légère suffit, pour engager la responsabilité. Si le lien est indirect, il faut établir que le prévenu a commis une faute qualifiée qui peut être la faute de mise en danger délibérée d'autrui ou la faute caractérisée. Cette distinction ne concerne pas les personnes morales pour lesquelles la théorie de l'équivalence des conditions demeure valable.

§2 – La réalisation de l'élément matériel

A – L'infraction consommée

Le résultat de l'infraction

Définitions doctrinales
- ◊ Résultat réel ou sociologique
  - ▪ Résultat redouté par le législateur
    - ✓Atteinte à la vie, atteinte à l'intégrité physique, atteinte à la propriété,
- ◊ Résultat matériel
  - ▪ Accomplissement de l'élément matériel
    - ✓Administration de substances mortelles, soustraction de la chose d'autrui,
    - ✓mort de la victime, violation de la prescription légale
- ◊ Résultat juridique
  - ▪ Atteinte effective à la valeur sociale
    - ✓Exigée en cas d'infraction matérielle : correspond au résultat réel
    - ✓Possible dans les infractions formelles : empoisonnement, injure
    - ✓Éventuelle dans les infractions-obstacle : port d'armes prohibées
- ◊ Résultat légal
  - ▪ Seuil de consommation de l'infraction
    - ✓ Infraction matérielle consommée ou tentative en l'absence de dommage
    - ✓Comportement interdit dans les infractions formelles ou obstacle
  - ⇒ Variabilité en fonction de l'infraction

Définition juridique courante
- ◊ Résultat de l'infraction : dommage causé par l'infraction

Préjudice
- ◊ Conséquence du résultat de l'infraction
  - ▪ Préjudice patrimonial, préjudice moral ou extrapatrimonial
  - ▪ Élément de certaines infractions : abus de confiance, escroquerie

1 – L'exigence du résultat

Infractions matérielles

Le résultat est un élément constitutif de l'infraction
- ◊ Confusion entre le résultat légal, le résultat redouté, le résultat matériel et le résultat juridique
- ◊ Infraction non consommée en l'absence de ce résultat
  - ▪ Répression possible au titre de la tentative
- ◊ Infractions matérielles de résultat
  - ▪ Prise en compte de la gravité du dommage dans la détermination des peines applicables
    - o Graduation des peines en matière de violences volontaires

Intérêts
- ◊ Tentative facilement identifiable par rapport à l'infraction consommée
  - ▪ Tentative non punissable pour les infractions matérielles de résultat
- ◊ Point de départ de la prescription
  - ▪ Jour de la survenance du résultat

Lien de causalité
- ◊ Le résultat doit être la conséquence de l'acte
- ◊ Le lien causalité doit être certain : caractère déterminant de la cause

Pluralité de causes : question du lien de causalité
- ◊ Avant la loi du 10 juil. 2000
  - ▪ Application de la théorie de l'équivalence des conditions : la cause doit être certaine, mais il n'est pas nécessaire qu'elle soit exclusive, directe et immédiate
    - ✓Conception extensive retenant toutes les fautes, même les plus légères ayant concouru à la réalisation du dommage
    - ✓Fautes concurrentes
- ◊ Loi du 10 juil. 2000
  - ▪ Pas d'incidence sur les infractions intentionnelles : application de l'équivalence des conditions
  - ▪ Infractions non intentionnelles (personnes physiques)
    - ✓Lien direct : application de la causalité adéquate
    - ✓Lien indirect : équivalence des conditions

2 – L'absence de résultat

a – Les infractions formelles

Les infractions formelles sont consommées indépendamment du résultat. Elles sanctionnent un procédé ou le moyen permettant d'atteindre le résultat redouté. L'empoisonnement est défini comme le fait d'attenter à la vie d'autrui par l'emploi ou l'administration de substances de nature à entraîner la mort (art. 221-5 CP). Peu importe que le décès de la victime s'ensuive ou pas et la survenance du décès ne change pas la qualification.

b – Les infractions-obstacle

Les infractions-obstacle ou infractions de prévention sont des comportements dangereux, qui, sans révéler de véritable intention criminelle, sont susceptibles de produire un dommage ou d'être suivis d'autres comportements pouvant produire un tel résultat. En incriminant le comportement initial, le législateur entend éviter la commission d'une autre infraction. La survenance d'un résultat va modifier la situation pénale de l'agent.

2 – L'absence de résultat

Infractions formelles

◊ Infraction consommée indépendamment de la survenance du résultat réel
- Incrimination du moyen ou du procédé pouvant avoir pour conséquence immédiate la réalisation du résultat et l'atteinte à la valeur juridique protégée
- Le résultat peut être atteint
- Lorsqu'il est réalisé, il ne modifie pas la situation pénal de l'auteur ni la qualification de l'infraction

Intérêts

◊ Répression à titre autonome d'actes pouvant caractériser la tentative d'infractions matérielles

◊ Tentative
- caractérisée par des actes pouvant être qualifiés d'actes préparatoires pour les infractions matérielles

Infractions-obstacle

◊ Répression des comportements dangereux dans le but de prévenir la réalisation d'un dommage plus grave
- Répression à titre autonome d'actes ne pouvant caractériser la tentative
- L'acte incriminé n'a pas pour conséquence inéluctable la réalisation du dommage
  - ✓Le dommage est éventuel

◊ Survenance du résultat réel : modification de la situation pénale de l'agent
- Infraction obstacle, circonstance aggravante en cas de réalisation du résultat
  - ✓Homicide involontaire aggravée par la conduite en état d'ivresse manifeste
- Cumul de l'infraction obstacle avec l'infraction matérielle réalisée : concours réel d'infractions
  - ✓Association de malfaiteurs et infraction commise en bande organisée, menaces et violences
- Infraction obstacle, élément constitutif d'une autre infraction
  - ✓Complot absorbé par l'attentat

B - La tentative

Une infraction est le résultat de l'*iter criminis* ou chemin du crime qui va de la simple pensée criminelle jusqu'à la consommation complète du méfait. Entre les 2 stades se situent :

- la résolution criminelle qui est la décision prise de commettre l'infraction pouvant parfois être extériorisée par des menaces ;
- les actes préparatoires par lesquels l'individu se procure les moyens de commettre son crime : ils ne sont pas punissables ;
- le commencement d'exécution qui est le passage à l'acte.

La question qui se pose alors est celle de savoir à quel moment doit intervenir la répression. Deux conceptions doctrinales s'opposent.

Selon la conception subjective, le droit pénal doit intervenir dès que la volonté criminelle apparaît. Cette conception est dangereuse pour les libertés individuelles et ne tient pas compte du désistement volontaire.

Selon la conception objective, le droit pénal ne doit saisir que les infractions consommées, puisqu'elles seules créent un trouble à la société. Ce système a l'avantage de respecter la liberté de penser de l'individu mais il ne saisit pas les situations dans lesquelles l'individu n'atteint pas le résultat escompté alors qu'il a réalisé l'acte matériel.

Pour le législateur, la répression peut intervenir avant la consommation, à condition que l'intention du délinquant se soit matérialisée suffisamment au moyen d'un commencement d'exécution. C'est la tentative interrompue. Mais la répression pourra également être assurée si l'agent accomplit l'élément matériel, sans toutefois atteindre le résultat escompté. C'est l'hypothèse de la tentative infructueuse.

Lorsqu'elle est réprimée, la tentative est punie de la même peine que l'infraction consommée. C'est le principe de l'assimilation posée par l'article 121-4 CP selon lequel *est auteur de l'infraction la personne qui [...] tente de commettre un crime ou, dans les cas prévus par la loi, un délit*. L'infraction tentée est soumise au même régime que l'infraction consommée, qu'il s'agisse des peines encourues, de la prescription ou de la complicité. Cependant, le juge peut modérer la sanction en tenant compte des circonstances de l'infraction et de la personnalité de son auteur.

La tentative de crime est toujours punissable. En revanche, celle de délit ne l'est que dans les cas prévus par la loi. La tentative de la contravention n'est pas punissable.

B – La tentative

Les étapes de la perpétration de l'infraction – *L'iter criminis*

◇ Résolution criminelle non punissable, sauf lorsqu'elle est matérialisée par des actes

◇ Actes préparatoires non punissables

◇ Commencement d'exécution : passage à l'acte

- L'agent peut être poursuivi s'il ne peut atteindre le résultat parce qu'il est empêché ou parce que le résultat ne peut se produire

◇ Infraction consommée punissable

Solution légale

◇ Art. 121-5 CP : *La tentative est constituée dès lors que manifestée par un commencement d'exécution, elle n'a été suspendue ou n'a manqué son effet qu'en raison de circonstances indépendantes de la volonté de son auteur*

- Distinction de la tentative interrompue de la tentative infructueuse

Régime juridique de la tentative

Répression de la tentative

◇ Art. 121-4 CP : *Est auteur de l'infraction la personne qui [...] tente de commettre un crime, ou dans les cas prévus par la loi, un délit*

- Tentative punie de la même peine que l'infraction consommée

Domaine de la tentative

◇ Nature des infractions

- Tentative de crime toujours punissable
- Tentative de délits punie dans les cas prévus par la loi
  - ✓Le texte d'incrimination doit le mentionner expressément
  - ✓Exclusion des délits matériels à dol indéterminé dont la qualification dépend du résultat (violences volontaires)
  - ✓Exclusion des délits non intentionnels
- Tentative de contravention non punissable

1 – La tentative interrompue

Selon l'article 121-5 CP, la tentative est constituée dès lors que, manifestée par un commencement d'exécution, elle n'a été suspendue qu'en raison de circonstances indépendantes à la volonté de son auteur.

a – Le commencement d'exécution

Le commencement d'exécution est un acte matériel et ne doit pas être confondu avec la résolution criminelle qui échappe à la répression sauf exceptions légales. Il doit aussi être distingué des actes préparatoires qui sont également des actes matériels. Les actes préparatoires sont accomplis afin de préparer la réalisation de l'infraction et ne sont pas punissables, sauf lorsque le législateur les incrimine comme des délits autonomes ou comme des circonstances aggravantes.

Le commencement d'exécution est un acte univoque qui ne peut s'expliquer que par l'intention de commettre l'infraction. Il doit avoir pour conséquence directe et immédiate de consommer l'infraction. Son appréciation varie compte tenu des circonstances ou de passé pénal de l'auteur.

b – L'absence de désistement volontaire

La tentative est punissable si elle n'a été suspendue qu'en raison des circonstances indépendantes de la volonté de son auteur. *A contrario*, il n'y a pas de tentative si l'auteur de l'action s'est arrêté de lui-même.

Pour entraîner l'impunité, le désistement doit être volontaire et antérieur à la consommation de l'infraction.

• Le désistement est volontaire lorsque l'agent a librement et spontanément renoncé à son dessein criminel sans intervention d'une cause extérieure, peu importe le mobile.

Il y a interruption involontaire lorsque l'agent a renoncé sous l'unique pression d'un événement extérieur. L'agent est surpris et neutralisé par l'intervention d'un tiers ou de la police ou s'il est empêché par un obstacle matériel.

Lorsqu'une cause extérieure n'ayant pas le caractère de contrainte a décidé l'agent à renoncer l'exécution, il faut rechercher, parmi toutes les causes du désistement, celle qui a été la cause déterminante. La jurisprudence apprécie d'après l'espèce.

• Le désistement doit être antérieur à la consommation de l'infraction. Le repentir actif qui est postérieur à la consommation de l'infraction ne produit aucun effet et n'efface pas son caractère délictueux. Cependant, le législateur prévoit la possibilité d'une réduction de peine pour certaines infractions en cas de repentir actif.

1 – La tentative interrompue

L'agent est passé à l'acte mais le résultat n'a pas été atteint en raison de circonstances indépendantes de sa volonté

Le commencement d'exécution

Commencement d'exécution : acte matériel
- ◇ Distinction de l'acte préparatoire du commencement d'exécution
  - ▪ Acte préparatoire : acte équivoque non punissable
    - ✓Acte pouvant faire l'objet d'une incrimination à titre autonome ou comme circonstance aggravante
- ◇ Jurisprudence
  - ▪ Acte matériel ayant pour conséquence directe et immédiate de consommer l'infraction
    - ✓Lien direct entre les actes accomplis et l'infraction
    - ✓Acte se situant immédiatement avant l'action, l'infraction étant entrée dans sa phase d'exécution
  - ▪ Nécessité d'un élément intentionnel : acte accompli avec l'intention irrévocable de commettre l'infraction
    - ✓Intention déduite de l'acte matériel, des circonstances ou du passé pénal de l'agent

L'absence de désistement volontaire

Tentative punissable en l'absence de désistement volontaire et antérieur à la consommation de l'infraction

Désistement volontaire
- ◇ Désistement volontaire : impunité
  - ▪ L'agent renonce spontanément et librement à son projet
- ◇ Désistement involontaire : répression
  - ▪ L'agent renonce sous l'effet d'une contrainte
    - ✓Événement extérieur n'ayant pas le caractère d'une contrainte et renonciation de l'agent
      - o Appréciation en tenant compte des circonstances : établissement de la cause déterminante

Moment du désistement
- ◇ Désistement antérieur à la consommation : impunité
  - ▪ Infraction matérielle
    - ✓Désistement possible tant que le résultat dommageable n'est pas atteint
    - ✓Application possible d'une qualification pénale autre que l'infraction initialement projetée
  - ▪ Infraction formelle
    - ✓Désistement difficile à établir dès lors que le moyen interdit est utilisé
- ◇ Désistement intervenant après la consommation de l'infraction : repentir actif ou remords sans influence sur la qualification des faits
  - ▪ Prise en compte du repentir actif par le juge lors du prononcé de la peine
  - ▪ Cause de réduction de la peine dans les cas prévus par la loi

2 – La tentative infructueuse

L'agent a effectué tous les actes d'exécution, sans parvenir au résultat.

a – L'infraction est dite manquée lorsque l'agent n'atteint pas son but par maladresse, étourderie ou malchance. Le résultat qui aurait pu être obtenu ne l'a pas été en raison de circonstances indépendantes de la volonté de son auteur. L'article 121-5 CP assimile l'infraction à une tentative interrompue.

b – L'infraction impossible correspond à la situation dans laquelle le résultat recherché ne peut être atteint à raison d'une impossibilité ignorée par l'agent. Il en est ainsi lorsque les moyens employés sont inopérants ou lorsque l'objet de l'infraction n'existe pas.

La doctrine, d'abord hostile à la répression de l'infraction impossible, a ensuite fait une distinction entre :

- l'impossibilité absolue non punissable (inexistence de l'objet de l'infraction, usage de moyens inefficaces, manquement d'une condition de réalisation) et l'impossibilité relative punissable (objet déplacé à l'insu de l'agent, utilisation maladroite de moyens efficaces) ;
- l'impossibilité de fait punissable (moyen inefficace, inexistence de l'objet de l'infraction, absence de la victime) de l'impossibilité de droit non punissable (absence d'un élément de l'infraction).

Après s'être prononcée en faveur de l'impunité du délit impossible, puis après avoir repris la distinction entre impossibilité absolue et impossibilité relative, la jurisprudence a posé le principe de la répression de l'infraction impossible qui est ainsi assimilée à la tentative punissable. L'infraction impossible ne sera punissable que si la tentative de cette infraction peut l'être. S'il s'agit d'un délit, il faut que la loi ait prévu que sa tentative est punissable.

La répression de l'infraction impossible comporte quelques exceptions. Il y a l'hypothèse de l'infraction putative, celle qui n'existe que dans l'esprit de l'agent. L'absence de répression se justifie par le fait que le délit est purement imaginaire. Il en de même lorsque les moyens employés révèlent une insuffisante matérialisation de la volonté criminelle, un défaut d'intelligence.

2 – La tentative infructueuse

L'acte matériel est entièrement accompli mais le résultat ne peut être atteint

Infraction manquée

◊ Le résultat était possible mais il n'a pas été atteint en raison d'une étourderie, d'une maladresse ou de la malchance

▪ Circonstance concomitante à l'acte

Régime de l'infraction manquée

◊ Art. 121-5 CP : infraction manquée assimilée à l'infraction interrompue

▪ Résultat non atteint en raison de circonstances indépendantes de la volonté de l'auteur

Infraction impossible

◊ Le résultat était impossible en raison d'une circonstance ignorée par l'agent

▪ Circonstance préexistante à l'accomplissement de l'acte

Régime de l'infraction impossible

◊ Jurisprudence : arrêt Perdereau (Crim., 16 janv. 1985)

▪ Infraction impossible réprimée comme une tentative punissable

▪ Limites de la répression

✓Infraction impossible punissable seulement si la tentative l'est

▪ Répression impossible

✓En cas d'absence de véritable intention coupable

✓Infraction putative : l'agent croit commettre une infraction alors que le comportement n'est pas réprimé

Section 2 – L'élément moral

L'élément moral est le lien entre la violation de la loi et la volonté de l'agent. Il permet d'établir la culpabilité de l'auteur. L'article 121-3 CP distingue la faute intentionnelle, la faute non intentionnelle et la faute contraventionnelle.

§1 – La faute intentionnelle ou dol

A – La notion

L'article 121-3 CP dispose : *Il n'y a point de crime ou de délit sans intention de le commettre.*

1 – Les composantes du dol

Le dol est défini comme la volonté de commettre l'infraction telle qu'elle est déterminée par la loi et la conscience chez le coupable d'enfreindre les prohibitions légales.

a – La volonté de commettre l'infraction

C'est le dol général qui nécessite que l'agent ait prévu et désiré le résultat prohibé par la loi. L'infraction ne sera constituée que si la personne accomplit l'élément matériel, animée de l'intention de commettre l'infraction considérée.

La preuve du dol général incombe en principe au ministère public. Mais dans la pratique, elle repose sur la présomption que le juge tire de la matérialité des faits.

b – La conscience de commettre un fait illicite

L'agent doit avoir agi en connaissance de cause.

La connaissance doit d'abord porter sur l'élément matériel de l'infraction. Elle suppose une concordance entre l'acte compris et voulu par l'agent et celui qui est décrit par la loi. Si l'agent se méprend sur la matérialité des faits commis, on retient l'erreur de fait. L'erreur de fait est exclusive de l'intention si elle porte sur une condition préalable ou sur la conduite matérielle elle-même. Elle est inefficace si elle porte sur un élément accessoire de l'infraction.

La connaissance doit également porter sur le caractère illicite de l'acte. Cette connaissance de l'illicéité de l'acte est toujours présumée en application du principe selon lequel *nul n'est censé ignoré la loi.*

2 – Intention et mobile

L'intention est la volonté d'atteindre un résultat illicite. Elle est identique pour une même infraction. Le mobile concerne quant à lui les raisons qui expliquent le passage à l'acte. Ces raisons sont diverses et varient d'un individu à un autre.

Le principe est celui de l'indifférence du mobile. Cependant, le mobile peut être retenu par le législateur, soit comme élément moral de l'infraction, soit comme une circonstance aggravante. Dans la détermination de la sanction pénale, les juges du fond peuvent tenir compte du mobile du délinquant (art. 132-24 CP).

Section 2 – L'élément moral

§1 – La faute intentionnelle ou dol

A – Notion de faute intentionnelle

Article 121-3 alinéa 1 CP : « *Il n'y a point de crime ou de délit sans intention de le commettre* »
- ◊ Faute n'ayant pas être précisée lorsqu'il s'agit de crimes
- ◊ Faute constituant les délits, en l'absence de disposition légale contraire
- ◊ Faute devant être précisée par le texte en matière de contravention

Les composantes de l'intention

La volonté de commettre l'infraction
- ◊ Acte délibéré : volonté d'adopter le comportement interdit
- ◊ Volonté violer la norme pénale

Preuve de la volonté
- ◊ Preuve libre
  - ▪ Preuve déduite de la matérialité des faits ou des circonstances entourant la commission de l'acte

Connaissance et conscience du caractère illicite de l'acte
- ◊ Connaissance de la norme pénale
  - ▪ Connaissance du caractère illicite de l'acte
  - ▪ Présomption de connaissance de la loi
    - ✓Erreur de droit strictement admise
- ◊ Connaissance de la matérialité des faits
  - ▪ Concordance entre l'acte voulu et l'acte décrit par le législateur
    - ✓Acte accompli en connaissance de cause
  - ▪ Conséquences de l'erreur de fait
    - ✓Répression exclue en cas d'erreur de fait portant sur une condition préalable ou la conduite elle-même (personne en péril, substance mortelle)
    - ✓Erreur de fait indifférente si elle porte sur un élément accessoire de l'infraction (valeur de l'objet volé)

Intention et mobile

Intention
- ◊ Volonté d'atteindre un résultat illicite
  - ▪ Intention identique pour une même infraction

Mobile
- ◊ Motifs expliquant le passage à l'acte
  - ▪ Variables selon les individus
  - ▪ Principe de l'indifférence des mobiles
  - ▪ Exception : prise en compte du mobile
    - ✓pour qualifier le dol spécial
    - ✓en tant que circonstance aggravante de l'infraction
    - ✓lors prononcé de la peine par le juge

B - Les modalités de l'intention

1 – Dol général et dol spécial

Le dol général est la volonté d'accomplir un acte que l'on sait interdit par la loi. Cette volonté forme l'élément moral de tous les crimes. Elle constitue également celui des délits, à moins que la loi n'en dispose autrement.

Le dol spécial implique la volonté d'atteindre un résultant précis, déterminé par la loi.

Lorsqu'il s'agit d'une infraction matérielle, il faut, en plus du dol général, la volonté d'atteindre le résultat réel. Le dol spécial permet de résoudre les problèmes de qualifications entre des infractions dont les éléments matériels sont identiques mais qui diffèrent par leur élément moral.

Lorsque le résultat ne constitue pas un élément de l'infraction, l'existence d'un dol spécial n'a pas en principe à être établie puisque la loi incrimine le moyen permettant d'atteindre le résultat redouté. Cependant, pour la jurisprudence, l'empoisonnement exige une intention homicide que ne suffit pas à caractériser la connaissance du pouvoir mortel de la substance administrée (Crim., 2 juil. 1998).

2 – Dol simple et dol aggravé

Le dol simple est instantané. C'est l'expression d'une détermination quasi-spontanée de l'agent lors de la réalisation de l'infraction.

Le dol aggravé peut être constitué par la préméditation définie par l'article 132-72 CP comme le dessein formé avant l'action de commettre un crime ou un délit déterminé. Il peut aussi résulter de l'existence des mobiles définis par la loi.

B – Les modalités de l'intention

Dol général et dol spécial

Dol général

- ◇ Volonté d'accomplir l'acte que l'on sait interdit par la loi
- ◇ Dol exigé pour les crimes, les délits intentionnels, et dans les cas prévus par la loi pour les contraventions

Dol spécial

- ◇ Volonté de causer le résultat réel
  - ▪ Dol spécial devant être prouvé en plus du dol général
    - ✓Dol spécial déduit des circonstances de de l'infraction
    - ✓Preuve du dol spécial exigé si l'élément matériel est équivoque

Dol simple et dol aggravé

Dol simple

- ◇ Détermination spontanée
  - ▪ Peu importe la durée de préparation de l'acte

Dol aggravé

- ◇ Dol devant être établi dans les cas prévus par la loi
- ◇ Préméditation (art. 132-72 CP)
  - ▪ Dessein formé avant l'action de commettre un crime ou un délit
- ◇ Prise en compte des mobiles

Effets : aggravation de la répression

C – L'intention coupable et le résultat de l'infraction

1 – Dol et dol indéterminé

Le dol est déterminé lorsque le résultat effectivement obtenu est celui voulu par l'auteur des faits. C'est la réalisation du dol spécial.

Le dol est dit indéterminé lorsque l'auteur des faits recherche un résultat, sans prévoir à l'avance son ampleur. Il est de même lorsqu'il a l'intention d'obtenir un résultat dommageable sans connaître par avance ses victimes.

Le dol indéterminé est assimilé au dol déterminé. L'auteur des faits répond du résultat effectivement causé. La peine sera proportionnelle à la gravité du dommage causé.

2 – Dol *praeterintentionnel* ou dol dépassé

Le résultat réalisé est plus grave que ce l'agent avait recherché.

En principe, l'auteur est réprimé moins sévèrement que s'il avait eu l'intention de commettre l'acte, mais plus sévèrement que celui qui n'a pas d'intention délictueuse. Les violences ayant entraîné la mort sans intention de la donner sont punies moins sévèrement que l'homicide volontaire, mais plus que l'homicide involontaire. Mais le législateur peut tenir compte du résultat pour aggraver la sanction. La séquestration suivie du décès de la victime est punie de la réclusion criminelle à perpétuité, que ce résultat ait été voulu ou non.

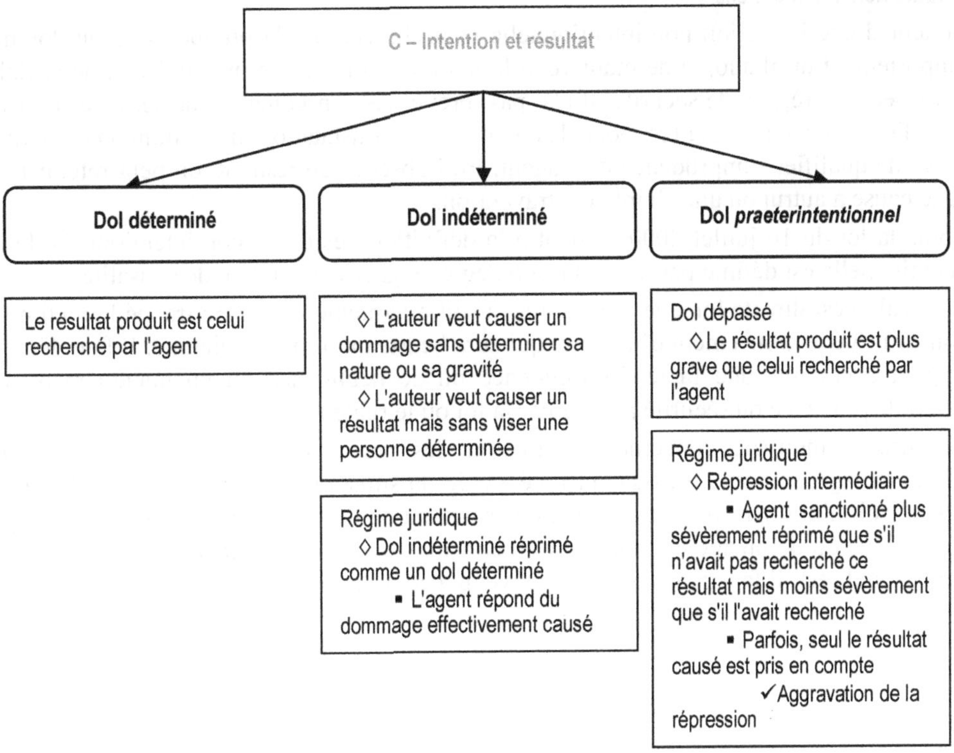
C – Intention et résultat
Dol déterminé
Dol indéterminé
Dol *praeterintentionnel*
Le résultat produit est celui recherché par l'agent
◇ L'auteur veut causer un dommage sans déterminer sa nature ou sa gravité
◇ L'auteur veut causer un résultat mais sans viser une personne déterminée
Régime juridique
◇ Dol indéterminé réprimé comme un dol déterminé
▪ L'agent répond du dommage effectivement causé
Dol dépassé
◇ Le résultat produit est plus grave que celui recherché par l'agent
Régime juridique
◇ Répression intermédiaire
▪ Agent sanctionné plus sévèrement réprimé que s'il n'avait pas recherché ce résultat mais moins sévèrement que s'il l'avait recherché
▪ Parfois, seul le résultat causé est pris en compte
✓Aggravation de la répression

§2 – La faute non intentionnelle

L'auteur d'une infraction non intentionnelle ne recherche pas la production d'un dommage. Le comportement qu'il adopte de manière volontaire ou non, révèle une indiscipline sociale ou le non-respect des règles de sécurité. Il n'a pas prévu les conséquences de ses actes ou n'a pas pris les dispositions nécessaires pour les éviter. La constatation d'un dommage permet *a posteriori* de qualifier l'imprudence de l'agent. En l'absence de résultat, on peut retenir le délit de risque causé à autrui ou une simple contravention.

Depuis la loi du 10 juillet 2000 tendant à la définition des délits non intentionnels, la faute non intentionnelle est définie par rapport à son degré de gravité et au lien de causalité.

La causalité est directe lorsque la personne a soit elle-même heurté ou frappé la victime, soit initié ou contrôlé le mouvement d'un objet qui aura heurté ou frappé la victime. Il faut démontrer que l'agent a commis une faute d'imprudence ou de négligence ou un manquement à une obligation de prudence ou sécurité prévue par la loi ou le règlement.

La causalité indirecte concerne la situation des personnes qui, sans avoir directement causé le dommage, soit ont créé ou contribué à créer la situation qui a permis la réalisation du dommage, soit n'ont pas pris les mesures permettant de l'éviter. L'acte considéré n'est pas la cause exclusive du dommage et peut venir en concours avec d'autres fautes. Lorsque le lien de causalité est indirect, il faut prouver que le prévenu a commis une faute qualifiée.

§2 – La faute non intentionnelle

Faute non intentionnelle

◊ L'agent ne recherche pas délibérément la production du dommage
- Il n'a pas pris les précautions nécessaires pour empêcher la réalisation du dommage
- Il aurait pu éviter ou prévoir les conséquences de ses actes

◊ Indifférence aux valeurs sociales, indiscipline

Domaine : dans les cas prévus par loi

◊ En matière délictuelle
- Faute devant être précisée par le texte d'incrimination, à défaut le délit est intentionnel

◊ En matière de police
- Faute devant être précisée par le texte, à défaut, la faute est présumée

Nature des infractions

◊ Infraction formelle : faute de mise en danger délibérée

◊ Infraction matérielle : appréciation du lien de causalité entre la faute et le dommage

Lien de causalité et définition de la faute non intentionnelle

◊ Distinction de la causalité directe ou indirecte pour les personnes physiques : prise en compte du degré de gravité de la faute

◊ Distinction inapplicable aux personnes morales : degré de la faute indifférent

Causalité directe :

◊ Choc ou contact direct entre l'auteur des faits et la victime ou entre l'objet dirigé par l'auteur et la victime
- Proximité des causes
- Jurisprudence : prise en compte en compte du paramètre déterminant même si l'acte n'est pas le dernier événement survenu dans le processus causal
  - ✓Causalité adéquate

Causalité indirecte : conscience du risque

◊ Définition
- Personne n'ayant pas elle-même causé le dommage mais
  - ✓Ayant contribué ou contribué à créer la situation ayant permis la réalisation du dommage
  - ✓n'ayant pas pris les mesures permettant d'éviter le dommage
- Survenance d'un évènement intermédiaire entre l'acte reproché au prévenu et le dommage

Pluralité de causes

◊ Fautes de plusieurs auteurs en concours
- Auteur direct : faute simple
  - ✓Imprévoyance ou inobservation des règlements
- Auteur indirect : faute qualifiée
  - ✓Conscience du risque : faute délibérée ou faute caractérisée

A – La faute d'imprudence simple

L'article 121-3 alinéa 3 CP dispose qu'*il y a également délit lorsque la loi le prévoit, en cas de faute d'imprudence, de négligence ou de manquement à une obligation de sécurité prévue par la loi ou le règlement, s'il est établi que l'auteur des faits n'a pas accompli les diligences normales compte tenu, le cas échéant, de la nature de ses missions ou de ses fonctions, de ses compétences ainsi que du pouvoir et des moyens dont il disposait*.

La faute d'imprudence ou de négligence est le fait de ne pas se conduire dans le domaine d'activité considérée comme une personne diligente et prudente. Elle est liée à la violation de normes générales de conduite ou de vie sociale dont l'appréciation est laissée au juge.

Le manquement à une obligation de prudence ou de sécurité prévue par la loi où le règlement est la violation des règles imposant une norme de conduite déterminée par le législateur.

Le ministère public doit prouver que l'auteur des faits n'a pas accompli les diligences normales, compte tenu le cas échéant, de la nature de ses missions ou de ses fonctions, de ses compétences ainsi que du pouvoir dont il disposait. La faute est appréciée par rapport à une personne normalement diligente dans une activité donnée.

A – La faute d'imprudence simple

L'agent n'a pas eu un comportement prudent et diligent
◊ Imprévoyance consciente ou inconsciente
◊ Inobservation des règlements ou indiscipline
Art. 121-3 al. 3 CP : Il y a délit, lorsque la loi le prévoit, en cas d'imprudence, en cas de faute d'imprudence s'il est établi que l'auteur des faits n'a pas accompli les diligences normales compte tenu, le cas échéant, de la nature de ses missions ou de ses fonctions, de ses compétences ainsi que du pouvoir et des moyens dont il disposait

Les formes de la faute d'imprudence simple

Manquement à une obligation de prudence ou de sécurité prévue par la loi ou le règlement
◊ Obligation de prudence générale imposée par la loi ou le règlement
▪ Règlement au sens constitutionnel du terme
▪ Acte administratif à caractère général et impersonnel
o Exclusion des règles professionnelles ou déontologiques, des circulaires, des règlements intérieurs d'entreprise
o Exclusion des actes administratifs individuels
▪ Le juge doit constater la violation de l'obligation
✓Obligation de prudence : attitude diligente d'une personne quant aux conséquences de ses actes
✓Obligation de sécurité : obligation ayant pour objectif d'éviter une atteinte aux personnes ou aux biens

Faute d'imprudence ou de négligence
◊ Obligation de prudence générale laissée à l'appréciation du juge
▪ Règles élémentaires de prudence ou de précaution exigées dans l'exercice d'une activité même l'absence d'un texte
▪ Obligation générale pouvant résulter d'une loi ou d'un règlement
▪ Obligation de prudence pouvant résulter d'un texte autre que la loi ou le règlement

Appréciation de la faute d'imprudence simple

◊ Avant la loi du 13 mai 1996 relative à la responsabilité pénale pour des faits d'imprudence ou de négligence
▪ Appréciation *in abstracto*, par rapport à un individu prudent et diligent placé dans les mêmes circonstances
◊ Loi du 13 mai 1996
▪ Il y a également délit, de négligence ou de manquement à une obligation de prudence ou de sécurité prévue par la loi ou les règlements sauf si l'auteur des faits a accompli les diligences normales compte tenu, le cas échéant, de la nature de ses missions ou de ses fonctions, de ses compétences ainsi que du pouvoir et des moyens dont il disposait
▪ Faute appréciée en tenant compte des aptitudes de l'agent dans le cadre d'une activité donnée
◊ Loi 10 juillet 2000 sur les délits non intentionnels
▪ Appréciation par rapport à une personne prudente et diligente dans le cadre d'une activité donnée en fonction de ses missions, de ses fonctions, des compétences et du pouvoir dont il disposait
▪ Preuve de l'absence de diligences devant être établie par le ministère public

B – La faute de mise en danger délibérée de la personne d'autrui

La faute de mise en danger délibérée est une imprudence consciente, l'agent prenant délibérément un risque en espérant qu'aucun dommage ne serait provoqué. Elle permet de sanctionner le dol éventuel.

1 – Notion

La faute de mise en danger délibérée est définie comme la violation manifestement délibérée d'une obligation particulière de sécurité ou de prudence imposée par la loi ou le règlement (art. 223-1. Elle implique trois conditions :

- la violation d'une loi ou d'un règlement comportant des prescriptions particulières de sécurité ou de prudence. L'obligation doit être précise et imposer un comportement circonstancié ;
- la violation de l'obligation doit être manifestement délibérée, consciente. L'appréciation de cette condition doit tenir compte des circonstances ;

2 – Régime de la faute de mise en danger délibérée

1°) En cas de survenance d'un dommage, la faute de mise en danger délibérée de la personne d'autrui constitue une circonstance aggravante pour certaines infractions non intentionnelles, notamment en cas d'atteinte à la vie ou à l'intégrité physique de la personne

2°) En l'absence de dommage, le délit de risques causés à autrui est qualifié (art. 223-1 CP) : est puni d'un an d'emprisonnement et de 15000 euros d'amende, le fait d'exposer directement autrui à un risque immédiat de mort ou de blessures de nature à entraîner une mutilation ou une infirmité permanente par la violation manifestement délibérée d'une obligation particulière de sécurité ou de prudence imposée par la loi ou le règlement.

B – La faute de mise en danger délibérée

Problème de la répression du dol éventuel

◇ Sanction de la prise volontaire du risque par l'auteur qui n'a cependant la volonté de causer un dommage

- L'agent a conscience du risque

Code pénal 1810

◇ En cas de survenance d'un dommage : simple faute d'imprudence ou de négligence

◇ En l'absence de dommage : contravention

Code pénal 1992

◇ Institution de la faute de mise en danger délibérée

Art. 121-3 al. 2 CP : *Toutefois, lorsque la loi le prévoit, il y a délit en cas de mise en danger délibérée de la personne d'autrui*

L'agent a délibérément adopté un comportement dangereux pour les personnes, en espérant que le dommage dont il avait conscience, ne se produirait pas

◇ Comportement volontaire, mais la volonté du résultat est absente, même si l'agent est conscient de sa probabilité

Définition

Violation manifestement délibérée d'une obligation particulière de prudence ou de sécurité prévue par la loi ou le règlement (art. 223-1, 222-6, 222-19 CP)

Éléments de la faute

◇ Violation manifestement délibérée : comportement volontaire

- Imprudence consciente
- Appréciation en fonction des circonstances

◇ Violation d'une obligation particulière de prudence ou de sécurité prévue par la loi ou le règlement

- Règlement au sens constitutionnel du terme
  - ✓Acte administratif à caractère général et impersonnel
    - o Exclusion des règles professionnelles, déontologiques, circulaires, règlements intérieurs d'entreprise
    - o Exclusion des actes administratifs individuels
- Une obligation particulière
  - ✓imposant une conduite circonstanciée dans le cadre d'une activité donnée
  - ✓l'individu n'a pas de marge d'appréciation quant à la conduite à adopter

Sanction de la faute de mise en danger délibérée

En l'absence de dommage

◇ Délit de risques causés à autrui (art. 223-1 CP)

- Élément matériel : fait d'exposer autrui à un risque immédiat de mort ou de blessures de nature à entraîner une mutilation ou une infirmité permanente
- Élément moral : faute de mise en danger délibérée

◇ Aggravation de la sanction : circonstance aggravante de certaines infractions non intentionnelles dans les cas prévus par la loi

- Non-cumul du délit de risques causés à autrui avec les atteintes involontaires vis-à-vis de la même personne

◇ Atténuation de la répression pour les personnes physiques

- La responsabilité de la personne physique, auteur indirect, ne peut être engagée que si elle a commis une faute qualifiée

C - La faute délibérée

La faute délibérée, est comme la faute de mise en danger délibérée définie comme la violation manifestement d'une obligation particulière de prudence ou de sécurité prévue pa la loi ou le règlement. Contrairement à la faute de mise en danger délibérée qui peut être sanctionnée en l'absence de résultat, la faute délibérée implique la réalisation d'un dommage. Elle est requise lorsque la personne physique poursuivie est l'auteur indirect du dommage.

D - La faute caractérisée

La faute caractérisée est une faute d'imprudence grave qui expose autrui à un risque d'une particulière gravité que l'auteur ne pouvait ignorer.

Il s'agit d'une faute d'imprudence d'une particulière intensité. Le risque auquel cette faute expose doit être d'une exceptionnelle gravité. Cette gravité résultera en pratique de la nature du risque (mort, blessures graves, pollution importante) et de son degré de probabilité élevé.

Le dommage qui s'est effectivement produit était prévisible et l'auteur ne pouvait ignorer le risque.

L'appréciation de cette faute doit se faire *in concreto* en tenant compte de la nature des missions ou des fonctions de l'auteur des faits, de ses compétences ainsi que du pouvoir dont il disposait.

C – La faute délibérée

Art. 121-3 al. 4 CP : *[...] les personnes qui n'ont pas causé directement de dommage, [...] sont responsables pénalement s'il est établi qu'elles ont, soit violé de façon manifestement délibérée une obligation particulière de prudence ou de sécurité prévue par la loi ou le règlement [...]*

◇ Faute d'imprudence qualifée requise
- en cas d'une infraction matérielle non intentionnelle
- à l'encontre d'une personne physique, auteur indirect

◇ Violation d'une obligation particulière de prudence ou de sécurité prévue par la loi ou le règlement
◇ Une violation manifestement délibérée

D – La faute caractérisée

Art. 121-3 al. 4 CP : « *[...] les personnes physiques qui n'ont pas causé directement le dommage, mais qui ont créé ou contribué à créer la situation qui a permis la réalisation du dommage ou qui n'ont pas pris les mesures permettant de l'éviter, sont responsables pénalement s'il est établi qu'elles ont, [...], soit commis une faute caractérisée et qui exposait autrui à un risque d'une particulière gravité qu'elles ne pouvaient ignorer* »

◇ Faute d'imprudence grave,
- établie en l'absence de prescription légale ou réglementaire ou en présence d'une réglementation qui n'impose pas une réglementation particulière
- Faute pouvant être retenue en cas de violation d'une obligation particulière, lorsque les conditions de la faute de mise en danger délibérée ne sont pas réunies

Les éléments de la faute caractérisée
◇ Faute d'imprudence d'une particulière intensité
- Une faute unique grave ou un cumul de fautes d'imprudence légères

◇ Faute exposant autrui à un risque d'une exceptionnelle gravité
- Nature du risque : mort, blessures graves, pollution importante
- Degré de probabilité élevé du risque : le dommage produit était prévisible

◇ L'auteur ne pouvait l'existence d'un tel risque
- Compte tenu du contexte, l'auteur ne pouvait ignorer le risque

E - Faute pénale et faute civile

La jurisprudence a pendant longtemps posé le principe de l'unité des fautes civile et pénale d'imprudence. Par conséquent, en raison de la chose jugée au criminel sur le civil, l'auteur d'un dommage corporel relaxé ou acquitté au pénal ne pouvait être condamné au civil au paiement des dommages intérêts sur le fondement des articles1382 et 1383 C. civ. Par ailleurs, le délit civil qui constituait en même temps une infraction pénale se prescrivait par le même temps que l'action publique.

Le principe de l'unité des fautes civile et pénale ne se pose plus de manière absolue pour le législateur.

Le tribunal correctionnel qui prononce une relaxe pour une infraction non intentionnelle demeure compétent sur la demande de la partie civile pour accorder en application des règles de droit civil réparation de tous les dommages résultant des faits qui ont fondé la poursuite (art 470-1 CPP).

La victime doit agir dans les délais de l'action publique lorsqu'elle exerce l'action civile devant les juridictions répressives. Mais lorsqu'elle saisit le juge civil, elle agit selon les règles du droit civil (art. 10 CPP). Si l'action publique est éteinte, la victime peut saisir la juridiction civile.

L'absence de faute pénale non intentionnelle au sens de l'article 121-3 CP ne fait pas obstacle à l'exercice d'une action devant les juridictions civiles afin d'obtenir réparation d'un dommage sur le fondement de la faute civile de l'article 1383 C. civ. ou de la faute inexcusable de l'article L452-1 C. séc. soc. si l'une de ces fautes est établie (art. 4-1 CPP). Le juge civil peut indemniser la victime en établissant l'existence d'une faute civile d'imprudence en l'absence de faute d'imprudence pénale.

D – Faute pénale et faute civile

Jurisprudence (Civ., 18 déc. 1912 ; 12 juin 1914)

◇ Principe de l'unité des fautes civile et pénale

◇ Conséquences

- Autorité de la chose jugée au criminel sur le civil
  - ✓Pas de réparation possible pour les victimes en cas de relaxe au pénal
- Solidarité des prescriptions : application des délais de prescriptions plus courts en matière pénale qu'en matière civile

Remise en cause du principe de l'unité des fautes civile et pénale

◇ Limitation de la chose jugée au pénal sur le civil

- Faute pénale prouvée
  - ✓Maintien de l'identité de faute pénale et de faute civile
- Faute pénale non prouvée
  - ✓Art. 470-1 CPP (loi 13 mai 1996) : le tribunal correctionnel est compétent pour statuer, après relaxe, sur les intérêts civils en application des règles de droit civil
  - ✓Art. 4-1 CPP (loi 10 juil. 2000) : réparation du dommage possible sur le fondement de l'art. 1383 C. civ. ou l'art. L452-1 C. séc. soc. si la faute exigée par ces articles est établie
  - ✓Absence de faute qualifiée : la relaxe de l'auteur au pénal n'empêche pas une réparation civile si une faute simple est établie

◇ Prescription (art. 10 CPP)

- Exercice de l'action devant le juge pénal
  - ✓Application des délais de prescription de l'action publique
- Exercice de l'action civile devant le juge civil
  - ✓Application des règles de droit civil, même après la prescription de l'action publique

§3 - La faute contraventionnelle

La faute résulte de la simple inobservation d'une prescription réglementaire qui ne suppose ni intention de violer la loi pénale, ni même imprudence ou négligence. Elle est constituée dès que le fait réprimé par la loi est constaté. On parle d'infraction matérielle ou de faute présumée

Le domaine d'application de cette faute est celui des contraventions. L'article 121-3 alinéa 5 CP dispose : *Il n'y a point de contravention en cas de force majeure*. La faute est présumée. La contravention est établie dès que le fait matériel interdit par la loi est accompli. L'auteur ne peut s'exonérer qu'en établissant l'existence d'un évènement de force majeure.

Certaines contraventions sont toutefois exclues de cette catégorie. Le législateur exige alors soit une intention, soit une faute d'imprudence.

Sous l'empire de l'ancien code pénal, certains délits étaient considérés comme des délits matériels par la jurisprudence. En principe, il n'existe plus de délit matériel dans le nouveau code pénal en vertu de l'article 121-3 CP qui, en matière délictuelle, exige l'intention ou une faute d'imprudence. Pour les délits antérieurs, l'article 339 de la loi d'adaptation du 16 décembre 1992 dispose que les délits non intentionnels réprimés par les textes antérieurs demeurent constitués en cas d'imprudence, de négligence ou de mise en danger de la personne d'autrui, même lorsque la loi ne le prévoit pas expressément. Lorsqu'il s'agit des infractions incriminées par des textes extérieurs au code, il revient à la jurisprudence de préciser l'élément moral.

§3 – La faute contraventionnelle

◊ Faute présumée dès que le fait matériel est constaté : infraction matérielle
◊ Preuve de la faute facilitée : il n'est pas nécessaire de prouver l'intention ou la faute d'imprudence
◊ Exonération en cas de contrainte, force majeure ou trouble mental
▪ Art. 121-3 al. 5 CP : *Il n'y a point de contravention en cas de force majeure*

Domaine de la faute présumée
◊ Les contraventions
◊ Exceptionnellement, le législateur exige
▪ l'intention (art. R625-1 CP)
▪ ou la faute d'imprudence (art. R625-2 CP)

◊ Jurisprudence
▪ Existence de délits matériels sous l'empire du Code pénal de 1810
✓ En matière d'urbanisme, de chasse, de pollution, de pêche, transport, etc.
◊ CP 1992
▪ Suppression de délits matériels, l'art. 121-3 CP exigeant soit une intention, soit une faute non intentionnelle
✓ Application de la règle aux délits prévus dans le Code pénal ou les textes spéciaux postérieurs au Code
✓ Délits antérieurs prévus par le Code pénal
o Art. 339 (loi 16 déc. 1992 portant adaptation du CP) : infraction constituée en cas d'imprudence, de négligence ou de mise en danger de la personne d'autrui
✓ Délits antérieurs prévus par des textes extérieurs au Code pénal
o Appréciation par la jurisprudence

Titre 2 – Les personnes pénalement responsables

Chapitre 1 – La détermination des personnes pénalement responsables

Section 1 – La responsabilité pénale des personnes physiques

Ne peut être déclarée pénalement responsable que la personne physique qui a participé à l'infraction selon les modalités prévues par la loi.

§1 – La responsabilité du fait personnel

Aux termes de l'article 121-1 CP, *nul n'est pénalement responsable que de son propre fait.* Les juges du fond ont l'obligation de constater la participation personnelle de l'individu à l'infraction avant de le déclarer responsable. *A contrario*, celui qui n'a pas personnellement pris part à la réalisation de l'infraction ne peut en répondre et ne peut faire l'objet d'une condamnation.

Le principe de la responsabilité personnelle interdit toute responsabilité collective qui conduirait à condamner tous les membres d'un groupe pour la seule circonstance qu'une infraction a été commise par l'un d'entre eux. Il exclut également toute responsabilité pénale du fait d'autrui qui consisterait à condamner un individu pour l'infraction commise par un autre. Le législateur et la jurisprudence admettent cependant sous certaines conditions la responsabilité du chef d'entreprise du fait de ses préposés.

La preuve de l'établissement de la personne poursuivie à l'infraction doit être rapportée. Des présomptions de responsabilité peuvent être admises si elles ne sont pas irréfragables et si le respect des droits de la défense assuré.

Titre 2 – Les personnes pénalement responsables

Chapitre 1 – La détermination des personnes pénalement responsables

Section 1 – La responsabilité pénale des personnes physiques

§1 – La responsabilité du fait personnel

Le principe

Art. 121 CP : *Nul n'est pénalement responsable que de son propre fait*

◇ Exclusion de la responsabilité collective
- Preuve de la participation de chaque membre du groupe
- Responsabilité de chaque membre du groupe en raison de sa participation personnelle

Prohibition de la responsabilité du fait d'autrui

◇ Principe de la personnalité des peines
- Pas de condamnation à l'encontre d'une personne qui n'est ni auteur ni complice de l'infraction
  - ✓Pas de condamnation prononcée à l'encontre d'une personne pour les infractions commises par une autre
- Admission de la responsabilité des dirigeants du fait de leurs préposés
  - ✓Présomption de faute du dirigeant
  - ✓Exonération possible en cas d'absence de faute ou de délégation de pouvoirs

◇ Responsabilité pécuniaire
- Personne tenue au paiement de l'amende alors que sa participation à l'infraction n'est pas établie
  - ✓Responsabilité pécuniaire du propriétaire du véhicule pour les contraventions prévues au code de la route
  - ✓Possibilité pour le titulaire du certificat d'immatriculation d'établir la force majeure ou de fournir des renseignements permettant d'établir l'identité du véritable auteur

◇ Les juges doivent constater la participation personnelle de l'individu à l'infraction en qu'auteur, coauteur ou complice

◇ Preuve de la participation de l'agent aux faits
- Preuve apportée par le ministère public
- Existence de présomptions de responsabilité
  - ✓Présomptions admises si elles sont susceptibles de preuve contraire et que le respect des droits de la défense est assuré

§2 – La responsabilité pénale du chef d'entreprise

La responsabilité du chef d'entreprise peut être engagée du fait de sa faute personnelle ou des actes délictueux commis par les préposés. Il ne s'agit pas d'une atteinte au principe de la responsabilité individuelle, le chef d'entreprise étant présumé avoir commis une faute. Mais sa faute ne correspond pas à celle commise par le salarié

A – Fondement de la responsabilité pénale du chef d'entreprise

Certains textes prévoient de manière expresse la responsabilité du chef d'entreprise : hygiène et sécurité (art. L4741-1 C. travail), législation en matière de sécurité sociale (art. R 244-4 C. séc. soc.), publicité (art. 433-18 CP, L121-5 C. cons.).

Le chef d'entreprise peut se voir imputer une infraction, même s'il n'est pas désigné par le texte d'incrimination lorsqu'il s'agit des prescriptions dont le respect lui incombe personnellement. Il en est ainsi en matière de travail dissimulé, de discriminations à l'embauche, d'exploitation d'une installation sans l'autorisation ou la déclaration exigée.

En l'absence de disposition légale, la jurisprudence pose le principe d'une responsabilité pénale du fait des préposés : « s'il est de principe que nul n'est passible qu'à raison de son fait personnel, il en est autrement dans certains cas exceptionnels où des prescriptions légales engendrent l'obligation d'exercer une action directe sur le fait d'autrui. En matière d'industries réglementées, il y a lieu de faire remonter la responsabilité pénale aux chefs d'entreprises parce qu'ils sont tenus d'assurer l'exécution des règlements » (Crim., 28 févr. 1956). La commission d'une infraction par le préposé démontre le manquement du chef d'entreprise à ses obligations.

§2 – La responsabilité pénale du chef d'entreprise

A – Fondement de la responsabilité pénale du chef d'entreprise

Loi

◇ Absence de principe général de la responsabilité du fait du dirigeant

◇ Application de dispositions particulières

- Qualité de chef d'entreprise visée par certains textes spécifiques

◇ Infractions liées au pouvoir de direction du chef d'entreprise

- Infractions ne pouvant être commises que par le dirigeant

Jurisprudence

◇ Présomption de responsabilité du chef d'entreprise en cas d'infraction commise par le préposé

- Préposé : auteur matériel de l'infraction
- Pouvoir de direction et de surveillance du dirigeant
  - ✓Obligation de veiller personnellement au respect des prescriptions légales
  - ✓Obligation de faire respecter ces prescriptions par les préposés

◇ Cumul de responsabilités possible

B – Conditions de la responsabilité pénale du chef d'entreprise

Le dirigeant doit avoir commis une faute personnelle. Le chef d'entreprise est tenu de faire respecter la réglementation applicable dans son secteur d'activité. La violation de cette réglementation par un préposé démontre un manquement du dirigeant au devoir général de contrôle et de surveillance qui lui incombe et fait présumer une faute d'imprudence ou de négligence à sa charge.

La présomption de faute n'est pas irréfragable.

Le dirigeant peu s'exonérer en établissant qu'il n'a commis aucune faute.

Il peut invoquer une délégation de pouvoirs consistant en un transfert d'une partie de ses pouvoirs de contrôle et de surveillance à un membre du personnel. La délégation de pouvoirs est largement admise, sauf dans les domaines où la loi l'interdit expressément.

Pour être retenue, la délégation de pouvoirs doit être objectivement justifiée compte tenu de la taille de l'entreprise et du nombre de salariés. Elle doit être confiée à une personne disposant de la compétence, de l'autorité et des moyens nécessaires et placée sous l'autorité du délégant. Elle doit être spéciale, limitée à un secteur déterminé. Elle n'est pas forcément écrite, mais doit être antérieure à l'infraction commise. La subdélégation n'est pas interdite alors que la codélégation est prohibée.

Lorsque la délégation de pouvoirs est valable, la responsabilité pèse sur le délégataire et le chef d'entreprise est exonéré, sauf s'il a personnellement participé à la commission de l'infraction. Le dirigeant reste également responsable des infractions commises par les salariés dans les domaines où il conserve la plénitude de ses pouvoirs.

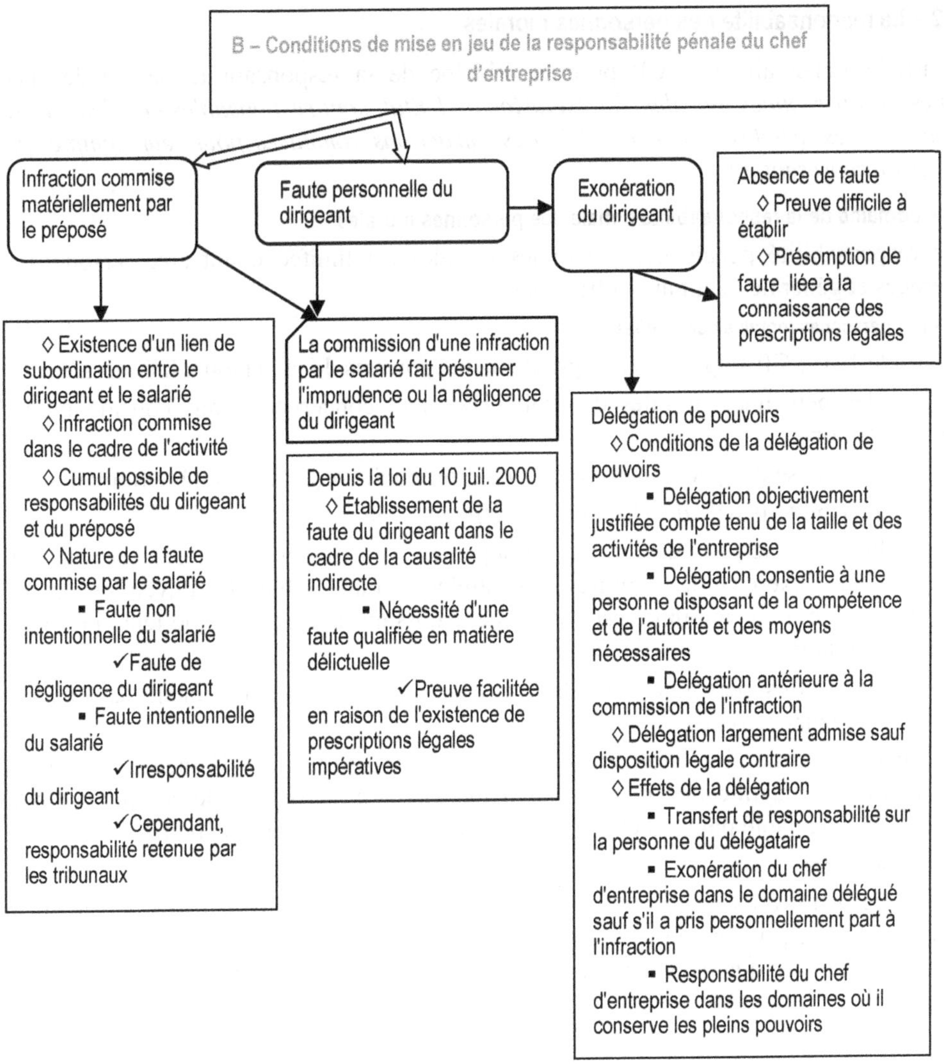
B – Conditions de mise en jeu de la responsabilité pénale du chef d'entreprise
Infraction commise matériellement par le préposé
Faute personnelle du dirigeant
Exonération du dirigeant
Absence de faute
◇ Preuve difficile à établir
◇ Présomption de faute liée à la connaissance des prescriptions légales
◇ Existence d'un lien de subordination entre le dirigeant et le salarié
◇ Infraction commise dans le cadre de l'activité
◇ Cumul possible de responsabilités du dirigeant et du préposé
◇ Nature de la faute commise par le salarié
▪ Faute non intentionnelle du salarié
✓Faute de négligence du dirigeant
▪ Faute intentionnelle du salarié
✓Irresponsabilité du dirigeant
✓Cependant, responsabilité retenue par les tribunaux
La commission d'une infraction par le salarié fait présumer l'imprudence ou la négligence du dirigeant
Depuis la loi du 10 juil. 2000
◇ Établissement de la faute du dirigeant dans le cadre de la causalité indirecte
▪ Nécessité d'une faute qualifiée en matière délictuelle
✓Preuve facilitée en raison de l'existence de prescriptions légales impératives
Délégation de pouvoirs
◇ Conditions de la délégation de pouvoirs
▪ Délégation objectivement justifiée compte tenu de la taille et des activités de l'entreprise
▪ Délégation consentie à une personne disposant de la compétence et de l'autorité et des moyens nécessaires
▪ Délégation antérieure à la commission de l'infraction
◇ Délégation largement admise sauf disposition légale contraire
◇ Effets de la délégation
▪ Transfert de responsabilité sur la personne du délégataire
▪ Exonération du chef d'entreprise dans le domaine délégué sauf s'il a pris personnellement part à l'infraction
▪ Responsabilité du chef d'entreprise dans les domaines où il conserve les pleins pouvoirs

Section 2 – La responsabilité des personnes morales

L'article 121-2 alinéa 1 CP pose le principe de la responsabilité pénale des personnes morales : *les personnes morales, à l'exclusion de l'État, sont responsables pénalement, selon les distinctions des articles 121-4 à 121-7, des infractions commises pour leur compte, par leurs organes ou représentants.*

§1 – Le domaine de la responsabilité pénale des personnes morales

La responsabilité pénale des personnes morales est limitée quant aux personnes morales concernées et générale quant aux infractions.

A – Les personnes morales concernées

L'article 121-2 CP s'applique aux groupements pourvus de la personnalité morale.

Toutes les personnes morales de droit privé sont concernées, sans considération de leur forme, de leur objet.

La mise en cause des personnes morales de droit public reçoit une double limitation.

La responsabilité pénale de l'État ne peut être engagée.

Les collectivités territoriales et leurs groupements ne sont responsables que des infractions commises dans l'exercice des activités susceptibles de faire l'objet de convention de délégation de service public. Leur impunité est consacrée s'agissant de l'exercice de leurs prérogatives de puissance publique.

Toutes les autres personnes morales de droit public sont pénalement responsables pour l'ensemble de leurs activités.

Les personnes morales étrangères peuvent être poursuivies en France en application des règles relatives à l'application de la loi dans l'espace. La nationalité de la personne morale est une condition préalable pouvant être souverainement appréciée par le tribunal.

B – Les infractions

La loi Perben II du 9 mars 2004 a généralisé la responsabilité pénale des personnes morales. Elle a supprimé le principe de spécialité selon lequel la responsabilité des personnes morales ne pouvait être engagée que dans les cas prévus par la loi ou le règlement. Il fallait une disposition spécifique pour l'infraction considérée.

Section 2 – La responsabilité des personnes morales

◊ Code pénal 1810 : exclusion de la responsabilité des personnes
▪ Admission de la responsabilité des personnes morales dans certains textes particuliers : ord. 5 mai 1945 sanctionnant les entreprises ayant favorisé les activités de l'ennemi ; ord. 30 1945 réprimant les infractions en matière de change
◊ Affirmation de la responsabilité des personnes morales par le nouveau Code pénal (art. 121-2 CP)

§1 – Domaine de la responsabilité pénale des personnes morales

Les personnes morales concernées

Les groupements dotés de la personnalité juridique

- Personnes morales de droit privé, à but lucratif ou non lucratif
- Personnes morales de droit public
  ◊ Irresponsabilité pénale de l'État
  ◊ Responsabilité des collectivités territoriales et de leur groupement limitée aux activités susceptibles de faire l'objet d'une convention de délégation de service public
  ▪ Si la collectivité gère ces activités en régie, elle est responsable
  ▪ Si elle les délègue à une autre personne, physique ou morale, celle-ci en est responsable
  ▪ Lorsqu'il s'agit des prérogatives de puissance publique, sa responsabilité ne peut être engagée, alors que celle de ces agents peut l'être
  ◊ Mise en cause pénale de toutes les autres personnes morales de droit public

Exclusion des groupements dépourvus de la personnalité juridique

Infraction commise
◊ avant l'acquisition de la personnalité morale : responsabilité des personnes physiques
▪ Possibilité de poursuivre la personne morale régulièrement immatriculée en cas de reprise des activités des fondateurs (art. 1843 C. civ)
◊ en cours de liquidation : responsabilité de la personne morale

Perte de la personnalité morale
◊ Dissolution
▪ Disparition de la personnalité morale en cas de liquidation
✓Extinction de l'action publique
✓Personnalité juridique maintenue pour les besoins de la liquidation
✓Mise en cause de la personne morale possible
◊ Fusion ou absorption : irresponsabilité de la société morale absorbante ou de la nouvelle société

Les infractions

CP 1992 : Principe de la spécialité
◊ Responsabilité des personnes morales engagée dans les cas expressément prévus par la loi

Loi Perben II, 9 mars 2004
◊ Suppression du principe de la spécialité : généralisation de la responsabilité des personnes morales
▪ Disposition applicable aux infractions commises après le 31 décembre 2005
▪ Principe de la spécialité maintenue pour les infractions de presse (art. 43-1, loi 29 juil. 1881 sur la presse) ou commises par de communication audiovisuelle (art. 93-4 loi 29 juil. 1982)

§2 – Conditions de la responsabilité des personnes morales

Les personnes morales sont pénalement responsables des infractions commises pour leur compte, par leurs organes ou représentants (art. 121-2 CP).

A – Une infraction commise par un organe ou un représentant

Les organes ou représentants sont les personnes physiques ou les assemblées collégiales auxquelles la loi ou le statut du groupement confère des fonctions d'administration, de direction, de gestion ou de contrôle. Mais il peut aussi s'agir d'un organe de fait ou de toute personne ayant reçu délégation régulière de l'organe de droit pour l'accomplissement d'un ou de plusieurs actes déterminés. En l'absence d'une délégation régulière, les préposés ne peuvent engager la responsabilité pénale de la personne morale, même s'ils agissent pour le compte de celle-ci.

La personne morale sera poursuivie est fonction de la nature de la participation de la personne physique à l'infraction : auteur, coauteur ou complice d'une personne physique ou morale. Il n'est cependant pas nécessaire que la culpabilité de l'organe ou du représentant soit déclarée ou que celui-ci soit condamné.

L'application des faits justificatifs et des causes d'irresponsabilité doit tenir compte des particularités liées à la nature de la personne morale.

B – Une infraction commise pour le compte de la personne morale

L'organe ou le représentant doit avoir agi pour dans l'intérêt de la personne morale, qu'il s'agisse d'obtenir un gain ou un profit financier, de réaliser une économie ou d'éviter une perte. Il peut s'agir d'un intérêt direct ou indirect, matériel ou moral.

Pour la jurisprudence, il suffit que l'acte se rattache à l'organisation, au fonctionnement, ou aux objectifs de la personne morale, même si celle-ci n'en a retiré aucun profit ou intérêt. La responsabilité sera encourue même si l'organe ou le représentant a outrepassé ses pouvoirs dès lors qu'il a agi dans l'intérêt social.

La responsabilité de la personne morale est écartée lorsqu'il s'agit d'infractions commises par le représentant, même agissant dans le cadre de ses fonctions, mais dans son intérêt personnel ou celui d'un tiers.

§2 – Conditions de la responsabilité des personnes morales

Art 121-1 CP : *Les personnes morales sont pénalement responsables des infractions commises pour leur compte, par leurs organes ou représentants*

◇ Responsabilité du fait personnel par représentation : la faute commise par l'organe ou le représentant pour le compte de la personne morale suffit à engager la responsabilité de cette dernière

A – Une infraction commise par un organe ou un représentant

Organe ou représentant
- ◇ Organe
  - ▪ Institution collégiale ou personne physique
  - ▪ Fonctions de direction, d'administration, de gestion ou de contrôle prévues par la loi ou les statuts
- ◇ Représentant
  - ▪ Personne agissant en vertu d'un mandat social
    - ✓Le représentant peut être l'organe
    - ✓Personne extérieure ayant reçu un tel pouvoir
- ◇ Organe de fait:
  - ▪ Personne non investie par la loi ou les statuts
    - ✓Dirigeant de fait
- ◇ Préposé bénéficiant d'une délégation de pouvoirs régulière

Commission de l'infraction par l'organe ou le représentant
- ◇ Identification de la personne physique
- ◇ Non-identification possible
  - ▪ En cas de présomption de responsabilité du dirigeant
  - ▪ Lorsque l'infraction n'a pu être commise que par l'organe ou le représentant
    - ✓Politique commerciale, organisation de la société
    - ✓Infraction pour laquelle la responsabilité du dirigeant est prévue par la loi
  - ▪ Décision prise par l'organe collégial

B – Une infraction commise pour le compte de la personne morale

◇ Agissements délictueux dans l'intérêt de la personne morale
- ▪ Intérêt direct ou indirect
- ▪ Intérêt financier ou moral, réalisation d'une économie
- ▪ Intérêt de la personne morale retenu même en l'absence de profit
- ▪ Responsabilité de la personne morale engagée même en cas de dépassement de pouvoir dès lors que le représentant agi dans l'intérêt social
  - ✓Responsabilité pénale exclue si le représentant a agi dans son intérêt personnel

Conditions de mise en jeu de la responsabilité pénale identiques à celle de la personne physique :
- ◇ Infraction consommée ou tentée
- ◇ Auteur, coauteur ou complice d'une personne physique ou morale
  - ▪ Mais il n'est pas nécessaire que la personne physique soit déclarée coupable ou condamnée

Causes d'exonération de la responsabilité
- ◇ Faits justificatifs
  - ▪ Application de l'ordre de la loi ou le commandement de l'autorité légitime, de la légitime défense des biens, de l'état de nécessité
- ◇ Causes de non- imputabilité
  - ▪ Possibilité d'invoquer la contrainte morale externe et l'erreur de droit

C – Le cumul des responsabilités

La responsabilité de personnes morales n'exclut pas celle des personnes physiques auteurs ou complices des même faits (art.121-3 al. 4 CP). En cas de cumul de poursuites, un mandataire doit être désigné pour représenter la personne morale (art. 706-43 CPP).

Le principe du cumul connaît quelques tempéraments.

La responsabilité pénale de la personne morale peut être engagée seule lorsque l'infraction, intentionnelle ou non, résulte d'une décision collégiale. L'infraction a pu être commise par les organes collectifs sans qu'il soit possible de découvrir le rôle de chacun des membres et d'imputer la responsabilité personnelle de chaque individu déterminé.

S'agissant des infractions non intentionnelles, en cas de causalité indirecte, une personne morale peut être déclarée responsable du fait de la faute simple d'un des organes ou représentants, alors que ce dernier ne le sera que s'il a commis une faute qualifiée (art. 121-3 al. 4 CP).

C – Le cumul des responsabilités

Art. 121-2 al. 3 CP : *La responsabilité des personnes morales n'exclut pas celle des personnes physiques auteurs ou complices des mêmes faits*

Désignation d'un mandataire chargé de représenter la personne morale

Limites

Infractions non intentionnelles
- ◇ Cumul possible sous réserve de l'art. 121-3 CP
  - ▪ Causalité directe : la faute de la personne physique engage aussi la responsabilité de la personne morale, quelle que soit sa gravité
  - ▪ Causalité indirecte :
    - ✓Cumul en cas de faute qualifiée de la personne physique
    - ✓Personne morale poursuivie seule en cas de faute simple du représentant

Infractions intentionnelles ou non intentionnelles
- ◇ Infractions résultant d'une délibération collégiale sans qu'il soit possible de déterminer la part de responsabilité des membres : dilution de la faute

Chapitre 2 – La participation à l'infraction

La responsabilité pénale d'une personne est mise en cause soit parce qu'il est l'auteur de l'infraction, soit parce qu'il en est le complice.

Section 1 – Auteur et coauteur

§1 – Notion

L'auteur de l'infraction est celui qui commet personnellement ou tente de commettre, si la tentative est réprimée, dans les conditions prévues par la loi, des actes pénalement sanctionnés (art.121-4 CP).

• Auteur matériel et auteur intellectuel : l'auteur matériel est celui qui commet les faits incriminés. L'auteur intellectuel ne participe pas directement à l'infraction. Mais il en est à l'origine parce qu'il provoque, ordonne ou suggère sa commission à l'auteur matériel. En principe, l'auteur intellectuel est sanctionné comme un complice sauf lorsque la loi punit à la fois le fait de commettre ou de faire commettre. L'auteur intellectuel peut être sanctionné plus sévèrement compte tenu de sa particulière dangerosité. Il est ainsi de celui qui dirige ou organise un trafic de stupéfiants (art. 222-34 CP).

• Auteur direct et auteur indirect : l'auteur direct est celui qui cause le dommage. L'auteur indirect crée ou contribue à créer la situation à l'origine du dommage ou n'a pas pris les mesures permettant de l'éviter (art.121-3 al. 4 CP).

§2 – Le coauteur

Il y a coaction lorsque plusieurs individus commettent personnellement les éléments constitutifs de l'infraction.

Sauf disposition spécifique, chaque participant voit sa responsabilité pénale engagée en raison des actes qu'il a personnellement commis. Chaque coauteur peut être poursuivi seul dès lors que le fait est punissable à son égard, quand bien même il ne le serait pas à l'égard de l'autre en raison d'une cause personnelle ou d'un classement sans suite à l'égard de ce dernier. Toutefois, lorsqu'il est difficile de déterminer la participation personnelle de chacun dans la réalisation du dommage, l'infraction est appréciée dans son ensemble et le ministère public est dispensé de prouver le rôle causal de chacun des membres du groupe. Les personnes ayant pris part à l'activité délictuelle sont considérées comme des coauteurs.

Lorsque la coaction est concertée, elle peut entraîner une aggravation de la peine encourue. C'est le cas des infractions commises en réunion ou en bande organisée.

La pluralité d'auteurs est parfois exigée par la loi. Il en est ainsi des infractions collectives par nature (crimes contre l'humanité, criminalité et délinquance organisée). Cependant seules sont condamnées les personnes dont il est établi qu'elles ont personnellement participé à la commission des faits.

Chapitre 2 – Les modes de participation à l'infraction

Section 1 – Auteur et coauteur

Auteur
Art. 121-4 CP : *Est auteur de l'infraction la personne qui commet les faits incriminés ou tente de commettre un crime ou dans les cas prévus par la loi un délit*

Auteur matériel
◇ Celui qui réalise les éléments constitutifs de l'infraction
▪ Infraction d'omission : celui sur qui pèse l'obligation d'agir

Auteur intellectuel
◇ Celui qui ne réalise pas l'infraction mais ordonne, provoque, suggère sa commission à un tiers
▪ Fait de faire commettre matériellement l'infraction à un tiers
▪ Auteur intellectuel sanctionné au titre de la complicité par provocation, sauf
o lorsque la loi le réprime comme un auteur matériel : fait de commettre ou faire commettre
o lorsque la loi prévoit une peine plus sévère pour l'auteur intellectuel

Auteur direct
◇ Celui dont l'acte est la cause du dommage

Auteur indirect ou médiat
◇ Celui qui a créé ou contribué à créer la situation qui a permis la réalisation du dommage
◇ Celui qui n'a pas pris les mesures permettant d'éviter le dommage

Coauteur
Il y a coaction lorsqu'une infraction est commise par deux ou plusieurs individus, chacun d'eux réalisant personnellement les éléments constitutifs de l'infraction

Pluralité de participants
◇ Principe
▪ La responsabilité de chaque participant est engagée à titre personnel, en raison des actes qu'il a commis
✓Preuve du rôle de chaque participant
✓Exception jurisprudentielle : application de la responsabilité corespective
◇ Prise en compte de la pluralité de participants par la loi
▪ Incrimination
✓Pluralité de personnes : élément constitution de l'infraction
o Infraction supposant un groupement (crime contre l'humanité, association de malfaiteurs)
o Responsabilité personnelle pour chaque membre ayant participé à la commission des faits
▪ Sanction
✓Pluralité de personnes : Circonstance aggravante

Section 2 – Le complice

Le complice participe à la réalisation de l'infraction en accomplissant l'un des actes prévus par la loi, mais sans réaliser les éléments constitutifs de l'acte délictueux. Il aide l'auteur ou les coauteurs dans la préparation ou l'exécution matérielle de l'infraction. L'acte du complice est accessoire à celui de l'auteur.

Pour que la complicité soit punissable, il faut un fait principal punissable, un acte matériel de complicité et une participation intentionnelle à l'infraction principale.

§1 – Le fait principal punissable

Les actes du complice tirent leur caractère délictueux de l'acte de l'auteur principal. C'est le système de l'emprunt de criminalité.

Si les faits commis à titre principal ne constituent pas une infraction, la complicité n'est pas punissable. Dans certains cas, la loi réprime à titre d'infractions autonomes, la provocation d'actes non pénalement sanctionnés (provocation au suicide, suivie ou non d'effet, art. 223-13).

L'infraction principale peut être un crime ou un délit (art. 121-7 CP). Pour les contraventions, la complicité par provocation ou instructions est toujours punissable (art. 121-7 al. 2 et R610-2 CP). La complicité par aide ou assistance ne l'est que si le texte d'incrimination le prévoit expressément (art. R623-2, R324-1 CP).

L'acte de complicité n'est punissable que si le fait principal a été consommé ou tenté dans les cas prévus par la loi. La complicité de la tentative d'un crime et, dans les cas prévus par la loi, d'un délit est punissable. En l'absence d'infraction punissable, le complice demeure impuni quelle que soit la gravité de ses agissements. En cas de désistement volontaire de l'auteur ou si ses agissements n'ont pas dépassé le stade des actes préparatoires, la tentative n'est pas retenue. La tentative de complicité n'est par conséquent pas réprimée. La loi prévoit cependant des délits autonomes sanctionnant la provocation à une infraction même non suivie d'effets ou l'accomplissement d'actes de complicité non suivis d'effets.

L'infraction principale doit être objectivement punissable. Le complice est pénalement responsable même si l'auteur n'est pas poursuivi en raison des circonstances personnelles ou s'il est inconnu. Si le fait principal est prescrit ou s'il a fait l'objet d'une amnistie réelle, la complicité n'est pas réprimée. Il en est de même si le caractère délictueux de l'acte est effacé en raison d'une immunité familiale ou d'un fait justificatif.

Section 2 – Le complice

Notion

Art. 121-7 CP : *Est complice d'un crime ou d'un délit la personne qui sciemment, par aide ou assistance, en a facilité la préparation ou la consommation ;*
Est également complice la personne qui par don, promesse, menace, ordre, abus d'autorité ou de pouvoir aura provoqué une infraction ou aura donné des instructions pour la commettre

◇ Le complice s'associe à une activité délictueuse, sans réunir sur sa tête, contrairement au coauteur, les éléments matériel et moral de l'infraction

§1 – Le fait principal punissable

Principe de la criminalité d'emprunt : les actes du complice tirent leur caractère délictueux des actes de l'auteur principal

Le fait principal doit être qualifié pénalement

Nature de l'infraction principale

◇ Crime ou délit
◇ Contravention : la complicité par instigation est toujours punissable (art. 121-7 al 2 CP) alors que la complicité par aide ou assistance ne l'est que dans les cas prévus par loi (art. R623-2 CP)

En l'absence de fait punissable, la complicité ne peut être retenue
◇ Répression exceptionnelle de l'incitation à la commission des faits non punissables (provocation au suicide, art. 223-13 CP)

Le fait principal doit avoir été consommé ou tenté

Répression
◇ de la complicité d'une infraction consommée
◇ de la complicité de la tentative d'un crime, et dans les cas prévus par la loi, celle d'un délit

Répression exclue
◇ si la sanction de la complicité n'est pas prévue par la loi
◇ si la tentative n'est pas punissable : tentative de complicité
- désistement volontaire de l'auteur principal
- accomplissement d'actes préparatoires par l'auteur principal
- toutefois, incrimination possible à titre autonome de la tentative de complicité
  - ✓Provocation à la commission d'un assassinat ou d'un empoisonnement même si le crime n'a pas été commis ni tenté (art. 221-5 CP)

Le fait principal doit être objectivement punissable

Cas où la complicité n'est pas sanctionnée
◇ Fait principal prescrit ou faisant l'objet d'une amnistie
◇ Fait principal justifié ou couvert par une immunité familiale

Complicité punissable si le fait principal est objectivement punissable
◇ Autonomie des poursuites
- Le complice peut être poursuivi seul :
  - ✓si l'auteur principal est décédé, en fuite, inconnu
  - ✓si l'auteur bénéficiant d'une amnistie personnelle, d'une cause subjective d'irresponsabilité

§2 - L'acte de complicité

A - L'élément matériel

La complicité n'est punissable que si les actes correspondants à ceux décrits à l'article 121-7 CP sont réalisés.

1 – La complicité par aide ou assistance

Le complice qui apporte son aide ou son assistance facilite la préparation ou la consommation de l'infraction.

L'aide ou l'assistance suppose un acte positif du complice. Il n'y a pas en principe, de complicité par abstention ou par omission. L'abstention peut toutefois être poursuivie en tant que délit autonome. La jurisprudence tient compte de la situation où le complice adhère au projet criminel de l'auteur et l'abstention est considérée comme une aide ou une assistance morale.

Les agissements doivent être antérieurs ou concomitants à la réalisation de l'infraction. Les actes postérieurs ne sont constitutifs d'actes matériels de complicité que s'ils résultent d'une entente préalable avec l'auteur de l'infraction. Mais ils peuvent être réprimés à titres autonomes

L'aide ou l'assistance est punissable même si elle a été inefficace. Peu importe que les instruments remis au voleur aient servi ou non. Il en est de même de la complicité indirecte.

2 – La complicité par instigation

C'est le fait d'inciter ou d'inspirer une personne à commettre une infraction. L'instigateur est l'auteur intellectuel de l'infraction, mais lorsque le législateur ne le considère pas comme un auteur, il reste juridiquement complice des faits.

L'instigation doit être antérieure à l'action. Elle se réalise par provocation et/ou par instructions.

- L'instigation par provocation : la provocation n'est punissable que si elle est circonstanciée. Elle doit être accompagnée de l'un des procédés suivants : don, promesse, menace, ordre, abus d'autorité ou de pouvoir.

La provocation doit être directe. Elle doit déterminer l'agent à exécuter l'infraction. Elle doit aussi être personnelle, adressée à une personne déterminée. Dans certains cas, le législateur érige en délit distinct la provocation à la commission de certaines infractions par voie de presse en direction du public.

- L'instigation par fourniture d'instructions : les instructions sont des renseignements ou indications destinés à faciliter la réalisation de l'infraction. La fourniture d'instruction ne supprime pas et n'altère le libre arbitre de l'auteur principal. Les instructions doivent cependant être claires et précises pour être utiles. Les informations données antérieurement à une personne déterminée et peuvent être indirectes.

A – L'acte de complicité

1– L'élément matériel de la complicité

Aide ou assistance : acte facilitant la préparation ou la consommation de l'infraction

Acte de commission
◊ Complicité par abstention non punissable
▪ Abstention pouvant être réprimée à titre autonome (non obstacle à la commission d'un crime ou d'un délit, art. 223-6 CP)
▪ Loi : Complicité du chef militaire n'ayant pas pris les mesures nécessaires pour empêcher la commission d'un crime contre l'humanité par ses subordonnés (art. 213-4-1 CP)
▪ Jurisprudence
✓Complicité du professionnel qui n'agit pas pour empêcher l'infraction
✓prise en compte de l'abstention volontaire lorsqu'elle peut s'analyser comme une aide ou assistance morale

Acte antérieur ou concomitant à la commission de l'infraction
◊ Aide postérieure non réprimée, sauf si elle résulte d'une entente établie préalablement à la commission de l'infraction
◊ Répression de l'aide postérieure en tant qu'infraction autonome (recel des biens, art. 434-6 CP

Complicité par instigation

Acte antérieur ou concomitant à la commission de l'infraction

Complicité par provocation

◊ Provocation circonstanciée : don, promesse, menace, ordre, abus d'autorité ou de pouvoir (contrainte sur la volonté de l'auteur)
▪ L'abus d'autorité et de pouvoir implique un lien de subordination de droit ou de fait
▪ L'un des procédés suffit
◊ Provocation directe et personnelle
▪ Provocation adressée au public réprimée en tant que délit distinct (art. 24, al. 6 et 7, loi 29 juil. 1881)
◊ Provocation pouvant être réprimée à titre autonome (auteur intellectuel)

Complicité par instructions

◊ Fourniture de renseignements destinés à faciliter la réalisation de l'infraction
▪ Instructions claires et précises

◊ Complicité punissable même si les moyens fournis ou les instructions données n'ont pas été utilisés ou se sont avérés efficaces
◊ Répression de la complicité indirecte
▪ Aide ou instructions apportées au complice par un tiers

B – L'élément moral de la complicité

La complicité est intentionnelle. L'intention implique d'une part, la connaissance du caractère délictueux de l'acte de l'auteur principal et d'autre part, la volonté de s'associer à sa commission. Elle doit être prouvée par le ministère public.

L'intention du complice n'est pas la même que celle de l'auteur principal. Pour la jurisprudence, les dispositions relatives à la complicité sont générales et s'appliquent aux infractions non intentionnelles. Le complice d'une infraction d'imprudence peut par ailleurs être poursuivi comme un auteur indirect.

Il peut y avoir une discordance entre l'infraction commise et l'infraction à laquelle le complice voulait participer. Si la discordance est totale, la complicité n'est pas punissable. Dans cette situation, la différence entre les deux infractions tient à leurs éléments constitutifs ou bien les valeurs protégées ne sont pas les mêmes. En revanche, lorsque la discordance est partielle, le complice est coupable de l'infraction commise dès lors qu'elle est de nature identique à celle envisagée mais en diffère seulement par le mode d'exécution ou les circonstances. Il encourt la responsabilité de toutes les circonstances de l'acte poursuivi, sans qu'il soit nécessaire qu'elles aient été connues de lui. De même, si l'intention du complice est indéterminée, il reste punissable quelle que soit l'infraction réalisée par l'auteur principal.

Si le complice se désiste et informe les autorités policières ou judiciaires, une exemption de peine ou une réduction de peine peut lui être accordée en application de l'article 132-78 CP.

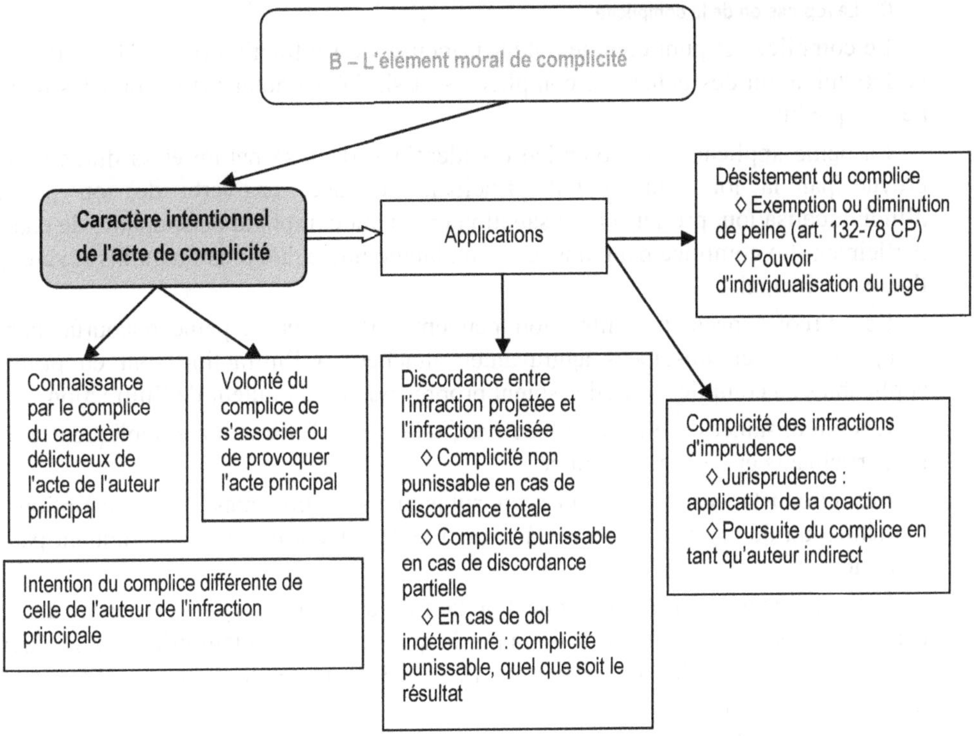
B – L'élément moral de complicité
Caractère intentionnel de l'acte de complicité
Applications
Désistement du complice
◇ Exemption ou diminution de peine (art. 132-78 CP)
◇ Pouvoir d'individualisation du juge
Connaissance par le complice du caractère délictueux de l'acte de l'auteur principal
Volonté du complice de s'associer ou de provoquer l'acte principal
Discordance entre l'infraction projetée et l'infraction réalisée
◇ Complicité non punissable en cas de discordance totale
◇ Complicité punissable en cas de discordance partielle
◇ En cas de dol indéterminé : complicité punissable, quel que soit le résultat
Complicité des infractions d'imprudence
◇ Jurisprudence : application de la coaction
◇ Poursuite du complice en tant qu'auteur indirect
Intention du complice différente de celle de l'auteur de l'infraction principale

C – La répression de la complicité

Le complice est puni comme auteur principal de l'infraction (art. 121-6 CP). Pour la détermination des peines, le complice est assimilé à l'auteur et encourt les mêmes peines que lui.

La peine applicable au complice est identique dans sa nature et sa durée à celle prévue par la loi pour le fait principal. Le juge, en vertu de son pouvoir d'individualisation, prononcera la sanction en tenant compte la personnalité de chaque participant. Le complice peut ainsi être condamné une peine plus ou moins sévère que l'auteur principal.

Les circonstances de l'infraction peuvent influer sur la peine encourue par le complice. Les circonstances aggravantes attachées à l'infraction sont en principe applicables au complice, qu'elles soient propres ou non à l'auteur de l'infraction.

Les circonstances réelles ou objectives, relatives à l'infraction s'appliquent à tous les participants et donc au complice.

Les circonstances personnelles ou subjectives aggravantes ou d'exemption ou d'atténuation de la peine attachées à la qualité de l'agent ne se communiquent pas au complice.

Les circonstances mixtes tiennent à la fois à l'infraction et au participant. Le complice est sanctionné même s'il n'a pas la qualité liée à l'auteur principal. De même lui sont applicables les circonstances liées à la qualité de l'auteur principal dès qu'elles sont connues de lui.

Les faits justificatifs ne peuvent être invoqués par le complice que s'il remplit lui-même les conditions exigées par la loi.

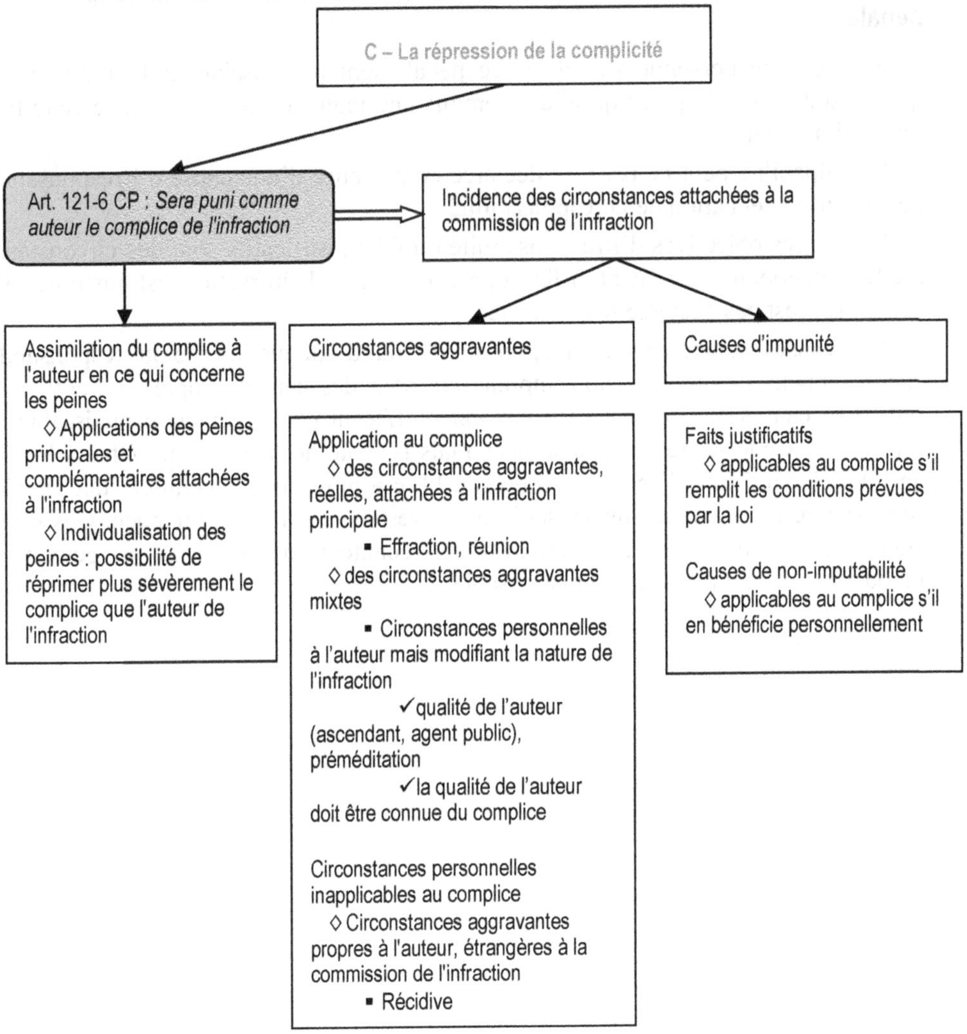
C – La répression de la complicité
Art. 121-6 CP : *Sera puni comme auteur le complice de l'infraction*
Incidence des circonstances attachées à la commission de l'infraction
Assimilation du complice à l'auteur en ce qui concerne les peines
◇ Applications des peines principales et complémentaires attachées à l'infraction
◇ Individualisation des peines : possibilité de réprimer plus sévèrement le complice que l'auteur de l'infraction
Circonstances aggravantes
Application au complice
◇ des circonstances aggravantes, réelles, attachées à l'infraction principale
▪ Effraction, réunion
◇ des circonstances aggravantes mixtes
▪ Circonstances personnelles à l'auteur mais modifiant la nature de l'infraction
✓qualité de l'auteur (ascendant, agent public), préméditation
✓la qualité de l'auteur doit être connue du complice
Circonstances personnelles inapplicables au complice
◇ Circonstances aggravantes propres à l'auteur, étrangères à la commission de l'infraction
▪ Récidive
Causes d'impunité
Faits justificatifs
◇ applicables au complice s'il remplit les conditions prévues par la loi
Causes de non-imputabilité
◇ applicables au complice s'il en bénéficie personnellement

Chapitre 3 – Les causes d'irresponsabilité et d'atténuation de la responsabilité pénale

Pour qu'une personne soit déclarée pénalement responsable, il faut d'une part, qu'elle soit coupable parce qu'elle a commis une faute et d'autre part, que cette faute lui soit imputable.

La culpabilité peut ne pas être déclarée en présence d'une cause d'irresponsabilité pénale ou d'atténuation de la responsabilité.

Les causes objectives d'irresponsabilité ou faits justificatifs sont des circonstances réelles, extérieures à l'agent. Elles opèrent *in rem*. L'infraction est justifiée et la personne n'est pas déclarée responsable.

Les causes subjectives d'irresponsabilité ou d'atténuation de la responsabilité encore appelées causes de non-imputabilité sont des causes propres à l'auteur des faits. Ces causes qui opèrent *in personam* n'effacent pas le caractère punissable des infractions. Celles-ci restent constituées mais la faute ne peut être imputée à l'auteur de l'acte lorsqu'il ne disposait pas de son libre arbitre ou que celui-ci était altéré. Il sera déclaré pénalement irresponsable ou sa responsabilité sera atténuée. Ces causes étant liées à l'auteur de l'acte, les éventuels coauteurs ou complices ne peuvent les invoquer et restent pénalement responsables.

Chapitre 2 – Les causes d'irresponsabilité et d'atténuation de la responsabilité pénale

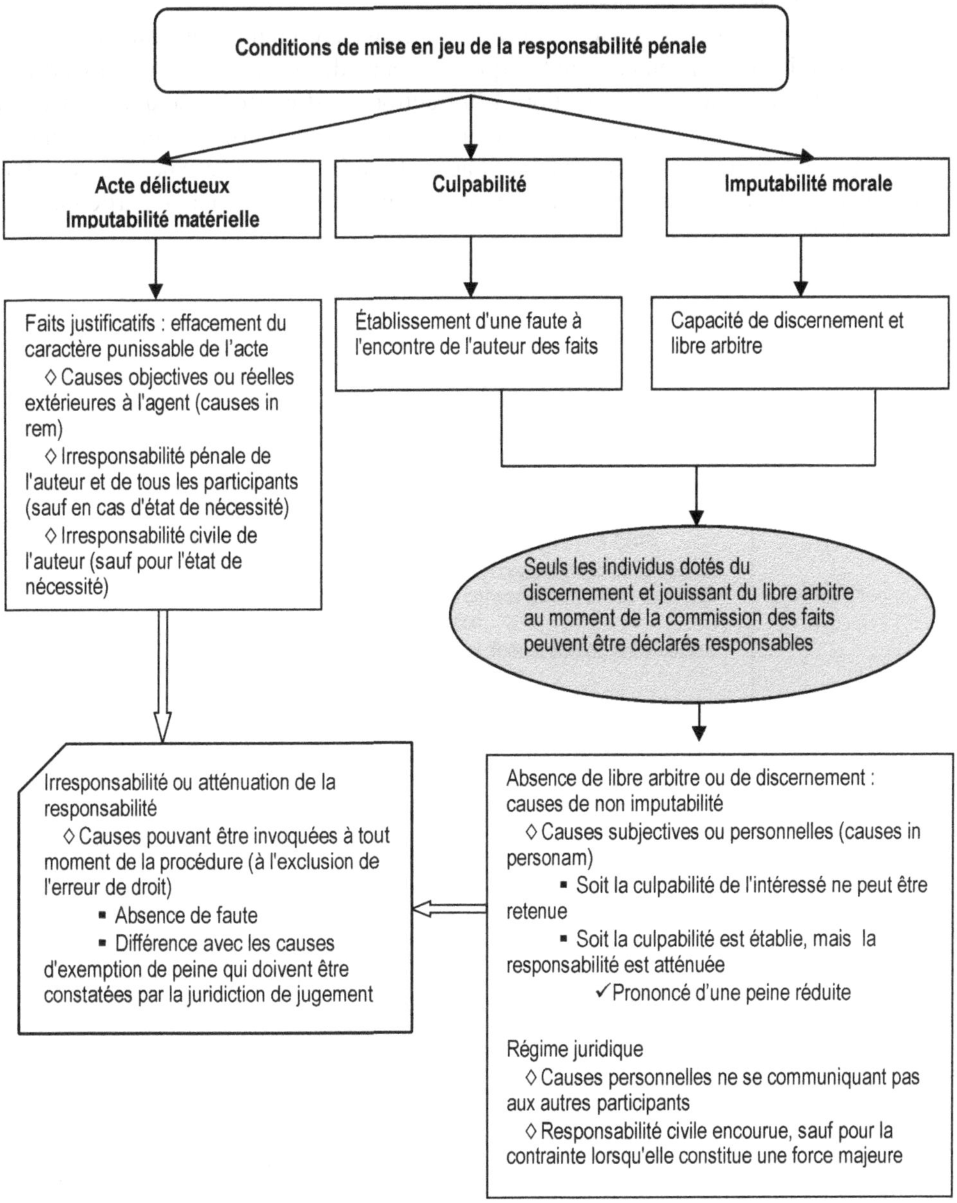

§1 – L'ordre de la loi et le commandement de l'autorité légitime

L'ordre de la loi et le commandement de l'autorité légitime reposent sur l'idée de l'accomplissement d'un devoir, d'une injonction.

A – L'ordre ou l'autorisation de la loi

Aux termes de l'article 122-4 alinéa 1 CP, *n'est pas pénalement responsable la personne qui accomplit un acte prescrit ou autorisé par des dispositions législatives ou réglementaires.* Un texte impose ou autorise un acte par ailleurs incriminé.

Le fait justificatif couvre les infractions même non intentionnelles commises au cours de l'exécution de l'acte prescrit ou autorisé par la loi si l'agent a agi dans le cadre strict de ses obligations et en respectant le principe de nécessité et de proportionnalité. Certaines infractions telles que les crimes contre l'humanité, le viol, ne peuvent être justifiées. Mais le juge peut en tenir compte lorsqu'il détermine la peine.

1 – L'ordre de la loi ou du règlement

Il s'agit d'une prescription contenue dans un acte législatif ou réglementaire et qui impose d'accomplir par ailleurs un acte sanctionné pénalement. Dans ce cas, l'auteur des faits a l'obligation d'obéir. L'injonction s'adresse aussi bien aux autorités publiques qu'aux particuliers.

Une loi pénale, de procédure ou de fond, peut justifier un crime, un délit ou une contravention. La violation du secret professionnel n'est pas punissable dans les cas où la loi impose la révélation d'un tel secret (art. 226-13 et 226-14 CP).

La loi civile ne peut justifier la commission d'une infraction. Le devoir de cohabitation entre époux (art. 215 al. 1 C. civ.) ne fait disparaître ni le délit de proxénétisme lorsque le conjoint de la prostituée tire profit de la prostitution (art. 225-6 al. 3), ni le viol entre époux (art. 222-23).

En vertu du principe de la légalité, un règlement ne peut justifier un crime ou un délit. Mais une telle dérogation peut provenir du règlement d'application de la loi. Le règlement ne peut justifier qu'une contravention.

§1 – L'ordre de la loi et le commandement de l'autorité légitime

A – L'ordre ou l'autorisation de la loi

Art. 122-4 al. 1 CP : *N'est pas pénalement responsable la personne qui accomplit un acte prescrit ou autorisé par des dispositions législatives ou réglementaires*

La loi ou le règlement prévoit des dérogations aux textes d'incrimination

Il impose de commettre un acte par ailleurs incriminé

Il autorise l'accomplissement d'un acte incriminé

Domaine
- ◊ Toutes les infractions, même non intentionnelles commises du fait de l'exécution de l'acte prescrit ou autorisé
- ◊ Exclusion des crimes contre l'humanité, du viol, des tortures et actes de barbarie, des crimes et délits de guerre

Rapport entre l'ordre ou l'autorisation de la loi et le commandement de l'autorité légitime
- ◊ La prescription légale seule peut suffire à justifier l'infraction
  - ▪ Celui qui accomplit l'acte ne reçoit pas d'ordre de l'autorité légitime
    - ✓ En présence d'une infraction flagrante, l'officier de police judiciaire peut arrêter le délinquant
- ◊ Dans certains cas, en plus de la prescription, il faut un ordre de l'autorité légitime
  - ▪ En l'absence de flagrance, l'officier de police judiciaire ne procéder à une arrestation qu'en vertu d'un mandat délivré par une autorité judiciaire

1 – L'ordre de la loi ou du règlement

Injonction contenue dans un acte législatif ou réglementaire

- ◊ L'agent (une autorité publique ou un particulier) a l'obligation d'agir
  - ▪ Il doit agir dans le cadre strict de ce qui est nécessaire
    - ✓ Fait justificatif écarté en cas d'excès de zèle

La loi
- ◊ La loi pénale (de procédure ou de fond) peut justifier un crime, un délit
- ◊ Loi civile : les droits imposés par la loi civile ne peuvent constituer une injonction de commettre une infraction

Le règlement
- ◊ Justification d'une contravention
- ◊ Justification des crimes et délits s'il s'agit d'un décret d'application d'une loi

2 – L'autorisation de la loi ou du règlement

L'agent n'a pas l'obligation d'agir. Mais s'il décide d'accomplir l'acte, il ne sera pas pénalement responsable.

a – La permission de la loi

La loi pénale autorise la commission d'une infraction dans le cadre de la procédure pénale ou du droit pénal spécial. Toute personne peut appréhender l'auteur d'un crime flagrant ou d'un délit flagrant puni d'une peine d'emprisonnement (art. 73 CPP). Les dépositaires de l'autorité publique ne sont pas coupables de violation de domicile quand l'entrée dans les lieux est autorisée par la loi (art. 432-8 CP).

L'autorisation peut résulter de la loi civile à condition de ne pas porter atteinte à la règle selon laquelle nul ne peut se faire justice soi-même ou d'invoquer le droit de manière frauduleuse. La règle du transfert de propriété dès l'accord sur la chose et le prix n'empêche pas condamner celui qui dans un contrat de vente au comptant, emporte la chose sans la payer, notamment s'il s'agit d'objet mis à la disposition des clients dans un libre-service. Mais le principe « *en fait de meubles possession vaut titre* » invoqué de bonne foi permet d'écarter la qualification de recel des choses.

b – L'autorisation administrative

En dehors des cas où l'absence d'autorisation administrative est un élément constitutif de l'infraction, la délivrance d'autorisations administratives est indifférente à la répression.

La tolérance administrative à l'égard de pratiques constitutives d'une infraction ne saurait être considérée comme autorisant et justifiant la commission des infractions.

2 - L'autorisation de la loi ou du règlement

L'agent n'a pas l'obligation d'agir. Cependant, s'il accomplit l'acte délictueux, il bénéficie du fait justificatif

◇ Acte accompli dans les limites de la permission légale ou réglementaire

▪ Nécessité et proportionnalité de l'acte

✓A défaut, acte punissable

L'autorisation de la loi

◇ Autorisation de la loi pénale

◇ Autorisation de la loi civile à condition de ne pas invoquer le droit de manière frauduleuse ou de ne pas en abuser

L'autorisation du règlement

◇ Lorsque la loi sanctionne un comportement en l'absence d'autorisation administrative, l'infraction n'est pas constituée si l'autorisation a été délivrée

▪ Mais l'autorisation d'exploiter n'implique l'autorisation de commettre des infractions

◇ Lorsque la loi sanctionne un comportement indépendamment de l'octroi d'une autorisation administrative, la délivrance préalable d'une autorisation ou d'un visa pour exercer l'activité réglementée est indifférente sur le plan de la répression

◇ La tolérance administrative à l'égard de pratiques constitutives d'infractions ne saurait être considérée comme autorisant la commission des faits

Autorisation de la coutume

◇ La coutume ne peut déroger à une incrimination que si la loi ou le règlement y renvoie

▪ Justification de sévices graves ou actes de cruauté envers les animaux (courses de taureaux, combats de coqs) dans les régions où il existe une tradition locale ininterrompue

◇ Prise en compte de l'usage ou de la coutume par la jurisprudence

▪ En matière sportive

✓Commission d'actes de violences admises s'ils sont conformes à la réglementation de l'activité sportive visée

▪ Droit de correction des parents ou des éducateurs

✓Les actes ne doivent pas entraîner des conséquences physiques ou psychiques graves pour la santé de l'enfant

B – Le commandement de l'autorité légitime

Selon l'article 122-4 alinéa 2 CP, *n'est pas pénalement responsable la personne qui accomplit l'acte commandé par l'autorité légitime, sauf si cet acte est manifestement illégal.*

1 – L'autorité légitime

Le commandement doit émaner de l'autorité légitime. Il s'agit de toute autorité publique, qu'elle soit administrative, judiciaire ou militaire dès lors qu'elle est investie de pouvoirs de puissance publique. L'obéissance aux ordres d'une autorité familiale ou professionnelle n'entraîne aucune irresponsabilité.

L'autorité doit être compétente, agissant dans le cadre de ses fonctions et régulièrement investie du pouvoir de donner de tels ordres.

2 – La légalité du commandement

L'agent ne peut invoquer le fait justificatif s'il n'a pas reçu l'ordre d'accomplir l'acte. Le fait justificatif est écarté lorsque la personne a agi de sa propre initiative ou lorsqu'il outrepasse les ordres donnés.

Lorsque le commandement est conforme à la loi, ordre de la loi et commandement légitime se confondent.

La question est de savoir si un subordonné doit en toutes circonstances obéir à l'autorité supérieure, même lorsque l'ordre paraît contraire à la loi. Il peut alors exister un conflit entre le devoir d'obéissance qui impose d'exécuter les ordres d'un supérieur et le caractère illégal du commandement qui ne peut constituer un fait justificatif.

Trois théories ont été avancées pour résoudre ce conflit.

La théorie de l'obéissance passive déclare irresponsable le subordonné qui obéit même si l'ordre est illégal.

La théorie des baïonnettes intelligentes contraint le subordonné à apprécier la légalité de chaque commandement reçu. Ils seront responsables s'ils se soumettent à un ordre illégal.

La théorie de l'illégalité manifeste retenue par le CP pose deux distinctions : lorsque l'acte n'est pas manifestement illégal, le subordonné doit obéir et il est couvert par le commandement de l'autorité légitime. Lorsqu'il s'agit d'un acte manifestement illégal, le subordonné peut refuser de l'exécuter et il ne saurait être condamné pour refus d'obéissance. En revanche, s'il l'exécute, il engage sa responsabilité pénale.

Pour apprécier le caractère manifestement illégal de l'ordre, il faut tenir compte de la qualité de l'agent, de ses compétences ainsi que sa place dans la hiérarchie. On se réfère aussi à la nature de l'acte dont l'exécution a été ordonnée. Mais les ordres ayant pour objet de porter atteinte à la vie ou à l'intégrité des personnes sont toujours manifestement illégaux.

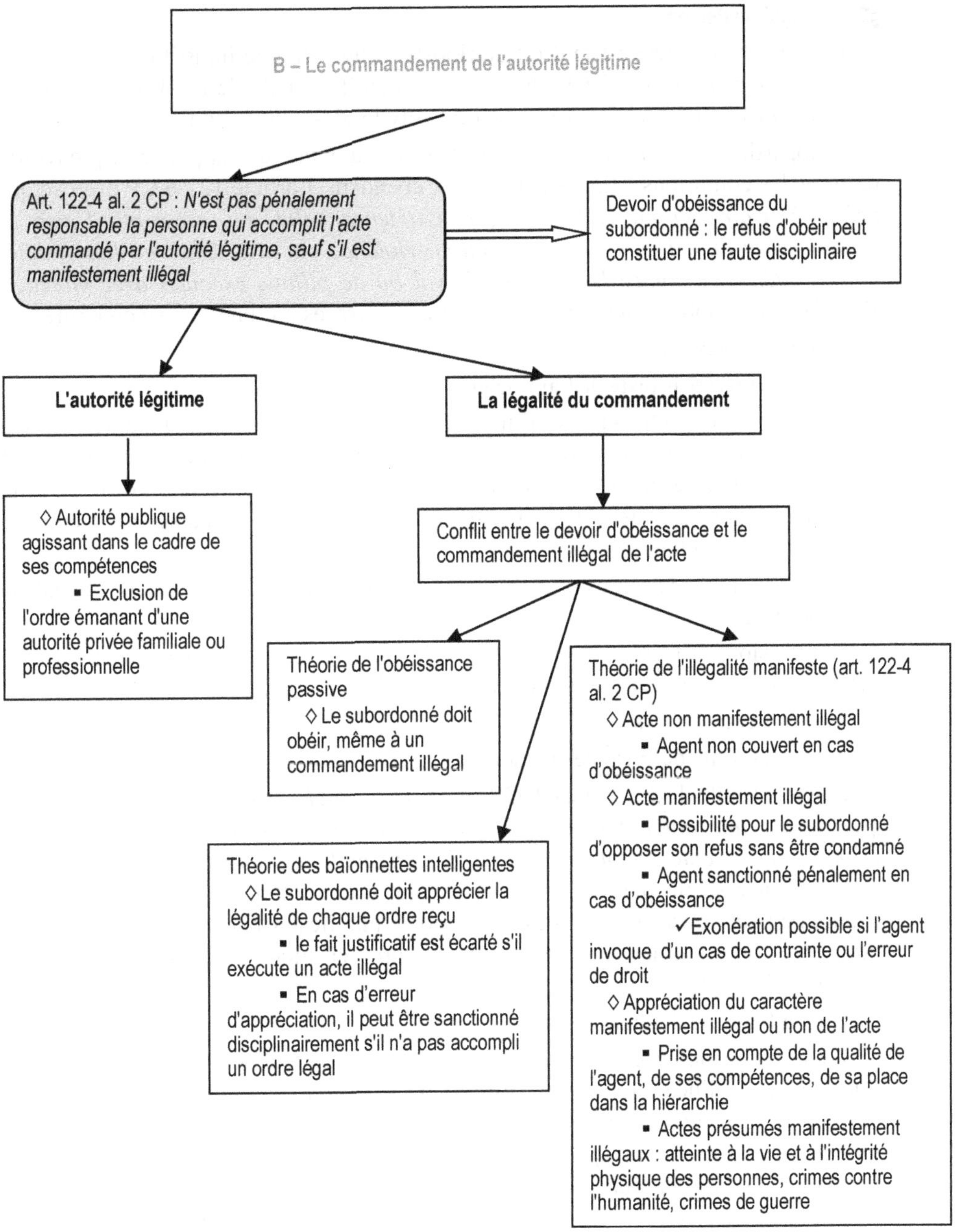
B – Le commandement de l'autorité légitime
Art. 122-4 al. 2 CP : *N'est pas pénalement responsable la personne qui accomplit l'acte commandé par l'autorité légitime, sauf s'il est manifestement illégal*
Devoir d'obéissance du subordonné : le refus d'obéir peut constituer une faute disciplinaire
L'autorité légitime
◊ Autorité publique agissant dans le cadre de ses compétences
▪ Exclusion de l'ordre émanant d'une autorité privée familiale ou professionnelle
La légalité du commandement
Conflit entre le devoir d'obéissance et le commandement illégal de l'acte
Théorie de l'obéissance passive
◊ Le subordonné doit obéir, même à un commandement illégal
Théorie des baïonnettes intelligentes
◊ Le subordonné doit apprécier la légalité de chaque ordre reçu
▪ le fait justificatif est écarté s'il exécute un acte illégal
▪ En cas d'erreur d'appréciation, il peut être sanctionné disciplinairement s'il n'a pas accompli un ordre légal
Théorie de l'illégalité manifeste (art. 122-4 al. 2 CP)
◊ Acte non manifestement illégal
▪ Agent non couvert en cas d'obéissance
◊ Acte manifestement illégal
▪ Possibilité pour le subordonné d'opposer son refus sans être condamné
▪ Agent sanctionné pénalement en cas d'obéissance
✓Exonération possible si l'agent invoque d'un cas de contrainte ou l'erreur de droit
◊ Appréciation du caractère manifestement illégal ou non de l'acte
▪ Prise en compte de la qualité de l'agent, de ses compétences, de sa place dans la hiérarchie
▪ Actes présumés manifestement illégaux : atteinte à la vie et à l'intégrité physique des personnes, crimes contre l'humanité, crimes de guerre

§2 – La légitime défense

La légitime défense est le droit de riposter à une atteinte injustifiée en commettant une infraction. Elle fait disparaître la responsabilité pénale de celui qui répond à une attaque injuste, mais aussi sa responsabilité civile vis-à-vis de son agresseur.

Il appartient à celui qui invoque la légitime défense de rapporter la preuve de la réunion des conditions exigées par la loi. Cependant, l'article 122-6 CP dispose qu'*est présumé avoir agi en état de légitime défense celui qui accomplit l'acte pour repousser de nuit, l'entrée par effraction, violence ou ruse dans un lieu habité ou pour se défendre contre les auteurs de vol ou de pillage exécutés avec violence*. Il s'agit de présomptions simples pouvant être renversées par une preuve contraire

A – L'acte d'agression

1 – Le caractère injuste de l'agression

L'agression doit être injuste. Il n'y a pas de légitime défense si un agresseur réagit à son tour à une légitime défense ou si l'acte est autorisé ou ordonné par la loi. Les actes des agents de la force publique sont présumés licites. Mais le droit de riposte peut être admis lorsque l'illégalité est manifeste et que le caractère irrégulier de l'intervention est établi.

L'agression reste injuste même si elle émane d'une personne pénalement irresponsable.

L'agression doit créer un danger certain, mais il n'est pas nécessaire qu'il y ait péril de mort. Le danger doit aussi être réel, vraisemblable.

2 – L'objet de l'agression

a – La légitime défense des personnes

Selon l'article 122-5 alinéa 1 CP, *n'est pas pénalement responsable la personne qui, devant une atteinte injustifiée envers elle-même ou autrui, accomplit dans le même temps un acte commandé par la nécessité de la légitime défense d'elle-même ou autrui*. L'agression peut prendre la forme d'une atteinte physique ou morale. L'atteinte peut consister en des menaces ou se manifester par un acte particulier. Elle doit être une infraction pénale, de nature criminelle, délictuelle ou même contraventionnelle.

b – La légitime défense des biens

La légitime défense admise, admise par la jurisprudence, a été consacrée dans l'article 122-5 alinéa 2 CP qui dispose : *n'est pas pénalement responsable la personne qui pour interrompre l'exécution d'un crime ou d'un délit contre un bien, accomplit un acte de défense, autre qu'un homicide volontaire, lorsque cet acte est strictement nécessaire au but poursuivi dès lors que les moyens employés sont proportionnés à la gravité de l'infraction*. La légitime défense des biens n'est admise que pour interrompre l'exécution d'un crime ou d'un délit.

§2 – La légitime défense

Droit de riposte légitime

◊ Faculté reconnue à chaque citoyen de prévenir des comportements délictueux face à une attaque injustifiée
◊ Nécessité de combler la carence des pouvoirs publics

Preuve de la légitime défense
◊ Présomption de légitime défense
▪ Art. 122-6 CP : *Est présumé avoir agi en état de légitime défense celui qui accomplit l'acte pour repousser de nuit, l'entrée par effraction, violence ou ruse dans un lieu habité ou pour se défendre contre les auteurs de vol ou de pillage exécutés avec violence*
◊ Présomption simple susceptible de preuve contraire

A – L'acte d'agression

Caractère de l'agression

Caractère injuste de l'agression
◊ Acte dénué de tout fondement juridique
▪ Fait justificatif écarté en cas de conflit entre l'ordre de la loi et le commandement de l'autorité légitime
✓Délit de rébellion (art. 433-6 CP), violences à agents (art. 222-8, 4° CP)
▪ Présomption de régularité de légalité des actes de l'autorité

◊ L'acte d'agression doit créer un danger certain
◊ Le danger doit être réel, vraisemblable
▪ Agression putative : prise en compte par la jurisprudence lorsque l'acte présente objectivement le caractère d'une agression dans l'esprit de la prétendue victime

Objet de l'agression

Légitime défense des personnes (art. 122-5 al. 1 CP) : *n'est pas pénalement responsable la personne qui, devant une atteinte injustifiée envers elle-même ou autrui, accomplit dans le même temps un acte commandé par la nécessité de la légitime défense d'elle-même ou autrui*
◊ Agression dirigée contre la personne qui se défend elle-même ou contre autrui
◊ Agression physique ou morale

Légitime défense des biens (art. 122-5 al. 2 CP) : *n'est pas pénalement responsable la personne qui pour interrompre l'exécution d'un crime ou d'un délit contre un bien, accomplit un acte de défense, autre qu'un homicide volontaire, lorsque cet acte est strictement nécessaire au but poursuivi dès lors que les moyens employés sont proportionnés à la gravité de l'infraction*
◊ La légitime défense des biens n'est permise que s'il s'agit d'interrompre la commission d'un crime ou d'un délit contre un bien

B - La riposte

La riposte doit être concomitante à l'acte d'agression, nécessaire, proportionnée et réaliser une infraction.

1 – La riposte concomitante à l'agression

La légitime défense n'est admise que pour repousser un mal présent. La riposte doit être accomplie dans le même temps que l'agression. Il n'y a pas de légitime défense si la riposte précède une agression éventuelle, future ou si l'agression est passée.

La légitime défense des biens ne doit intervenir que pour interrompre l'exécution d'un crime ou d'un délit. Si le principe d'une défense préventive par l'usage de pièges automatiques se déclenchant au moment de la commission de l'infraction est admis, la responsabilité pénale peut toutefois être recherchée en cas de disproportion entre les moyens employés et la gravité de l'acte de riposte.

2 – Une riposte nécessaire et proportionnée

La légitime défense ne sera pas retenue si la personne agressée avait d'autres moyens pour se soustraire au danger qui le menaçait. En ce qui concerne la légitime défense des biens, la riposte doit être strictement nécessaire. La riposte à une atteinte aux biens doit être précédée d'une mise en garde.

Les moyens employés doivent être proportionnés à l'attaque. Les juges apprécient souverainement en fonction des circonstances et il n'est pas nécessaire qu'il y ait une totale équivalence entre l'acte de défense et l'acte de riposte. S'agissant de la légitime défense des biens, les moyens employés ne doivent pas aboutir à la commission d'un homicide volontaire, ce qui conduit à prohiber le piège à feu quand il est mortel.

3 – La qualification de l'acte de riposte

L'acte de riposte doit réaliser une infraction. En principe, peuvent être légitimes au titre d'infractions défensives tous les crimes, les délits et les contraventions, à l'exclusion des crimes contre l'humanité, du viol, des tortures et actes de barbarie.

L'article 122-5 CP exclut toute légitimation de l'homicide volontaire lorsqu'il s'agit de la défense des biens.

La jurisprudence semble considérer que la légitime défense est inconciliable avec les infractions involontaires, opérant ainsi une confusion entre l'acte de riposte qui est volontaire et le résultat de la riposte qui est involontaire. L'article 121-5 CP vise l'acte commandé par la nécessité de légitime défense et ne distingue pas entre les infractions intentionnelles et des infractions non intentionnelles.

B – La riposte

Riposte concomitante à l'agression

◊ La légitime défense des personnes n'est autorisée que pour repousser un mal présent

▪ Fait justificatif écarté si l'attaque est déjà passée ou si la riposte précède une agression future

◊ La légitime défense des biens doit interrompre un crime ou un délit

▪ L'utilisation préventive de moyens de défense est admise par la jurisprudence en tenant compte des circonstances

✓Prohibition des mesures préventives

Riposte nécessaire et proportionnée

Riposte nécessaire

◊ La légitime défense doit être le seul moyen pour se soustraire au danger

▪ Nécessité actuelle de l'acte de légitime défense

Riposte proportionnée

◊ En cas d'usage de moyens disproportionnés, la légitime défense n'est pas retenue

▪ La défense des biens ne doit pas consister en un homicide volontaire

Qualification de l'acte de riposte

L'acte de riposte doit réaliser une infraction : crime, délit, ou contravention

◊ Exclusion des crimes contre l'humanité, du viol, des tortures et actes de barbarie

◊ Exclusion de l'homicide volontaire lorsqu'il s'agit de la légitime défense des biens

Nature de l'infraction

◊ Jurisprudence : exclusion des infractions non intentionnelles, le résultat de la riposte n'étant pas voulue (Crim., 16 févr. 1967, Cousinet)

▪ Confusion entre l'acte de riposte qui est volontaire et le résultat de la riposte

▪ Celui qui veut invoquer la légitime défense doit établir une infraction intentionnelle même lorsqu'il n'a pas recherché le résultat

◊ Code pénal : admission de la légitime défense, sans distinguer entre les infractions intentionnelles et les infractions non intentionnelles

§3 – L'état de nécessité

L'état de nécessité est une notion d'origine jurisprudentielle consacrée par l'article 122-7 CP : *N'est pas pénalement responsable la personne qui, face à un danger actuel ou imminent qui menace elle-même ou autrui ou un bien, accomplit un acte nécessaire à la sauvegarde de la personne ou du bien, sauf s'il y a disproportion manifeste entre les moyens employés et la gravité de la menace.*

L'agent doit faire un choix : soit ne pas agir et laisser le péril se réaliser, soit commettre l'infraction et enrayer le danger. Il n'y a pas de contrainte pour l'agent qui dispose de son libre arbitre.

A – Les conditions relatives au danger

La situation de danger n'est pas provoquée par une infraction, mais par un danger quelconque.

La nature du danger est indifférente. Le danger peut viser aussi bien l'auteur des faits qu'un tiers ou un bien. Il peut être physique, matériel ou moral. Il doit être réel, ce qui exclut le danger putatif.

Le danger doit être actuel ou imminent. Il doit être présent et inévitable et pas seulement éventuel.

La jurisprudence exige que le danger ne provienne pas d'une faute antérieure de l'auteur des faits. Le prévenu ne peut invoquer l'état de nécessité dès lors qu'il s'est volontairement placé dans la situation l'ayant amené à commettre une infraction alors le danger était prévisible.

B – Les conditions nécessaires à l'acte justifié

La commission de l'infraction doit être nécessaire à la sauvegarde de la personne ou du bien menacé. Il doit par conséquent ressortir des circonstances que l'infraction réalisée était le meilleur voire l'unique moyen d'éviter le péril.

L'infraction commise doit être proportionnée à la gravité de la menace. L'intérêt sacrifié doit être de moindre valeur ou au moins égale à la valeur de l'intérêt sauvegardé.

L'état de nécessité supprime la responsabilité pénale. Mais les circonstances de l'état de nécessité peuvent ne pas être identiques pour toutes les personnes ayant participé à l'infraction.

L'état de nécessité n'empêche pas d'engager la responsabilité civile, à condition toutefois que ce soit sur un autre fondement que la faute. L'enrichissement sans cause peut aussi être invoqué.

§3 – L'état de nécessité

◊ Fait justificatif d'origine prétorienne

- Trib. cor. Château-Thierry, Amiens 4 mars 1898 ; Amiens, 22 avr. 1899 : affaire Menard
- Crim., 6 déc. 1957, affaire Regina
- Crim., 28 juin 1958 : affaire Lesage

◊ Consécration par l'art. 122-7 CP : *N'est pas pénalement responsable la personne qui, face à un danger actuel ou imminent qui menace elle-même ou autrui ou un bien, accomplit un acte nécessaire à la sauvegarde de la personne ou du bien, sauf s'il y a disproportion manifeste entre les moyens employés et la gravité de la menace*

◊ La personne commet une infraction pour échapper à un danger actuel ou imminent

- Commettre l'infraction et empêcher le danger de se produire ou ne pas agir et laisser le danger se réaliser
- Mesure d'équité : ne pas punir celui qui a empêché la réalisation d'un danger plus grave que l'infraction commise

Conditions relatives au danger

◊ Le danger peut menacer la personne se trouvant dans la nécessité d'agir ou un tiers ou un bien

- Danger physique, moral ou matériel

◊ Le danger doit être actuel et imminent : danger inévitable

◊ Le danger doit être réel

Condition jurisprudentielle

◊ Absence de faute antérieure de l'agent

- L'agent ne doit pas avoir créé ou contribué à créer le danger par une faute antérieure : (Crim., 25 juin 1985, Lesage)

Conditions relatives à l'acte justifié

◊ L'acte justifié doit être nécessaire

- Il était seul moyen d'éviter le danger

◊ L'acte justifié doit être proportionné à la menace

- L'intérêt sacrifié doit être de moindre valeur que l'intérêt sauvegardé

Effets de l'état de nécessité

◊ Fait justificatif ne bénéficiant qu'à celui qui a commis l'infraction en réponse à un danger

- Les autres participants demeurent responsables, sauf s'ils se trouvent eux-mêmes en état de nécessité

◊ La responsabilité civile subsiste par rapport à la personne lésée par l'acte justifié par l'état de nécessité

§4 – La protection du lanceur d'alerte

N'est pas pénalement responsable la personne qui porte atteinte à un secret protégé par la loi, dès lors que cette divulgation est nécessaire et proportionnée à la sauvegarde des intérêts en cause, qu'elle intervient dans le respect des procédures de signalement définies par la loi et que la personne répond aux critères de définition du lanceur d'alerte prévus à l'article 6 de la loi n° 2016-1691 du 9 décembre 2016 relative à la transparence, à la lutte contre la corruption et à la modernisation de la vie économique (art. 122-9 CP).

Le lanceur d'alerte est une personne une personne physique qui révèle ou signale, de manière désintéressée et de bonne foi, un crime ou un délit, une violation grave et manifeste d'un engagement international régulièrement ratifié ou approuvé par la France, d'un acte unilatéral d'une organisation internationale pris sur le fondement d'un tel engagement, de la loi ou du règlement, ou une menace ou un préjudice graves pour l'intérêt général, dont elle a eu personnellement connaissance.

Il doit s'agir d'une personne physique, à l'exclusion des personnes morales, des instances représentatives du personnel ou des syndicats. Le lanceur d'alerte doit également être une personne interne à l'entreprise qui l'emploie ou à laquelle il apporte sa collaboration.

Les faits susceptibles de faire l'objet d'une alerte sont largement définis, à l'exception des faits couverts par le secret de la défense nationale, le secret médical et ou le secret des relations entre un avocat et son client.

Le lanceur d'alerte doit avoir personnellement eu connaissance des faits reprochés. Il doit être de bonne foi et ne retirer aucun avantage personnel de l'alerte. Il doit divulguer l'information de manière nécessaire et proportionnée à la sauvegarde des intérêts en cause.

Le lanceur d'alerte doit avertir son supérieur hiérarchique, direct ou indirect, l'employeur ou un référent désigné par celui-ci ; en l'absence de diligences de la personne destinataire de l'alerte, il doit s'adresser à l'autorité judiciaire, à l'autorité administrative ou aux ordres professionnels ; en dernier ressort, à défaut de traitement dans les délais impartis, il peut rendre le signalement public. En cas de danger grave et imminent ou en présence d'un risque de dommages irréversibles, le lanceur d'alerte peut porter directement le signalement à la connaissance des organismes mentionnés en deuxième phase, ou le rendre public.

Pour assurer la protection des lanceurs d'alerte, la loi oblige les entreprises à mettre en place un système de signalement interne sécurisé. En cas de divulgation de l'identité du lanceur d'alerte, des mis en cause ou des informations recueillies lors des procédures de signalement, les destinataires d'une alerte sont passibles de deux ans de prison et de 30.000 euros d'amende. Le fait d'empêcher une alerte ou de poursuivre abusivement en diffamation est également sanctionné pénalement. Aussi, un chef d'entreprise encourt une sanction administrative de 200.000 euros et son entreprise d'une sanction d'un million d'euros en cas de défaut aux mesures anticorruption imposées par la loi, soit celles d'avoir un code de conduite et d'avoir mis en place un dispositif d'alerte interne.

§4 – Le lanceur d'alerte

Art. 122-9 CP : N'est pas pénalement responsable la personne qui porte atteinte à un secret protégé par la loi, dès lors que cette divulgation est nécessaire et proportionnée à la sauvegarde des intérêts en cause, qu'elle intervient dans le respect des procédures de signalement définies par la loi et que la personne répond aux critères de définition du lanceur d'alerte prévus à l'article 6 de la loi n° 2016-1691 du 9 décembre 2016 relative à la transparence, à la lutte contre la corruption et à la modernisation de la vie économique

Définition du lanceur d'alerte

◇ Personne physique
- qui révèle ou signale
- des pratiques illicites
  - ✓un crime ou un délit
  - ✓une violation grave et manifeste d'un engagement international
  - ✓un acte unilatéral d'une organisation internationale pris sur le fondement d'un tel engagement, de la loi ou du règlement
  - ✓une menace ou un préjudice grave pour l'intérêt général dont elle a eu personnellement connaissance

Procédure d'alerte

◇ En premier lieu, le supérieur hiérarchique
- Le lanceur ne peut être qu'une personne interne à l'entreprise

◇ à défaut de vérification de l'alerte par le supérieur dans le délai raisonnable, saisine de l'autorité judiciaire, administrative ou son ordre professionnel Défenseur des droits
- saisine directe en cas de danger grave ou imminent présentant un risque de dommage irréversible
- Possibilité de saisir le Défenseur des droits afin de déterminer l'organisme approprié

◇ en l'absence de réaction de l'autorité dans un délai de 3 mois, troisième lieu, possibilité de rendre le signalement public

◇ Irresponsabilité pénale du lanceur d'alerte
- Si l'alerte est faite de manière désintéressée et de bonne foi

◇ Protection contre toute sanction, tout licenciement ou toute mesure discriminatoire

◇ Interdiction de dévoiler l'identité du lanceur d'alerte, sans son consentement sauf à l'autorité judiciaire

◇ Obstacle à la transmission d'une alerte pénalement sanctionnée ; 1 an d'emprisonnement et 15000 euros d'amende

B – Le régime de la responsabilité pénale du mineur

L'article 122-8 alinéa 2 CP énonce qu'*une loi particulière détermine les sanctions éducatives qui peuvent prononcées à l'encontre des mineurs de 10 à 18 ans ainsi que les peines auxquelles peuvent être condamnés les mineurs de 13 à 18 ans en tenant compte de l'atténuation de responsabilité dont ils bénéficient en raison de leur âge*.

Les mineurs incapables de discernement ne peuvent être reconnus coupables pénalement. Le juge des enfants peut envisager des mesures d'assistance éducative.

Les mineurs de moins de 13 ans capables de discernement ne peuvent être soumis qu'à des mesures protection, d'assistance, de surveillance et d'éducation. A partir de dix ans, ils peuvent être soumis à des sanctions éducatives si les circonstances et la personnalité de l'auteur l'exigent.

Outre les mesures éducatives et les sanctions éducatives, les mineurs de 13 à 18 ans peuvent être condamnés à une peine, eût égard aux circonstances de l'infraction ou à la personnalité du délinquant paraissent l'exiger.

Les peines sont identiques à celles prévues pour les majeurs, à l'exception du jour-amende, de l'interdiction du territoire français, de l'interdiction de droits civils, civiques ou de famille. La période de sûreté n'est pas applicable aux mineurs.

Le *quantum* de la peine dépend de l'âge du mineur. Le mineur de 13 à 16 ans bénéficie d'une cause légale d'atténuation de la sanction (art. 20-2, ord. 2 février 1945). S'il s'agit peine privative de liberté, le juge ne peut prononcer que la moitié de la peine encourue ou, lorsque la réclusion à perpétuité est encourue, un maximum légal de 20 ans de réclusion criminelle. La peine d'amende ne peut excéder la moitié de l'amende encourue ou 7 500 euros.

Pour les mineurs de 16 à 18 ans, la juridiction des mineurs peut décider de ne pas réduire la peine, compte tenu de la personnalité du mineur et des circonstances, ou lorsque les faits constituent une infraction volontaire contre les personnes et qu'ils ont été commis en état de récidive légale (art. 20-3, ord. 2 févr. 1945). En cas de multirécidive, la peine ne plus être diminuée, sauf décision contraire de la juridiction. Les peines-plancher sont en outre applicables aux mineurs récidivistes.

B – Le régime de la responsabilité pénale du mineur

Irresponsabilité pénale du mineur incapable de discernement

Responsabilité du mineur doté de discernement

Mesures de protection, d'assistance, de surveillance, et d'éducation (art. 15, ord. 2 févr. 1945)

◇ Applicables à tous les mineurs reconnus coupables d'infraction

Sanctions éducatives (art. 15-1, ord. 2 févr. 1945)

◇ Applicables aux mineurs à partir de 10 ans

◇ Elles ne peuvent être prononcées que si la personnalité du délinquant et les circonstances l'exigent

Application de la sanction pénale dès l'âge de 13 ans (art. 20-2 et 20-3, ord. 2 févr. 1945)

◇ Peines de même nature que pour les majeurs

✓ à l'exclusion de la contrainte pénale, la peine d'interdiction du territoire français et les peines de jour-amende, d'interdiction des droits civiques, civils et de famille, d'interdiction d'exercer une fonction publique ou une activité professionnelle ou sociale, d'interdiction de séjour, de fermeture d'établissement, d'exclusion des marchés publics et d'affichage ou de diffusion de la condamnation

◇ Période de sûreté inapplicable

Réduction de peine

◇ obligatoire pour les mineurs de 13 à 16 ans

◇ facultative s'il s'agit d'un mineur de 16 à 18 ans

- compte tenu des circonstances et de la personnalité du mineur
- ou dans les cas prévus par la loi

◇ Inapplicable aux mineurs de 16 à 18 ans

- dans les cas prévus par la loi, sauf décision contraire du juge

§2 – Le trouble psychique ou neuropsychique

A – Notion de trouble psychique ou neuropsychique

Le trouble psychique ou neuropsychique désigne toutes les formes de troubles ayant une conséquence destructrice sur les facultés intellectuelles des personnes qui en sont affectées. Ces troubles empêchent les personnes qui en sont atteintes de comprendre la portée de leurs actes ou de les vouloir dans le cas des pulsions irrépressibles.

La nature du trouble psychique est indifférente. Seules sont prises en compte les conséquences du trouble sur la capacité de comprendre et de vouloir l'acte.

Les maladies de la volonté qui n'affectent ni l'intelligence, ni le raisonnement et n'abolissent que la volonté ne font pas automatiquement disparaître la responsabilité pénale.

§2 – Le trouble psychique ou neuropsychique

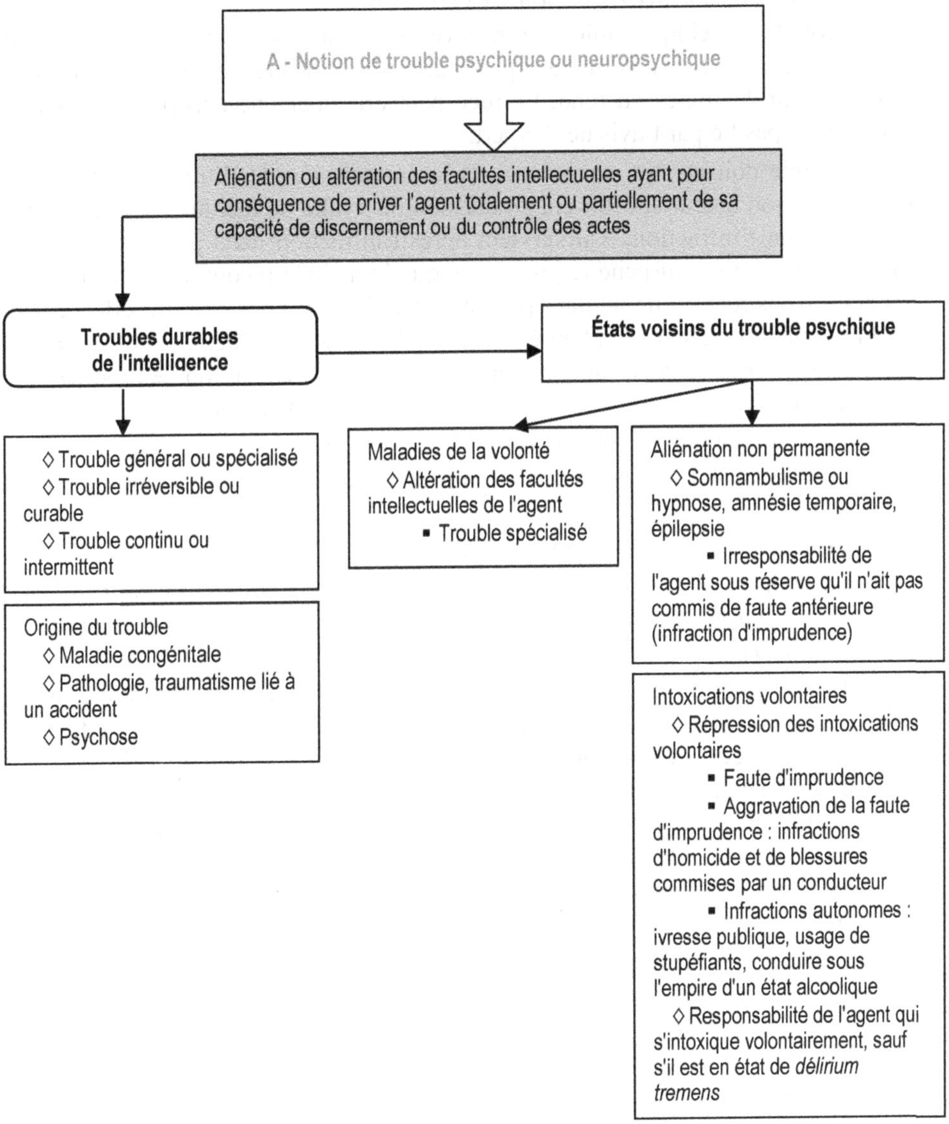

B – Le régime juridique du trouble psychique

1 – L'existence et la preuve du trouble psychique

Le trouble psychique doit être prouvé. Il n'est jamais présumé, même si le délinquant est un incapable majeur protégé. Il s'agit d'une question de fait laissée à l'appréciation des juges du fond. Le juge peut ordonner une expertise psychiatrique, mais il n'est pas lié par l'avis de l'expert.

Le trouble doit exister au moment de la commission de l'infraction. L'acte reste imputable à son auteur si celui-ci agit dans un intervalle de lucidité ou si le trouble est survenu avant l'infraction. S'il survient après l'infraction mais pendant l'instruction, l'action publique est suspendue jusqu'à ce que le malade recouvre ses facultés. Seuls des actes d'instruction ne mettant pas en cause l'aliéné pourront être effectués. Si le trouble se manifeste seulement après les actes d'instruction, l'action publique peut être exercée. Si le trouble survient après la condamnation, l'exécution peut porter sur des peines pécuniaires et privatives de droit, mais pas sur la peine privative de liberté, sauf si le condamné est placé dans un établissement spécialisé (art. D398 CPP).

Le trouble mental doit être en relation avec l'infraction, faute de quoi la responsabilité demeure.

2 – Le degré de gravité du trouble psychique

• L'abolition du discernement *: n'est pas pénalement responsable la personne qui était atteinte, au moment des faits d'un trouble psychique ou neuropsychique, ayant aboli son discernement ou le contrôle de ses actes* (art. 122-1 al. 1 CP).

L'aliéné mental ne peut faire l'objet ni d'une déclaration de culpabilité, ni d'une peine. S'il était placé en détention provisoire, il doit être mis fin à cette mesure. Cependant, le juge peut prononcer des mesures de sûreté, notamment l'hospitalisation d'office de la personne s'il est établi par une expertise psychiatrique que les troubles mentaux de l'intéressé nécessitent des soins et compromettent la sûreté des personnes ou portent atteinte, de façon grave, à l'ordre public (art. 706-135 CPP, L3213-1 al. 2 et L3213-8 CSPu). Le préfet en est avisé. L'irresponsabilité pénale du délinquant ne profite pas aux autres participants à l'infraction.

• L'altération du discernement : *la personne qui était atteinte au moment des faits, d'un trouble psychique ou neuropsychique ayant altéré son discernement ou entravé le contrôle de ses actes demeure punissable.* Toutefois, la juridiction tient compte de cette circonstance lorsqu'elle détermine la peine et en fixe le régime (art. 122-1 al. 2 CP). La personne bénéficie d'une réduction de peine, sauf décision contraire de la juridiction. Lorsque, après avis médical, la juridiction considère que la nature du trouble le justifie, elle s'assure que la peine prononcée permette que le condamné fasse l'objet de soins adaptés à son état.

Il ne s'agit cependant pas d'une cause légale de diminution de la peine. La peine peut en effet être assortie d'une période de sûreté même incompressible. Les criminels anormaux mentaux doivent exécuter leur peine dans des établissements spécialisés.

Sur le plan civil, l'existence d'un trouble psychique ou neuropsychique, quelle que soit son ampleur, ne fait pas disparaître la responsabilité civile. L'article 414-3 C. civ. dispose en effet que : *Celui qui a causé un dommage à autrui alors qu'il était sous l'empire d'un trouble mental, n'en est pas moins obligé à réparer.*

B – Le régime juridique du trouble

L'existence et la preuve du trouble

◇ Preuve du trouble psychique
- Question de fait laissée à l'appréciation des juges
- Expertise psychiatrique

Existence du trouble au moment de la commission de l'infraction

Existence d'un trouble en rapport avec l'infraction, notamment dans le cas des troubles spécialisés

Le degré de gravité du trouble

Abolition du discernement (art. 121-1 al. 1 CP)

◇ Irresponsabilité pénale de l'auteur
- Décision d'irresponsabilité pour cause de trouble mental (art. 706-119 CPP)
- Individu jugé dangereux pour l'ordre public ou la sécurité des personnes
  - ✓Application des mesures de sûreté
  - ✓Hospitalisation d'office pouvant être ordonnée par la chambre de l'instruction ou des juridictions de jugement, à l'exclusion des juridictions de police
    - o Saisine du préfet par le juge d'instruction

Altération du discernement (art. 122-2 al. 2 CP)

◇ Responsabilité pénale de l'auteur de l'acte

◇ Prise en compte du trouble par le juge lors de la détermination de la peine
- Diminution de peine
  - ✓Peine privative de liberté réduite d'un tiers
  - ✓Peine ramenée à 30 ans si le crime est puni de la réclusion criminelle à perpétuité
- Cause de diminution facultative
  - ✓Motivation exigée en matière correctionnelle lorsque la réduction n'est pas appliquée
- Injonction de soins applicable

§3 - La contrainte

Aux termes de l'article 122-2 CP, *n'est pas pénalement responsable la personne qui a agi sous l'empire d'une force ou d'une contrainte à laquelle elle n'a pas pu résister*. La contrainte supprime la liberté d'agir.

A - Les formes de la contrainte

1 – La contrainte physique

La contrainte physique est définie comme une pression qui s'exerce sur le corps de l'agent et qui lui enlève le libre exercice de son activité.

La contrainte physique peut être d'origine externe et résulter d'un événement naturel, du fait d'un tiers ou du fait du prince. Elle est d'origine interne lorsqu'elle procède d'une cause inhérente à l'agent.

2 – La contrainte morale

La contrainte morale s'exerce sur la volonté de l'agent et supprime sa liberté de décision. L'agent commet un acte sous la pression d'un sentiment de peur ou d'asservissement.

La contrainte morale externe provient d'une menace dirigée contre l'auteur de l'acte ou contre des proches ou des tiers. La menace doit être illégitime, ce qui n'est pas le cas de la crainte inspirée par les chefs d'entreprise aux salariés ou de la crainte révérencielle de l'enfant à l'égard de ses parents. La menace doit aussi être pressante. Une menace ne peut constituer une contrainte qu'autant que le péril qu'elle fait craindre est imminent. La provocation d'un tiers ne peut constituer une contrainte lorsqu'elle n'a pas été déterminante.

La contrainte morale interne résultant de passions, d'émotions, de l'impulsivité ou des convictions de l'individu ne constitue pas une cause d'irresponsabilité pénale.

B - Les caractères de la contrainte

1 – L'irrésistibilité

L'agent doit avoir été dans l'impossibilité absolue de résister à la contrainte. La contrainte doit entraîner la suppression totale de la liberté d'action. Si l'auteur des faits avait la possibilité d'adopter un autre comportement, ses actes sont alors l'expression de sa propre volonté.

La jurisprudence apprécie la contrainte *in abstracto*, sans tenir compte des possibilités effectives de l'auteur de l'infraction.

2 – L'imprévisibilité

La contrainte est exclusive de toute faute antérieure. L'agent ne doit pas être responsable de la situation dans laquelle il s'est trouvé par la suite.

En tant que cause de non imputabilité, la contrainte procure l'impunité pénale à celui qui en a été victime. Elle fait également disparaître la responsabilité civile et s'apparente à la force majeure dès lors qu'elle est externe, imprévisible et irrésistible.

§3 – La contrainte

Art. 122-2 CP : *N'est pas pénalement responsable la personne qui a agi sous l'empire d'une force ou d'une contrainte à laquelle elle n'a pas pu résister*

◊ L'agent accomplit un acte qu'il n'aurait pas accompli sans la contrainte qui s'exerce sur lui

Les formes de contrainte

Contrainte physique : pression exercée sur le corps de l'agent

◊ Fait extérieur à l'agent (force) : fait naturel, fait d'un tiers, fait du prince

◊ Fait inhérent à l'individu (maladie, malaise soudain) :

- Prise en compte de la contrainte interne par le juge pénal

Contrainte morale : action de l'agent sous la pression d'un sentiment de peur

◊ Fait extérieur à l'individu : menace illégitime dirigée contre l'agent ou un tiers

◊ Indifférence de la contrainte morale d'origine interne résultant de passions ou des croyances de l'individu

- Trouble psychique si les conditions de l'art. 122-1 sont remplies
- Prise en compte possible lors de la détermination de la peine par le juge

Les caractères de la contrainte

Irrésistibilité

◊ L'auteur ne pouvait adopter un comportement autre que celui l'ayant amené à commettre l'infraction

- Appréciation sévère, *in abstracto* par la jurisprudence (Crim., 8 févr. 1936, Rozoff)

Imprévisibilité

◊ Exigence jurisprudentielle : absence de faute antérieure de l'agent (Crim., 29 janv. 1921, Trémintin)

Effets de la contrainte

◊ Irresponsabilité pénale

◊ Irresponsabilité civile

§4 – L'erreur de droit

A – La présomption de connaissance de la loi

L'erreur de droit implique que le délinquant n'a pas eu conscience du caractère illicite de son acte. Jusqu'en 1992, ni les tribunaux, ni l'ancien code ne l'avaient considéré comme une cause de non imputabilité en raison de l'adage *nul n'est censé ignoré la loi* (*nemo censetur ignorare legem*). L'auteur d'une infraction ne peut échapper à la répression en arguant de son ignorance des textes applicables.

B – Les conditions d'admission de l'erreur de droit

L'article 122-3 CP énonce : *N'est pas pénalement responsable la personne qui justifie avoir cru, par une erreur sur le droit qu'elle n'était pas en mesure d'éviter, pouvoir légitimement accomplir l'acte.*

Les juridictions ne peuvent relever d'office l'erreur de droit. L'erreur doit être invoquée, à peine d'irrecevabilité devant les juges du fond.

1 – Une erreur sur le droit

L'erreur doit porter sur une règle de droit, soit parce l'agent ignore l'existence de la règle de droit, soit parce qu'il l'a mal interprétée. Elle peut concerner les textes de droit pénal ainsi que les dispositions non pénales prises en compte pour apprécier les éléments constitutifs d'une infraction

2 – La croyance sur la légitimité de l'acte

L'agent doit avoir cru accomplir légitimement l'acte. Il ne devait y avoir aucune incertitude dans son esprit quant à la licéité de l'acte. La responsabilité de l'agent est retenue si l'erreur crée un doute sur le sens de la loi ou si elle ne légitime que partiellement ses actes. Cette condition est appréciée *in concreto* et l'admission de l'erreur de droit dépendra de la qualité de l'agent, selon qu'il s'agit d'un professionnel ou un simple particulier.

3 – Une erreur inévitable

L'erreur de droit n'est admise que si elle est invincible. Elle ne pouvait pas être évitée par l'auteur de l'infraction. L'agent doit apporter la preuve qu'il n'avait pas les moyens utiles de se renseigner sur la législation applicable et qu'il ne pouvait que se méprendre. Les tribunaux tiennent compte de la situation personnelle du prévenu mais aussi de la nature et de la complexité de la règle de droit dont l'ignorance est alléguée.

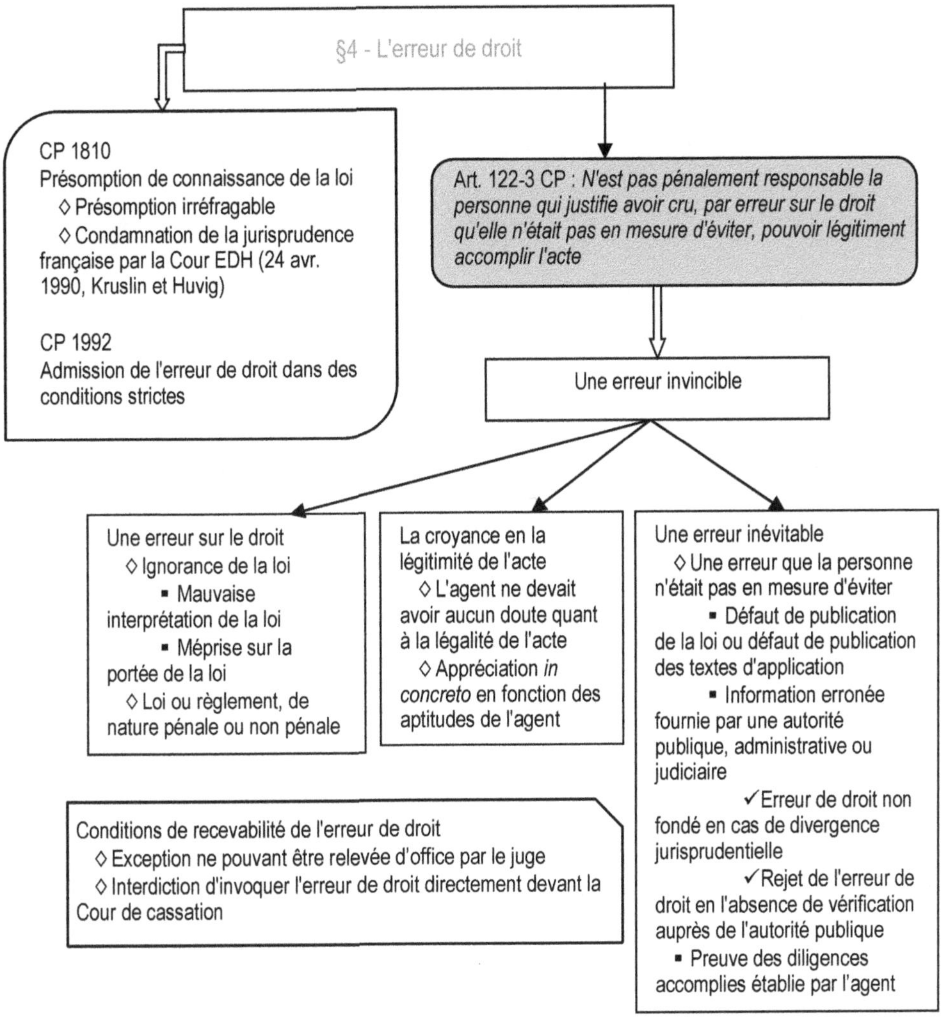
§4 - L'erreur de droit
CP 1810
Présomption de connaissance de la loi
◊ Présomption irréfragable
◊ Condamnation de la jurisprudence française par la Cour EDH (24 avr. 1990, Kruslin et Huvig)
CP 1992
Admission de l'erreur de droit dans des conditions strictes
Art. 122-3 CP : *N'est pas pénalement responsable la personne qui justifie avoir cru, par erreur sur le droit qu'elle n'était pas en mesure d'éviter, pouvoir légitiment accomplir l'acte*
Une erreur invincible
Une erreur sur le droit
◊ Ignorance de la loi
▪ Mauvaise interprétation de la loi
▪ Méprise sur la portée de la loi
◊ Loi ou règlement, de nature pénale ou non pénale
La croyance en la légitimité de l'acte
◊ L'agent ne devait avoir aucun doute quant à la légalité de l'acte
◊ Appréciation *in concreto* en fonction des aptitudes de l'agent
Une erreur inévitable
◊ Une erreur que la personne n'était pas en mesure d'éviter
▪ Défaut de publication de la loi ou défaut de publication des textes d'application
▪ Information erronée fournie par une autorité publique, administrative ou judiciaire
✓Erreur de droit non fondé en cas de divergence jurisprudentielle
✓Rejet de l'erreur de droit en l'absence de vérification auprès de l'autorité publique
▪ Preuve des diligences accomplies établie par l'agent
Conditions de recevabilité de l'erreur de droit
◊ Exception ne pouvant être relevée d'office par le juge
◊ Interdiction d'invoquer l'erreur de droit directement devant la Cour de cassation

3e partie
La peine

Titre 1 – Les sanctions pénales applicables

Titre 2 – L’application de la peine

Titre 3 – L’extinction de la peine

Titre 1 – Les sanctions pénales applicables

Chapitre 1 – La notion de sanction pénale

Section 1 – Sanction pénale et matière pénale

La commission d'un fait contraire à la loi peut entraîner l'application de diverses sanctions.

La sanction civile consiste à réparer le préjudice subi par l'allocation de dommages et intérêts. Les sanctions disciplinaires sont prévues à l'encontre des membres des professions réglementées et prononcées par les professionnels en cas de manquement aux règles déontologiques. Des sanctions administratives peuvent être prises par des autorités administratives concurremment avec le juge pénal.

À l'exception de la sanction civile, toutes les autres sanctions ont un caractère punitif. Mais contrairement à la peine, elles ne sont pas nécessairement prononcées par une juridiction.

Au sens formel, la peine est la sanction définie par le Code pénal et prononcée par une juridiction répressive. Ce critère juridique permet d'exclure les sanctions punitives qui ne sont pas considérées comme de véritables peines sous prétexte qu'elles échappent à la justice pénale.

Pour la Cour EDH, les garanties du droit à un procès équitable en matière pénale doivent s'appliquer à toute mesure de punition prononcée par tout organisme ou juridiction, l'expression matière pénale s'attachant plutôt au caractère général de la norme et au but préventif et répressif de la sanction.

Le Conseil constitutionnel déclare que le respect des principes de valeur constitutionnelle doit être exigé non seulement, lorsque les peines sont prononcées par les juridictions répressives, mais également lorsqu'il s'agit d'une sanction ayant le caractère d'une punition, même si le législateur a laissé le soin de la prononcer à une autorité non juridictionnelle.

Titre 1 – Les sanctions pénales applicables

Chapitre 1 – La notion de sanction pénale

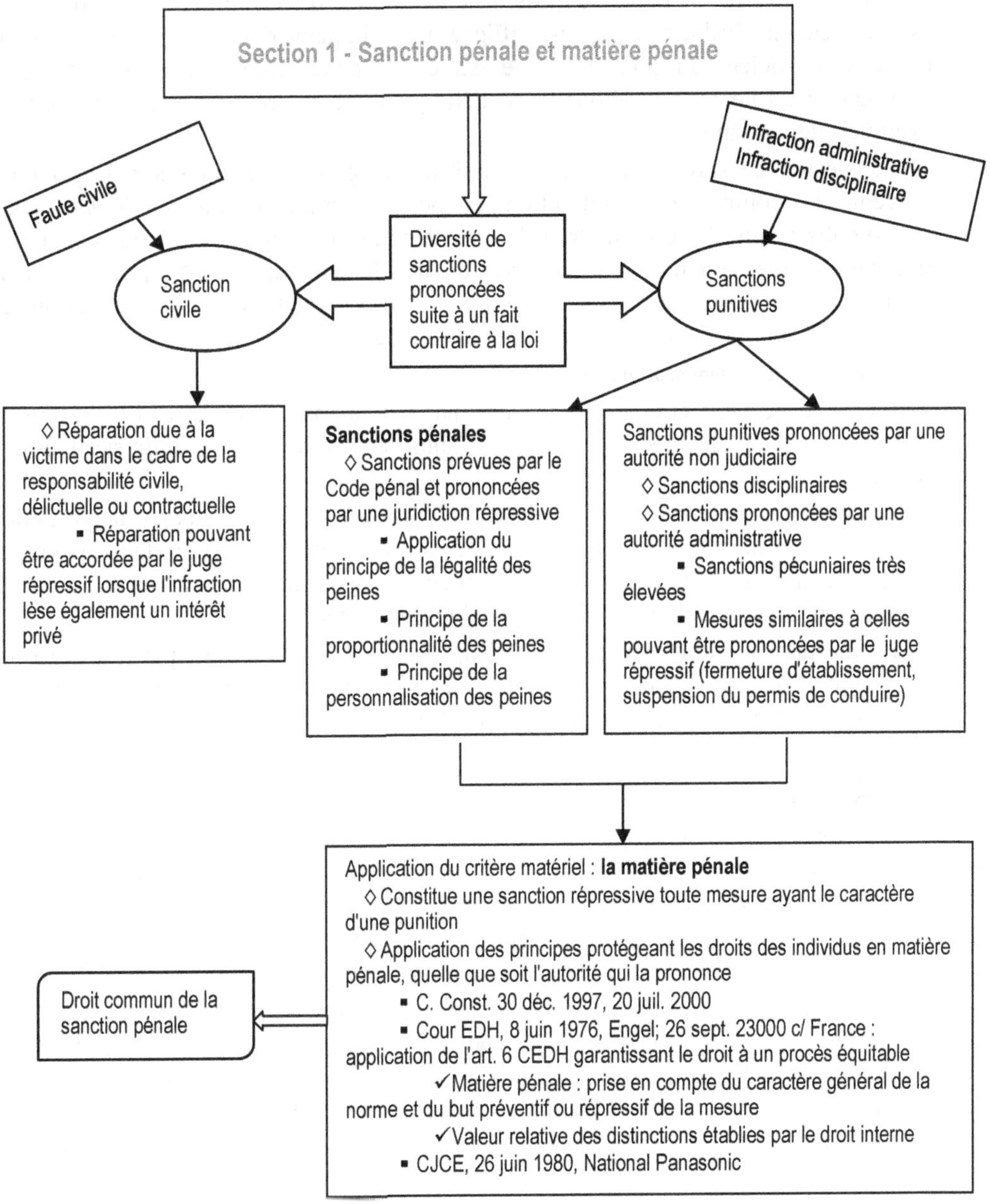

Section 2 - Peine et mesure de sûreté

§1 - La distinction classique entre la peine et la mesure de sûreté

A - Par rapport aux fonctions

L'application de la peine suppose la commission d'une infraction. La peine est essentiellement rétributive. Elle est infligée au délinquant pour compenser le trouble causé à la société ou pour lui faire expier sa faute. Elle a aussi une fonction intimidatrice. Elle vise à détourner le délinquant de la récidive et à dissuader les éventuels délinquants.

La mesure de sûreté est justifiée par l'état dangereux de l'individu. Elle tend à prévenir la commission d'infraction et peut s'appliquer *ante delictum,* avant l'accomplissement de toute faute. Elle vise la neutralisation des individus dangereux (relégation, internement) ou la suppression des facteurs de la délinquance afin de permettre leur réadaptation sociale (cure de désintoxication, retrait du permis de conduire, fermeture d'établissement, interdiction de séjour).

B - Par rapport aux régimes juridiques

La peine ne peut être prononcée que par une autorité judiciaire. La mesure de sûreté peut être décidée par diverses autorités, judiciaires, administratives ou sanitaires.

La peine doit être fixée et déterminée dans sa durée et/ou son taux par la juridiction de jugement. Elle doit être proportionnée à la gravité de l'infraction dans les limites fixées par la loi. Elle n'est évaluée qu'en fonction de la situation au jour de l'infraction. Le condamné est libéré dès qu'il l'a exécutée.

La mesure de sûreté a vocation à s'appliquer aussi longtemps que persiste l'état dangereux. Elle est une sanction à durée indéterminée prenant fin lorsque le traitement a produit ses effets. La mesure de sûreté peut être appliquée alors même la peine n'est pas prononcée.

§2 - Les rapprochements entre la peine et la mesure de sûreté

L'opposition entre la peine et la mesure de sûreté n'est pas radicale. La réadaptation du délinquant par la peine est devenue une priorité. La mesure de sûreté quant à elle, peut être ressentie comme une peine par l'intéressé.

Comme la mesure de sûreté, la peine varie au cours de son exécution en fonction du comportement du condamné, mais uniquement dans un sens favorable.

En application du principe de la légalité des peines, la plupart des mesures sont applicables après la commission d'une infraction, en tenant compte de l'état dangereux du délinquant. Des sanctions présentant le caractère de mesures de sûreté sont prévues au titre de peines complémentaires ou alternatives.

Les peines et mesures de sûreté peuvent être appliquées simultanément ou successivement.

Section 2 – Peine et mesure de sûreté

Distinction classique de la peine et de la mesure de sûreté

Peine

◇ Peine prononcée par le juge répressif
- Prise en compte de la gravité de l'infraction commise
- Caractère définitif de la sanction : impossibilité de la modifier, sauf pourvoi en révision (art. 626 CPP) ou réexamen après condamnation par la Cour EDH (art. 326-1 CPP)
  - ✓Pouvoir d'individualisation du juge dans un sens favorable

◇ Fonction de la peine
- Fonction rétributive
- Fonction d'intimidation
- Fonction préventive et dissuasive

Mesure de sûreté

◇ Mesure pouvant être prononcée par une autorité judiciaire, administrative ou sanitaire
- Prise en compte de l'état dangereux de l'individu
- Mesure pouvant être appliquée alors qu'aucune infraction n'est commise ou en l'absence de déclaration de responsabilité

◇ Sanction non définitive : révisable en fonction de l'évolution de l'individu dans le sens de l'aggravation ou dans le sens de l'atténuation

◇ Fonctions de la mesure de sûreté
- Neutralisation de l'individu
- Traitement de l'individu
- Mesure tournée vers l'avenir : réadaptation sociale

Rapprochements entre la peine et la mesure de sûreté

◇ Application du principe de la légalité

◇ Adaptation de la peine avant ou pendant son exécution dans un sens favorable au condamné

◇ Resocialisation : objectif de la peine privative de liberté

◇ Mesures de sûreté parfois applicables comme des peines

◇ Respect du principe de la légalité quant aux mesures de sûreté
- Application de la mesure de sûreté après la commission d'une infraction
- Incrimination de l'état dangereux

Coexistence des peines et des mesures de sûreté

Chapitre 2 – La classification des peines

Section 1 – La classification des peines en fonction de leur qualification

§1 – Les peines principales

La peine principale est la peine que la loi attache à une infraction et qui lui confère sa nature criminelle, délictuelle ou de contraventionnelle. Elle est prévue par chaque texte d'incrimination. La peine principale peut être prononcée seule et doit être expressément prononcée.

§2 – Les peines alternatives

Elles concernent les délits et les contraventions de 5e classe (art. 131-6 et 131-14 CP) et peuvent ainsi être prononcées à la place de l'emprisonnement ou de l'amende. Elles ne peuvent se cumuler avec la peine principale à laquelle elles se substituent. Le juge peut, lorsqu'il prononce une peine alternative, fixer le montant de l'emprisonnement ou de l'amende encourue en cas d'inexécution des obligations résultant de la peine prononcée (art. 131-9 al. 2 CP).

§3 – Les peines complémentaires

Les peines complémentaires s'ajoutent à la peine principale et doivent être spécialement prévues par le texte d'incrimination. Pour être exécutées, le juge doit les prononcer lors de la condamnation. Elles sont énumérées à l'article 131-10 CP en matière criminelle et correctionnelle et aux articles 131-16 et 131-17 CP en matière de police.

Elles sont obligatoires ou facultatives. En matière délictuelle et contraventionnelle, elles peuvent être prononcées à la place de la peine principale. Dans ce cas, le juge peut déterminer la peine encourue en cas d'inexécution (art. 131-11 CP).

§4 – Les peines accessoires

Elles résultent de la condamnation et s'ajoutent automatiquement à la peine principale, sans que le juge ait à les prononcer. Elles ont en principe disparu du code pénal depuis 1994. L'article 132-17 CP dispose en effet qu'*aucune peine ne peut être appliquée si la juridiction ne l'a expressément prononcée*. Cependant, cette disposition ne vaut pas pour les textes extérieurs au Code pénal, qui prévoient diverses interdictions professionnelles s'appliquant automatiquement aux condamnés. L'article 132-21 alinéa 2 CP qui prévoit le relèvement immédiat ou ultérieur de toute interdiction, déchéance ou incapacité résultant de plein droit en application de dispositions particulières d'une condamnation admet implicitement l'existence de telles peines.

Les peines accessoires ne s'appliquent pas aux mineurs (art. 20-6, ord. 2 févr. 1945). Aucune sanction accessoire ne peut non plus porter sur l'exercice d'un droit civique, civil ou de famille (art. 132-21 al. 1 CP).

Chapitre 2 – La classification des peines

Section 1 – Classification des peines en fonction de leur qualification

Peine principale

◇ Peine déterminée dans son maximum par le texte d'incrimination

◇ Distinction des peines principales en fonction de la gravité de l'infraction : peine criminelle, correctionnelle ou contraventionnelle

◇ Obligation pour le juge de déterminer lors du prononcé son taux ou sa durée

Peine alternative

◇ Loi 11 juil. 1975 : peine de substitution aux courtes peines d'emprisonnement

◇ Code pénal 1992 : peine alternative à l'emprisonnement et à l'amende

◇ Peine prévue par des dispositions générales, et non par le texte d'incrimination

◇ Peine pouvant être prononcée à la place de la peine principale : non cumul avec la peine principale à laquelle elle se substitue

- Non cumul du jour-amende avec l'amende
- Non cumul de l'emprisonnement avec les peines restrictives de droit et le TIG
- Limite : sanction-réparation pouvant être cumulée avec l'emprisonnement ou l'amende

◇ Peines non cumulables entre elles

Peine complémentaire

◇ Peine s'ajoutant à la peine principale

◇ Peine ne pouvant être prononcée que si elle est prévue par le texte incriminant l'infraction

◇ Peine obligatoire ou facultative

◇ Cumul possible avec une autre peine complémentaire, une peine principale ou une peine alternative

◇ Non cumul avec la peine principale si elle est prononcée à la place celle-ci en matière correctionnelle ou contraventionnelle

Peine accessoire

◇ Peine s'ajoutant automatiquement à la peine principale, sans que le juge ait à la prononcer

- Art. 132-17 CP : *aucune peine ne peut être appliquée si la juridiction ne l'a expressément prononcée*

◇ Suppression des peines accessoires dans le CP 1992

◇ Survivance des peines accessoires dans les textes extérieurs

✓Procédure de relèvement

Peines accessoires inapplicables aux mineurs

Section 2 – La classification des peines d'après leur gravité

§1 – Les peines encourues par les personnes physiques

A – En matière criminelle

La peine principale encourue en matière criminelle est la privation de liberté (art. 131-1 CP) : la réclusion criminelle pour les infractions de droit commun, la détention criminelle pour les crimes politiques. Ces peines peuvent être perpétuelles ou à temps (30 ans, 20 ans ou 15 ans).

La durée de la réclusion criminelle à temps prononcée est d'au moins 10 ans. Si la Cour d'assises prononce une peine d'une durée inférieure, elle est qualifiée de peine d'emprisonnement.

Les peines de réclusion criminelle ou de détention criminelle ne sont pas exclusives d'une peine d'amende ou d'une ou plusieurs peines complémentaires prévues à l'article 131-10 CP (art. 131-2 CP).

B – En matière correctionnelle

Les peines principales encourues sont :

• l'emprisonnement qui est une peine privative de liberté d'une durée maximale de 10 ans. Les différents maxima prévus par l'article 131-4 CP sont : 10 ans, 7 ans, 5 ans, 3 ans, un an, 6 mois ou 2 mois ;

• l'amende dont le montant minimum est de 3 750 euros. Dans certains cas, infractions, le taux de l'amende peut être proportionnel au produit ou aux moyens de l'infraction.

Les peines alternatives sont la peine de jour-amende, le travail d'intérêt général, les peines privatives ou restrictives de droits prévus à l'article 131-6 CP, le stage de citoyenneté, la sanction réparation, la contrainte pénale.

Des peines complémentaires peuvent également être prononcées, cumulativement avec l'emprisonnement ou l'amende ou à la place des peines principales (art. 131-10 CP).

C – Les peines contraventionnelles

La peine principale est l'amende dont le montant prévu à l'article 131-13 CP varie selon la classe de la contravention.

Des peines alternatives peuvent être prononcées à la place à l'amende, mais seulement pour les contraventions de 5e classe. Elles peuvent se cumuler entre elles (art. 131-14 CP).

Des peines complémentaires sont encourues pour toutes les contraventions (art. 131-16 CP) ou seulement pour les contraventions de 5e classe (art. 131-17 CP). Elles peuvent se cumuler avec l'amende ou une peine alternative ou être prononcées à titre principal.

Section 2 – Classification des peines d'après leur gravité

§1 – Les peines encourues par les personnes physiques

	Peines principales	Peines alternatives	Peines complémentaires
Crime	Réclusion criminelle à perpétuité Détention criminelle à perpétuité	Aucune	Amende en matière criminelle (art. 131-2 CP)
Délit	▪ Emprisonnement : Au plus : 10 ans, 7 ans, 3 ans, 1 an ou 6 mois, 2 mois (art. 131-4 CP) ▪ Amende - Montant minimum : 3750 euros (art. 381 CPP) - Pour certaines infractions : taux de l'amende proportionnel au produit ou aux moyens de l'infraction	▪ Jour-amende à la place de l'amende si le délit est puni d'emprisonnement (art. 131-5 CP) ▪ Peines privatives ou restrictives de droit de l'art. 131-6 ▪ TIG, (art. 131-8 CP) - Stage de citoyenneté à la place de l'emprisonnement (art. 131-5-1 CP) ▪ Sanction-réparation (art. 131-8-1 CP) ▪ Contrainte pénale (art.131-4-1 CP) ▪ Art. 131-9 CP : Le juge peut, lors du prononcé de la peine alternative, fixer le montant de l'emprisonnement ou de l'amende encourue en cas d'inexécution	▪ En matière criminelle et délictuelle : - Peines de l'art. 131-10 CP : interdiction, déchéance, incapacité ou retrait d'un droit, injonction de soins ou obligation de faire, confiscation d'un objet ou d'un animal, fermeture d'établissement, affichage ou diffusion de la décision prononcée ▪ En matière délictuelle - Art. 132-11 CP : Le juge peut, lors du prononcé de la peine complémentaire, fixer le montant de l'emprisonnement ou de l'amende encourue en cas d'inexécution
Contravention	▪ Amende (art. 131-14 CP) : 5 classes (38, 150, 450, 750, 1500 euros) ▪ Récidive d'une contravention de 5e classe : 3000 euros lorsque le règlement le prévoit et hors le cas où la loi prévoit que la récidive de contravention est un délit	A l'amende pour les contraventions de 5e classe (art. 131-14 CP - Suspension du permis de conduire - Immobilisation du véhicule - Retrait du permis de chasser - Interdiction d'émettre des chèques et d'utiliser des cartes de paiement - Confiscation - Sanction-réparation	▪ Applicables à toutes les contraventions : suspension du permis de conduire, immobilisation du véhicule, retrait du permis de chasser, interdiction d'émettre des chèques, confiscation, stage de sensibilisation à la sécurité routière, stage de citoyenneté, interdiction de détenir un animal ▪ Applicables seulement aux contraventions de 5e classe (art. 131-17 CP) : interdiction d'émettre des chèques, TIG, sanction-réparation

§2 – Les peines applicables aux personnes morales

A – En matière criminelle et correctionnelle

Le taux de l'amende applicable est égal au quintuple de celui prévu pour les personnes physiques. Lorsqu'il s'agit d'un crime pour lequel une amende n'est pas prévue pour les personnes physiques, l'amende encourue pour les personnes morales est de 1 000 000 euros (art. 131-38 CP).

Diverses peines sont également prévues à l'article 131-39 CP :

- la dissolution des personnes morales ne peut être prononcée que dans les cas prévus par la loi (art. 131-37 et 137-39 CP). Elle n'est encourue que si la personne morale a été créée pour commettre les faits incriminés ou si elle a été détournée de son objet pour les commettre. Dans la dernière hypothèse, la dissolution ne peut être prononcée que si l'infraction est un crime ou un délit puni d'une peine d'emprisonnement de plus de 3 ans. Elle ne s'applique pas aux personnes morales de droit public, aux partis et groupements politiques, aux syndicats professionnels et aux institutions représentatives du personnel;
- le placement sous surveillance judiciaire pour une durée de 5 ans au plus : il est inapplicable aux personnes morales de droit public, aux partis et groupements politiques;
- la fermeture de l'un ou plusieurs établissements de l'entreprise ayant servi à commettre les faits incriminés;
- l'exclusion des marchés publics à titre définitif ou pour une durée de 3 ans au plus. Elle emporte interdiction de participer, directement ou indirectement à tout marché conclu par l'État;
- l'interdiction pour une durée de 5 ans au plus de faire appel public à l'épargne;
- la confiscation de la chose qui a servi à ou qui était destinée à commettre l'infraction ou de la chose qui en est le produit;
- l'affichage de la décision prononcée et la diffusion de celle-ci.

Des peines complémentaires peuvent être prévues par des dispositions spéciales (art. 225-50 CP prévoyant le retrait définitif de la licence de débit de boissons en matière de trafic de stupéfiants).

L'obligation de se soumettre à un programme de mise en conformité peut être prononcée dans les cas prévus par la loi (art. 131-39-2 CP).

B – En matière contraventionnelle

La peine principale est l'amende dont le montant maximum est égal au quintuple de celui prévu pour les personnes physiques (art. 131-41 CP). Pour les contraventions de 5e classe, les peines privatives ou restrictives de droits prévues à l'article 131-42 CP peuvent remplacer la peine d'amende.

Les peines complémentaires, pouvant être prononcées à titre principal, sont, quelle que soit la catégorie de la contravention, la confiscation et pour les contraventions de 5e classe uniquement, l'interdiction d'émettre des chèques pour une durée de 3 ans (art. 131-43 et 131-44 CP). Elles peuvent être prononcées à titre principal.

§2 – Les peines applicables aux personnes morales

	Peine principales	Peines alternatives	Peines complémentaires
Crime et délit	▪ Amende (art. 131-38 CP) : - Quintuple du taux prévu pour les personnes physiques - Crime pour lequel l'amende n'est pas encourue : 1 000 000 euros ▪ Peines prévues à l'art. 131-39 CP - Dissolution, inapplicable aux personnes morales de droit public, aux partis et groupements politiques, aux syndicats professionnels et aux instances représentatives du personnel - Placement sous surveillance judiciaire, inapplicable aux personnes morales de droit public, aux partis et groupements politiques, aux syndicats professionnels - Fermeture d'établissement - Interdiction de faire appel public à l'épargne - Interdiction d'émettre des chèques ou d'utiliser des cartes de paiement - Confiscation - Affichage ou diffusion de la décision ▪ Obligation de soumettre à un programme de mise en conformité (art. 131-39-2 CP)	▪ Sanction-réparation pour les délits (art. 131-39-1) - Dans ce cas, la juridiction fixe le montant maximum de l'amende, qui ne peut excéder ni 75 000 euros ni l'amende encourue par la personne morale pour le délit considéré, dont le juge de l'application des peines pourra ordonner la mise à exécution en tout ou partie si le condamné ne respecte pas l'obligation de réparation	Peines complémentaires pouvant être prévues par des dispositions spéciales
Contravention (art. 131-40 CP)	▪ Amende (art. 131-41 CP - Taux maximum égal au quintuple du taux prévu pour les personnes physiques	▪ Pour les contraventions de 5e classe - Interdiction d'émettre des chèques et d'utiliser des cartes de paiement (art. 131-42 CP) - Confiscation (art. 131-42 CP) - Sanction-réparation (art. 131-44-1 CP)	▪ Confiscation quelle que soit la classe de la contravention (art. 131-43 CP) ▪ Interdiction d'émettre des chèques pour les contraventions de 5e classe (art. 143-44 CP)

Chapitre 3 – Les diverses peines et mesures de sûreté

Le droit pénal ne connaît plus aujourd'hui de peines corporelles, en raison du principe de la nécessité des peines (art 8 DDH) et de l'interdiction par l'art 3 CEDH des traitements inhumains et dégradants. Il demeure cependant des atteintes à l'intégrité physique de faible importance (contrôle de l'état alcoolique).

Si la peine de mort a été abolie par une loi du 9 octobre 1981, la loi constitutionnelle du 23 février 2007 pose le principe selon lequel *Nul ne peut être condamné à la peine de mort* (art 66-1 Const.)

Des textes internationaux consacrent le droit à la vie, d'où découle l'interdiction de la peine de mort, sous réserve des exceptions prévues. Le protocole n° 6 de la CEDH abolit la peine de mort, sauf en temps de guerre ou de danger imminent de guerre. Si la peine de mort n'est pas un traitement inhumain au sens de l'article 3 CEDH, ses modalités peuvent être un obstacle à l'extradition.

Section 1 – Les sanctions portant atteinte à la liberté d'aller et de venir

§1 – Les sanctions portant atteinte à la liberté d'aller et de venir

A – La peine privative de la liberté d'aller et de venir

La peine privative de liberté consiste en l'incarcération du condamné pour une durée déterminée dans un établissement pénitentiaire. Elle se distingue :

- des mesures privatives de liberté décidées avant une condamnation pénale qui ne constituent pas des peines et relèvent de la procédure pénale. Il en est ainsi du placement en garde à vue décidée par un officier de police judiciaire et de la détention provisoire ordonnée par le juge des libertés et de la détention pendant l'instruction ;
- des mesures privatives de liberté prises par l'administration comme la rétention administrative avant l'expulsion des étrangers ou le placement des malades mentaux en établissement.

Toutes ces mesures s'accompagnent de garanties et notamment d'un recours devant l'autorité judiciaire afin d'éviter les séquestrations arbitraires.

La privation de liberté a pendant longtemps été présentée comme la peine par excellence, le détenu étant privé de son droit le plus absolu, la liberté d'aller et de venir. Elle permet en outre d'éliminer pendant un certain temps le délinquant de la société. La durée d'exécution peut favoriser l'application des mesures de resocialisation.

Mais la privation de liberté a un effet criminogène et corrupteur du fait de la promiscuité des détenus. Elle entraîne la désocialisation du détenu. Elle ne permet pas de supprimer la récidive.

Pour remédier à ces inconvénients, le législateur a institué des peines alternatives à l'emprisonnement de courte durée. Les courtes peines privatives de liberté peuvent être aménagées pour éviter l'enfermement. S'agissant des longues peines, des mesures d'aménagement doivent être prises afin de préparer le retour à la liberté et empêcher la récidive.

Chapitre 3 – Les diverses peines et mesures de sûreté

Prohibition des peines portant atteinte à la vie ou à l'intégrité physique

Atteintes corporelles possibles dans le cadre d'une injonction de soins

Abolition de la peine de mort
◊ Loi 9 oct. 1981
◊ Loi constitutionnelle du 23 févr. 2007
° Art 66 const. : *Nul ne peut être condamné à la peine de mort*

CEDH (art 2-1)
◊ Consécration du droit à la vie
▪ Peine de mort prévue dans des cas limitativement énumérés par la convention
▪ Modalités d'application de la peine de mort pouvant constituer un traitement inhumain ou dégradant

Section 1 – Les sanctions portant atteinte à la liberté d'aller et de venir

§1 – Les peines portant atteinte à la liberté d'aller et de venir

A – Les peines privatives de liberté

Incarcération du condamné dans un établissement pénitentiaire

Place de la peine privative de liberté
◊ À l'origine, la peine de privative de liberté est considérée comme la peine par excellence
◊ Inconvénients de la peine : déshumanisation, échec quant à l'amendement, corruption des délinquants, surpopulation carcérale
◊ Limitation du recours à l'emprisonnement par le prononcé de peines alternatives, l'utilisation du sursis ou de mesures d'aménagement de la peine, favorisant la libération ou la réinsertion
◊ Loi 9 mars 2004 : emprisonnement conditionnel : le juge peut prononcer une peine d'emprisonnement qui ne sera exécutée que si le condamné viole les obligations qui lui sont imposées

Distinctions
◊ Mesures intervenant dans le cadre du procès pénal
▪ Garde à vue : mesure ordonnée par un officier de police judiciaire au cours de l'enquête (art. 62-2 CPP)
▪ Détention provisoire : incarcération du mis en examen ordonnée par le juge des libertés et de la détention au cours de l'instruction (art. 143-1 et s. CPP)
◊ Mesures administratives
▪ Rétention administrative des étrangers avant leur expulsion
▪ Placement des malades mentaux en établissement spécialisé

Régime d'exécution de la peine privative de liberté
◊ Discipline, maintien de la sécurité
◊ Humanisation de la privation de liberté : respect des droits des détenus
◊ Individualisation de la peine afin de favoriser la réinsertion sociale du condamné : formation professionnelle, permissions de sortir, semi-liberté

Lieux d'exécution de la privation de liberté
◊ Maisons d'arrêt destinées aux détenus provisoires et pouvant recevoir à titre exceptionnel les condamnés à une peine d'emprisonnement inférieur à un an ainsi que ceux auxquels il reste à subir une peine inférieure à 1 an (art. 717 al. 2, D73 CPP)
◊ Établissements pour peine recevant les condamnés définitifs (art. 717, D70 à D72-1 CPP) : maisons centrales, centres de détention, établissements pénitentiaires spécialisés pour mineurs, centre de semi-liberté, centres pour peines aménagées
◊ Centres pénitentiaires regroupant des quartiers distincts appartenant à différentes catégories d'établissements pénitentiaires (art. D70 CPP)
◊ Établissements pour mineurs (art. 11, ord. 2 févr. 1945)
▪ Incarcération dans des quartiers spéciaux ou dans des établissements pénitentiaires spécialisés pour mineurs

B – Les peines restrictives de la liberté d'aller et de venir

1 – L'interdiction de séjour

L'interdiction de séjour emporte défense de paraître dans les lieux déterminés par la juridiction de jugement. Elle s'accompagne de mesures de surveillance et d'assistance (art. 131-31 CP et 762-3 CPP).

Elle est encourue à titre complémentaire en matière criminelle pour une durée maximale de 10 ans et en matière correctionnelle pour une durée maximale de 5 ans. Elle ne peut être prononcée à l'égard du mineur (art. 20-4 ord. 2 février 1945) et cesse lorsque le condamné atteint l'âge de 65 ans (art. 131-32 al. 3 CP).

Lorsque la peine d'interdiction de séjour accompagne une peine privative de liberté sans sursis, elle s'applique dès le commencement de cette peine et son exécution se poursuit dès la durée fixée par la décision de condamnation, à compter du jour où la privation prend fin. Mais toute détention intervenant au cours de l'interdiction de séjour s'impute sur la durée de celle-ci.

Le fait de paraître dans un lieu interdit ou de soustraire aux mesures de surveillances est puni de 2 ans d'emprisonnement et 30 000 euros d'amende (art 434-38 CP).

2 – L'interdiction de quitter le territoire français

L'interdiction de quitter le territoire français oblige le condamné à demeurer en France. Elle est encourue à titre complémentaire pour une durée de 5 ans au plus pour certaines infractions spéciales comme le trafic de stupéfiants, le blanchiment d'argent, le proxénétisme, les atteintes aux mineurs et à la famille, l'emploi de mineur à la mendicité.

B – Les peines restrictives de la liberté d'aller et de venir

1 – L'interdiction de séjour

Art. 131-31 CP : Interdiction de paraître ou de résider dans certains lieux déterminés par la juridiction

Nature juridique

◇ Peine complémentaire dans les cas prévus par la loi

- En matière criminelle : 10 ans
- En matière délictuelle : 5 ans

◇ Peine inapplicable au mineur ou à une personne âgée de 65 ans au moment de la condamnation

Régime juridique

◇ Détermination des lieux interdits par la juridiction de jugement

- Art. 763 CPP : en cas de prescription d'une peine prononcée en matière criminelle, le condamné est soumis de plein droit à l'interdiction dans le département où demeure la victime du crime ou ses héritiers directs.

◇ Application de mesures de surveillance et d'assistance

- Mesures de surveillance permettant de s'assurer que le condamné respectera l'interdiction (art. 762-1 et 762-2 CPP)
- Mesures d'assistance ayant pour objet de faciliter le reclassement social du condamné (art. 762-3 CPP)

◇ Peine cessant d'être exécutée dès que le condamné atteint l'âge de 65 ans, sauf application de l'art. 763 CPP

2 – L'interdiction de quitter le territoire français

◇ Interdiction faite au condamné de se rendre à l'étranger

◇ Peine complémentaire applicable à certaines infractions

- Trafic de stupéfiants, atteintes au mineur et à la famille, proxénétisme
- Durée maximale : 5 ans

3 – L'interdiction du territoire français

C'est l'interdiction faite à un étranger condamné pour crime ou délit de résider ou de séjourner sur le territoire français à titre définitif ou pour une durée de 10 ans au plus. Cette interdiction entraîne de plein droit la reconduite du condamné à la frontière, le cas échéant après exécution de la peine d'emprisonnement ou de réclusion criminelle (art. 131-30 CP).

Elle doit être prononcée par le juge répressif et diffère ainsi de la reconduite à la frontière qui est une mesure administrative d'éloignement des étrangers en situation irrégulière (art. L511-1 CESEDA).

Cette sanction n'est pas applicable aux mineurs. Certains majeurs disposent d'une protection relative et le prononcé de l'interdiction du territoire doit être spécialement motivé. D'autres bénéficient d'une protection absolue et ne peuvent se voir appliquer cette peine sauf si les faits à l'origine de la condamnation ont été commis à l'encontre de son conjoint ou de ses enfants ou lorsqu'il s'agit de atteintes aux intérêts fondamentaux de la Nation, des actes de terrorisme, des infractions en matière de groupes de combat, etc.

Lorsque la peine d'interdiction du territoire est prononcée en même temps qu'une peine privative de liberté, elle est suspendue pendant la durée d'exécution de la privation de liberté. La reconduite à la frontière est assurée après l'expiration de la peine d'emprisonnement. Le condamné peut toutefois bénéficier de mesures de faveur pendant l'exécution de la peine privative de liberté. Le juge de l'application des peines peut accorder à l'étranger faisant l'objet d'une interdiction du territoire une libération conditionnelle en ordonnant la suspension de cette peine pendant la durée des mesures d'assistance et de surveillance. Si à l'issue de cette durée, la libération conditionnelle n'est pas révoquée, le condamné est relevé de plein droit de son interdiction (art. 729-2 al. 2 CPP). Dans le cas contraire, l'interdiction est exécutoire.

L'interdiction du territoire peut aussi être prononcée en même temps qu'une peine d'emprisonnement assortie du SME. Il est alors sursis à l'exécution de l'interdiction pendant la mise à l'épreuve (art. 130-40 CP). En cas de révocation du sursis, l'interdiction est exécutée.

3 – L'interdiction du territoire français

Art. 131-30 CP : Interdiction faite à un étranger de résider ou de séjourner sur le territoire français

Nature de la peine

◊ Peine complémentaire en matière criminelle ou délictuelle prononcée à titre définitif ou pour une durée de 10 ans au plus

Exécution de la peine

◊ Reconduite à la frontière du condamné

◊ Application de l'interdiction du territoire en même temps qu'une peine privative de liberté

- Exécution suspendue pendant la durée d'exécution de la peine privative de liberté
  - ✓peine exécutée après l'expiration de la peine privative de liberté
  - ✓Si la peine privative de liberté est assortie d'un SME
    - o Sursis à l'exécution de l'interdiction pendant la durée d'épreuve
    - o En cas de révocation du SME, exécution de l'interdiction de séjour
- Possibilité pour le détenu de bénéficier de mesures de faveur
  - ✓Suspension de l'interdiction de séjour pendant la libération conditionnelle
    - o Si la libération conditionnelle n'est pas révoquée, relèvement automatique de l'interdiction

Application de la peine

◊ Peines applicables aux étrangers sauf s'ils sont mineurs

◊ Compatibilité de l'interdiction du territoire avec le droit au respect de la vie familiale

- Cour EDH, 21 mars 1992, Beldjoudi c/ France : cette peine ne peut s'appliquer aux étrangers intégrés
- Art. 131-30-1 CP : cas dans lesquels, en matière correctionnelle, le juge doit motiver spécialement l'interdiction du territoire, eût égard à la gravité de l'infraction et à la situation personnelle de l'étranger qui est poursuivi pour délit
- Art. 131-30-2 CP : catégorie d'étrangers ne pouvant être condamnés à un telle peine, sauf
  - ✓s'il s'agit d'une condamnation pour atteintes aux intérêts fondamentaux de la nation, infraction en matière de combat ou de mouvement dissous, fausse monnaie, terrorisme
  - ✓si les faits ont été commis à l'encontre du conjoint ou des enfants de l'étranger ou de tout enfant sur lequel il exerce une autorité parentale

§2 – Les peines portant atteinte au patrimoine

A – L'amende

La peine d'amende consiste pour le condamné à payer une somme d'argent à l'État.

Elle doit être fixée en tenant compte des ressources et des charges du condamné. Lorsque la loi le prévoit, elle peut être proportionnelle à l'objet de l'infraction ou au profit réalisé par le délinquant.

En matière correctionnelle et de police, si le condamné s'acquitte de l'amende dans le délai d'un mois à compter du prononcé du jugement, le montant de l'amende est diminué de 20 % sans que cette diminution puisse excéder 1500 euros (art. 707-2 CPP).

En matière de police, le système de l'amende forfaitaire prévu pour certaines contraventions permet au prévenu de s'acquitter du montant de l'amende entre les mains de l'agent verbalisateur et d'éviter les poursuites.

En cas de non-paiement de l'amende, le juge de l'application des peines peut ordonner une contrainte judiciaire qui consiste en un emprisonnement dont le montant est fixé par la loi en fonction du montant de l'amende (art. 749 CPP).

§2 – Les peines portant atteinte au patrimoine

A – L'amende

Obligation de payer une somme d'argent au Trésor public

Nature juridique
◇ Peine principale en matière correctionnelle et contraventionnelle
◇ Régime proche de la peine complémentaire en matière criminelle

Détermination du montant de l'amende
◇ Prise en compte des ressources et charges du condamné
Et/ou
◇ Amende proportionnelle au produit de l'infraction dans le cas prévu par la loi

Exécution de la peine d'amende
◇ Diminution de 20 % en cas de paiement volontaire dans un délai d'un mois après le prononcé de la condamnation en matière correctionnelle ou de police, sans que la diminution excède 1500 euros (art. 707-2 et 707-3 CPP)
- Exclusion des amendes de composition pénale, des amendes de police forfaitaire, et des amendes civiles et douanières

◇ Procédure d'amende forfaitaire : acquittement de l'amende entre les mains de l'agent assermenté ou dans les délais impartis par timbre-amende ou un mode de paiement à distance
- Extinction de l'action publique
- Applicable aux contraventions de 4e classe en matière routière, d'assurance obligatoire des véhicules terrestres, de protection de l'environnement, etc.

Sanction en cas de non-paiement volontaire de l'amende
◇ Application de la contrainte judiciaire décidée par le JAP après débat contradictoire (art. 749 et s. CP)
- Durée de la privation de liberté comprise entre 20 jours et 3 mois en fonction du montant cumulé (au moins 2000 euros) des amendes impayées ou un an en matière de trafic de stupéfiants si l'amende excède 100 000 euros
- Contrainte judiciaire applicable en matière criminelle et délictuelle si le délit est puni d'une peine d'emprisonnement
- L'exécution de la contrainte judiciaire ne dispense pas du paiement de l'amende
- Mesure inapplicable
  - ✓aux mineurs ou aux personnes âgées de plus de 65 ans
  - ✓si le condamné justifie de son insolvabilité
  - ✓simultanément contre le mari et la femme, même pour le recouvrement des sommes afférentes à des condamnations différentes

Garanties du paiement de l'amende
◇ Mesures conservatoires ordonnées dans le cadre de la criminalité organisée (art. 706-13 CP)
◇ Cautionnement (art. 138, 11° et 142 CPP)
◇ Saisies conservatoires des biens du condamné
◇ Faculté pour le juge condamner solidairement tous les coauteurs et complices au paiement des dommages-intérêts
- Crimes, délits et contraventions de 5e classe (art. 375-2 al 2, 480-1 al 2, 543 al 2 CPP)

B - Le jour-amende

Le jour-amende est défini comme le versement au Trésor d'une somme dont le montant global résulte de la fixation par le juge d'une contribution quotidienne pendant un certain nombre de jours (art. 131-5 CP). Contrairement à l'amende simple qui est exigible dès que la condamnation est définitive, le montant global ne l'est qu'à l'expiration du délai correspondant au nombre de jours-amende prononcés (art. 131-25 CP).

Le montant de chaque jour-amende, déterminé en tenant compte des ressources et des charges du prévenu est au maximum de 1000 euros. Le nombre de jours-amende, déterminé en fonction des circonstances de l'infraction est plafonné à 360. La juridiction qui prononce cette peine peut décider le fractionnement du paiement sur une période n'excédant pas 3 ans pour motif d'ordre médical, familial, professionnel ou social (art. 132-28 CP).

Le jour-amende est une peine alternative à l'amende. Mais il ne peut être prononcé que s'il s'agit d'un délit puni d'emprisonnement (art. 131-5, 131-9 al. 5 CP). Son prononcé est exclu lorsque l'amende est seule encourue

La peine de jour-amende ne peut être cumulée avec l'amende (art.131-9 CP). Mais elle peut l'être avec l'emprisonnement. Elle peut être prononcée à titre complémentaire pour certains délits (art. L234-2, 1, 4° C. route). Elle peut également remplacer un TIG ou un sursis avec obligation d'accomplir un TIG.

Le défaut de paiement entraîne l'incarcération pour une durée correspondant au nombre de jours-amende impayés.

B – Le jour-amende

Amende à crédit

◇ Art. 132-25 CP : paiement au Trésor public d'une somme dont le montant global résulte de la fixation par le juge d'une contribution quotidienne d'une somme d'argent pendant un certain nombre de jours

▪ Contribution quotidienne fixée en tenant compte des ressources et charges du prévenu (montant maximal journalier : 1000 euros)

▪ Nombre de jours-amende déterminé compte tenu des circonstances de l'infraction (nombre maximal de jours-amende : 360 jours)

Nature juridique

◇ Peine alternative à l'amende si le délit est puni d'une peine d'emprisonnement

▪ Peine inapplicable si le délit est puni seulement d'amende

▪ Peine se cumulant avec l'emprisonnement mais pas avec l'amende

◇ Modalité de l'exécution des peines

▪ Possibilité pour le juge de l'application des peines de substituer une peine de jour-amende au travail d'intérêt général (art. 733-1 CPP), au sursis assorti de l'obligation d'accomplir un TIG (747-1-1 CPP), ou à une peine d'emprisonnement ferme de six mois maximum (art. 132-57 CP).

Exécution du jour-amende

◇ Expiration du délai correspondant au nombre de jours-amende prononcés

▪ Indépendamment de la date d'exigibilité, la diminution de 20% s'applique, lorsque l'amende est payée dans le délai d'un mois (art. R55, 707-2 CPP) à compter du prononcé du jugement

◇ Défaut total ou partiel du paiement

▪ Incarcération du condamné pour une durée correspondant au nombre total de jours-amende impayés (art. 131-25 CP)

C - La confiscation

1 – La confiscation d'un objet

La confiscation d'un objet peut être prononcée dans les cas prévus par la loi ou le règlement (art 131-10, 131-16 CP). Elle est encourue de plein droit pour les crimes et pour les délits punis d'une peine d'emprisonnement d'une durée supérieure à un an, à l'exception des délits de presse (art 131-21 CP).

La confiscation porte sur tous les biens meubles ou immeubles, quelle qu'en soit la nature, divis ou indivis, ayant servi à commettre l'infraction ou qui étaient destinés à la commettre dont le condamné est propriétaire. Les objets appartenant à des tiers peuvent être saisis sous réserve des droits du propriétaire de bonne foi.

Elle porte également sur le produit direct ou indirect de l'infraction, à l'exception des biens susceptibles de restitution à la victime. Si le produit de l'infraction a été mêlé à des fonds d'origine licite pour l'acquisition d'un ou plusieurs biens, la confiscation ne peut porter sur ces biens qu'à concurrence de la valeur estimée de ce produit.

Lorsque la loi le prévoit, la confiscation peut porter sur tout sur tout ou partie des biens appartenant au condamné, même sans lien avec l'infraction. S'il s'agit d'un crime ou d'un délit puni d'au moins 5 ans d'emprisonnement et ayant procuré un profit direct ou indirect, la confiscation porte également sur les biens appartenant au condamné lorsqu'il n'a pas en justifier l'origine.

La confiscation est obligatoire pour les objets qualifiés de dangereux ou nuisibles par la loi ou le règlement, ou dont la détention est illicite, que ces biens appartiennent ou non la propriété du condamné. Dans ce cas, elle apparaît plus comme une mesure de sûreté.

2 – La confiscation d'un animal ou d'une catégorie d'animal

La confiscation d'un animal ou d'une catégorie d'animal ne peut être prononcée que si elle est prévue par la loi ou le règlement (art 131-10, 131-39, 131-16, 131-43 CP). Elle concerne l'animal utilisé pour commettre ou tenter de commettre l'infraction ou à l'encontre duquel l'infraction a été commise. Elle peut aussi porter sur les animaux dont le condamné est propriétaire ou dont il a libre disposition, si ces animaux étaient susceptibles d'être utilisés pour commettre l'infraction ou si l'infraction aurait pu être commise à leur encontre (art 131-21-1 CP).

La juridiction qui prononce la confiscation de l'animal doit préciser la fondation ou l'association de protection animale reconnue d'utilité publique ou déclarée à qui l'animal sera remis et qui pourra en disposer librement. S'il s'agit d'un animal dangereux, elle peut ordonner qu'il soit procédé à son euthanasie.

C – La confiscation

Dépossession par l'État et à son profit des biens appartenant au condamné

Sort de l'objet confisqué
- ◊ Vente au profit de l'État
- ◊ Destruction
- ◊ Attribution à une personne ou une institution

La confiscation générale
- ◊ Dépossession de tout ou partie du patrimoine
- ◊ Peine complémentaire exceptionnelle pour certaines infractions : crimes contre l'humanité, trafic de stupéfiants, traite des êtres humains, proxénétisme, blanchiment, actes de terrorisme

La confiscation d'un objet

Objets susceptibles de confiscation
- ◊ Objet ayant un lien avec l'infraction
  - ▪ Chose ayant servi ou destinée à commettre l'infraction
  - ▪ Objet du délit
  - ▪ Produit direct ou indirect de l'infraction
- ◊ Objet n'ayant aucun rapport avec l'infraction commise
- ◊ Objet appartenant au condamné, quelle qu'en soit la nature mobilière ou immobilière, divise ou indivise
- ◊ Biens dont le condamné a la libre disposition, sous réserve des droits du propriétaire de bonne foi
- ◊ Exclusion des biens susceptibles de restitution à la victime

Confiscation en valeur si l'objet ne peut être représenté

Confiscation d'un véhicule

Véhicule appartenant au condamné
- ◊ Peine alternative à l'emprisonnement (art. 131-6 CP)

Nature juridique
- ◊ Peine alternative pour les délits et les contraventions de 5e classe
- ◊ Peine complémentaire en matière criminelle, délictuelle ou contraventionnelle
- ◊ Peine exclue en matière de délit de presse

Régime juridique
- ◊ Peine encourue dans les cas où la loi ou le règlement le prévoit
- ◊ Peine encourue de plein droit pour les crimes ou les délits punis d'une peine d'emprisonnement supérieure à un an, à l'exception des délits de presse
  - ▪ Il n'est pas nécessaire que la confiscation soit prévue par le texte d'incrimination
  - ▪ La peine doit être prononcée par le juge pour être appliquée
- ◊ Peine assimilée à une mesure de sûreté lorsqu'elle est en rapport avec la dangerosité ou illicéité des objets concernés
  - ▪ Confiscation obligatoire, même si la personne poursuivie a été relaxée ou acquittée, ou même indépendamment de l'action publique

La confiscation d'un animal

Nature juridique
- ◊ Peine complémentaire en matière criminelle, délictuelle ou contraventionnelle

Animaux susceptibles de confiscation
- ◊ Animal utilisé pour commettre ou tenter de commettre l'infraction
- ◊ Animal à l'encontre duquel l'infraction a été commise
- ◊ Animaux dont le condamné a la libre disposition, utilisés pour commettre l'infraction ou à l'encontre desquels l'infraction aurait pu être commise

Sort de l'animal
- ◊ Remise de l'animal confisqué à une fondation ou une association de protection animale
- ◊ Euthanasie ordonnée, le cas échéant aux frais du condamné

La confiscation d'une arme

Arme dont le condamné est propriétaire ou a la libre disposition
- ◊ Peine complémentaire
  - ▪ En matière de police lorsque le règlement le prévoit
- ◊ Peine alternative
  - ▪ pour les contraventions de 5e classe (131-14, 131-15 CP) : non cumulable avec l'amende
  - ▪ En matière correctionnelle (art. 131-6 CP) : peine pouvant être prononcée à la place de l'emprisonnement

§3 – Les peines privatives ou restrictives de droits

Elles privent le condamné de certaines prérogatives ou limitent leur exercice. Elles ont un caractère préventif et s'apparentent parfois à des mesures de sûreté. Elles ne peuvent être prononcées qu'à l'encontre de ceux qui possèdent les droits dont l'exercice est interdit.

A – La privation de droits civiques, civils et de famille

La privation de droits civiques, civils et de famille peut porter sur le droit de vote, l'éligibilité, le droit d'exercer une fonction juridictionnelle, d'être expert ou représentant devant une juridiction, le droit de témoigner en justice, le droit d'être tuteur ou curateur, sauf de ses propres enfants (art. 131-26 CP). La privation du droit de vote et de l'éligibilité emporte incapacité d'exercer une fonction publique.

La privation de droits doit être expressément prononcée par le juge car elle ne peut résulter de plein droit d'une condamnation (art. 132-17, 132-21 CP). Il s'agit une peine divisible, le juge pouvant priver le condamné de tout ou partie des droits.

L'interdiction ne peut excéder une durée de 10 ans pour les crimes et 5 ans pour les délits. Lorsqu'elle est prononcée en même temps qu'une peine privative de liberté sans sursis, elle s'applique pendant la privation de liberté, mais ne s'impute pas sur la durée de la détention.

La privation des droits civiques, civils et de famille est inapplicable aux mineurs (art. 20-4 ord. 2 févr. 1945).

B – Les interdictions d'émettre des chèques et d'utiliser des cartes de paiement

L'interdiction d'émettre des chèques ou d'utiliser des cartes de paiement constitue une peine alternative à l'emprisonnement et à l'amende en matière correctionnelle (5 ans au plus) et à l'amende pour les contraventions de 5e classe (1 an au plus). Elle peut aussi être encourue à titre complémentaire pour les crimes, délits (3 ans au plus) et contraventions de 5e classe (3 ans au plus uniquement pour les chèques).

L'interdiction ne porte pas sur les chèques qui permettent le retrait de fonds ou ceux qui sont certifiés. Elle emporte injonction d'avoir à restituer au banquier qui les avait délivrées les formules et les cartes en sa possession ou en la possession du mandataire (art. 131-19, 131-20 CP).

§3 – Les peines privatives ou restrictives de droit

A – La privation de droits civiques, civils et de famille

Contenu de l'interdiction (art. 1321-26 CP)
- ◇ Droit de vote et éligibilité
  - ▪ Le prononcé de l'un de ces 2 droits emporte incapacité d'exercer une fonction publique
- ◇ Droit d'exercer une fonction juridictionnelle ou certaines fonctions d'auxiliaire de justice
- ◇ Droit de témoigner
- ◇ Droit d'être tuteur ou curateur d'autres personnes autres que ses enfants

Nature juridique
- ◇ Peine complémentaire en matière
  - ▪ en matière criminelle : 10 ans au plus
  - ▪ en matière correctionnelle : 5 ans au plus

Exécution de la peine
- ◇ Si elle prononcée en même temps qu'une peine privative de liberté sans sursis
  - ▪ elle s'applique pendant la durée de la peine
  - ▪ mais sa durée est calculée après la privation de liberté

Application de la peine
- ◇ Peine divisible : le juge peut prononcer tout ou partie des interdictions
- ◇ Peine inapplicable aux mineurs
- ◇ Peine applicable à condition d'avoir été prononcée par le juge (art. 132-17, 132-21 CP)
  - ▪ Peine ne pouvant être appliquée à titre accessoire, sauf disposition légale spécifique (art. L7 C. électoral, art. 256 CPP)
  - ▪ Peine d'inéligibilité complémentaire obligatoire dans les cas prévus à l'art. 131-26 CP

B - Interdiction d'émettre des chèques et d'utiliser des cartes de paiement

Contenu de la peine (art. 131-19 CP, 131-20 al. 1 CP)
- ◇ Obligation de restituer au banquier les formules de chèques et les cartes
  - ▪ L'interdiction ne porte pas sur les chèques et les cartes ne permettant que les retraits et les chèques certifiés

Nature de la peine
- ◇ Peine alternative
  - ▪ A l'emprisonnement et à l'amende correctionnelle
  - ▪ En matière de police
- ◇ Peine complémentaire
  - ▪ En matière criminelle et délictuelle
  - ▪ Pour les contraventions de 5e classe et uniquement l'interdiction d'émettre des chèques

Durée de la peine
- ◇ 5 ans en matière correctionnelle, 1 an au plus en matière contraventionnelle

C – Les interdictions professionnelles

1 – L'interdiction d'exercer une activité professionnelle

L'interdiction porte soit sur l'exercice d'une fonction publique et concerne alors les fonctionnaires coupables d'infraction (art. 131-27 CP), soit sur l'activité à l'occasion de laquelle l'infraction a été commise ou toute autre activité définie par la loi réprimant l'infraction (art. 131-27, 131-28 CP). Elle peut résulter de l'interdiction des droits civiques.

L'interdiction d'exercer une activité professionnelle peut être encourue à titre de peine alternative en matière correctionnelle (art. 131-7, 131-16, 11°, CP). Il faut dans ce cas que les facilités que procure l'activité aient été sciemment utilisées pour préparer ou commettre l'infraction. Elle peut aussi être prononcée à titre complémentaire en matière criminelle et correctionnelle, définitivement ou pour une durée de 5 ans au plus. Elle est inapplicable aux mandats électifs ou aux responsabilités syndicales ainsi qu'en matière de presse.

Si elle est prononcée en même temps qu'une peine privative de liberté sans sursis, sa durée ne commence à courir qu'à la fin de privation de liberté, mais elle s'applique pendant l'exécution de celle-ci (art. 131-29 CP).

L'interdiction de gérer d'exercer une profession commerciale ou industrielle, de diriger, d'administrer, de gérer ou de contrôler à un titre quelconque, directement ou indirectement, pour son propre compte ou pour le compte d'autrui, une entreprise commerciale ou industrielle ou une société commerciale est définitive ou temporaire, et dans ce dernier cas, ne peut excéder une durée de dix ans.

2 – La fermeture d'établissement

Elle affecte le droit d'exercer une activité professionnelle puisqu'elle emporte interdiction d'exercer dans l'établissement l'activité à l'occasion de laquelle l'infraction a été commise (art. 131-33 CP). Le législateur peut prévoir la rémunération du personnel pendant la fermeture.

Elle est prononcée à titre complémentaire en matière criminelle et correctionnelle lorsque la loi le prévoit. Elle peut être temporaire ou définitive. Elle est destinée à éviter la commission de nouvelles infractions dans l'établissement.

3 – L'exclusion des marchés publics

Elle est applicable aux personnes morales à titre complémentaire ou principal pour une durée de 5 ans au plus (art. 131-39 CP). Elle emporte interdiction de participer, directement ou indirectement, à tout marché conclu par l'État et ses établissements publics, les entreprises concédés ou contrôlées par l'État ou par les collectivités territoriales et leurs groupements, limitant ainsi les possibilités de travail, et donc de revenus de l'entreprise. Elle est parfois prévue à titre complémentaire pour les personnes physiques.

C – Les interdictions professionnelles

Interdiction d'exercer une activité professionnelle

◊ Interdiction d'exercer une fonction publique (art. 131-27 CP)

◊ Interdiction d'exercer une activité professionnelle ou sociale

- activité à l'occasion de l'infraction a été commise ou toute activité définie par la loi réprimant l'infraction (art. 131-28 CP)

◊ Interdiction de gérer d'exercer une profession commerciale ou industrielle, de diriger, d'administrer, de gérer ou de contrôler à un titre quelconque, directement ou indirectement, pour son propre compte ou pour le compte d'autrui, une entreprise commerciale ou industrielle ou une société commerciale (art. 131-27 CP)

◊ Sanctions inapplicables à l'exercice d'un mandat électif ou responsabilités syndicales

Nature de la peine

◊ Peine alternative à l'emprisonnement en matière correctionnelle lorsque les facilités que procure l'activité ont été sciemment utilisées pour préparer ou commettre l'infraction

◊ Peine complémentaire en matière criminelle ou délictuelle, à titre temporaire ou définitif

◊ Peine accessoire lorsqu'elle est prévue en dehors du Code pénal

Exécution

◊ Peine applicable pendant la privation de liberté, mais sa durée se calcule à partir de l'expiration de la privation de liberté

La fermeture d'établissement

Interdiction d'exercer dans l'établissement l'activité à l'occasion de laquelle l'infraction a été commise (art. 131-33 CP)

◊ Objet de la peine : éviter la réitération ou la récidive

◊ Peine complémentaire en matière criminelle et correctionnelle à titre temporaire ou définitif

L'exclusion des marchés publics

Interdiction de participer directement ou indirectement à tout marché conclu par l'État et ses établissements publics, les entreprises concédées ou contrôlées par l'État ou par les collectivités territoriales et leurs groupements (art. 131-39 CP)

◊ Peine principale ou complémentaire pour les personnes morales pour une durée de 5 ans au plus

◊ Peine pouvant être prononcée à titre complémentaire pour les personnes physiques

D – Les privations ou restrictions du droit de conduire

Elles peuvent être prononcées même si l'infraction est étrangère à la circulation routière.

• La suspension du permis de conduire est soit une peine alternative pour les délits et les contraventions de 5e classe, soit une peine complémentaire en toute matière (art. 131-6, 131-10, 131-14 CP). Elle peut être limitée en dehors de l'activité professionnelle. Dans ce cas, un certificat est remis au condamné en échange de son permis et le juge doit préciser la nature de l'activité professionnelle et les conditions de temps et de lieu auxquelles le droit de conduire est subordonné. La possibilité de limiter la suspension de la conduite en dehors de l'activité professionnelle est exclue en cas de délit de fuite, de conduite sous l'empire d'un état alcoolique ou du délit de récidive de grand excès de vitesse.

• L'annulation ou retrait du permis de conduire est soit une peine alternative pour les délits, soit une peine complémentaire pour les délits et les crimes (art. 131-6 et 131-10 CP). Elle est obligatoire notamment en cas de récidive de conduite d'un véhicule en état d'ivresse ou sous l'emprise d'un état alcoolique (art. L15 C. Route). Elle emporte interdiction de solliciter la délivrance d'un nouveau permis pendant un certain temps.

• L'interdiction d'obtenir la délivrance d'un permis : elle remplace, lorsque le conducteur n'est pas titulaire du permis de conduire, la suspension ou l'annulation du permis pour la même durée (art. L16, L224-12 C. Route).

§4 - Les peines portant atteinte à l'honneur et à la réputation

Les peines portant atteinte à l'honneur ou à la réputation jettent le discrédit sur le condamné. Il s'agit d'une peine complémentaire en matière correctionnelle et criminelle. Elle n'est pas applicable aux mineurs.

Elles consistent en la publicité de la décision de condamnation qui se fait par affichage ou par diffusion (art. 131-35 CP). La publicité du jugement ne peut être prononcée que dans les cas prévus par la loi (art. 131-10 CP). L'affichage s'exécute dans les lieux fixés par la juridiction et pour la durée précisée par elle (2 mois au maximum). La diffusion est faite par le Journal officiel et par des publications de presse ou par le biais d'un service de communication audiovisuelle. Le coût de la diffusion est mis à la charge du condamné, mais uniquement jusqu'à concurrence du montant de l'amende encourue. Les publications ou services désignés sont obligés de procéder à la diffusion.

La publicité s'effectue par reproduction intégrale de la décision, par extraits ou sous la forme d'un communiqué. Le nom de la victime ne peut cependant être cité qu'avec son accord ou celui de son représentant ou ses ayants droit.

D – Les privations ou restrictions du droit de conduire

La suspension du permis de conduire

◇ Interdiction de conduire pendant la durée de la mesure

▪ Possibilité pour le juge de la limiter en dehors de l'activité professionnelle

▪ Exclusion de la limitation en cas de délit de fuite, de conduite sous l'empire d'un état alcoolique ou du délit de récidive de grand excès de vitesse

Nature de la peine

◇ Peine alternative pour les délits et les contraventions de 5ᵉ classe

◇ Peine complémentaire en toute matière

Distinctions

◇ Suspension administrative prononcée par le préfet (art. L224-2 C. route

◇ Permis à point (art. L223-1 C. route) : bien que le retrait des points soit consécutif à la commission d'une infraction, il n'est pas considéré comme une peine

L'annulation ou retrait du permis de conduire

Peine applicable dès lors que le prévenu a obtenu la délivrance du permis de conduire depuis la commission des faits

◇ Interdiction de solliciter la délivrance d'un nouveau permis

Nature juridique

◇ Peine complémentaire pour les crimes et les délits

▪ Obligatoire en cas de récidive de conduite d'un véhicule en état d'ivresse ou sous l'emprise d'un état alcoolique

◇ Peine alternative en matière délictuelle

L'interdiction d'obtenir la délivrance d'un permis

◇ Peine prononcée en remplacement de la suspension ou de l'annulation du permis de conduire lorsque le prévenu n'est pas titulaire d'un permis à la date des faits

§4 – Les peines portant atteinte à l'honneur et à la réputation

Contenu de la peine

◇ Publicité du jugement (art. 131-35 CP)

▪ Reproduction intégrale ou d'extraits de la décision

▪ Nom de la victime cité avec son consentement

Nature de la peine

◇ Peine complémentaire en matière criminelle et délictuelle

Modalités

◇ Affichage de la décision dans tous les lieux précisés par la juridiction pour une durée maximale de 2 mois

◇ Diffusion du jugement au frais du condamné : Journal officiel, presse écrite, moyen de communication audiovisuelle

▪ Obligation pour les publications ou services désignés de procéder à la diffusion

§5 - Les peines portant obligation de faire

A – Le travail d'intérêt général

Le TIG est une prestation non rémunérée, accomplie au profit soit d'une personne morale de droit public, soit d'une personne morale de droit privé chargée d'une mission de service ou d'une association habilitée à mettre en œuvre des travaux d'intérêt général. La durée du TIG est comprise entre 40 et 240 heures s'il s'agit d'un délit ou 20 et 120 heures s'il s'agit d'une contravention (art. 131-8 al. 1 CP). Un délai est fixé pour son accomplissement, lequel ne peut excéder 18 mois. Son prononcé requiert la présence du prévenu à l'audience, son acceptation expresse répondant à l'obligation faite au président du tribunal d'informer le prévenu de son droit de refuser cette peine.

Le TIG s'accompagne de l'obligation de se soumettre à des mesures de surveillance ou de contrôle (art. 132-55 CP).

Le TIG est une peine alternative à l'emprisonnement (art. 131-8 CP). Il ne peut se cumuler avec la privation de liberté. Il peut être prononcé à titre principal pour certains délits ou à titre complémentaire en matière délictuelle ou de police. Il peut être prévu comme une modalité du SME (art. 132-54 CP).

Les mineurs de 16 ans peuvent être condamnés à un TIG adapté à leur situation et présentant un caractère réformateur ou favorisant la réinsertion sociale de jeunes condamnés (art. 20-5, ord. 2 février 1945).

§5 – Les peines portant obligation de faire

A – Le travail d'intérêt général

Art. 131-8 CP : Prestation non rémunérée au profit d'une personne morale de droit public ou d'une personne de droit privé chargée d'une mission de service public ou d'une association habilitée

◊ Objectif : resocialisation par le travail tout en évitant un emprisonnement de courte durée

- Le juge doit fixer les travaux en tenant compte des perspectives d'insertion professionnelle qu'ils offrent aux condamnés
- Pour les mineurs de 16 ans, le travail doit être adapté à leur situation et présenter un caractère réformateur ou favorisant la réinsertion sociale

Nature juridique de la peine

◊ Peine alternative à l'emprisonnement : cumul impossible avec la privation de liberté

◊ Peine complémentaire en matière délictuelle et pour les contraventions de 5e classe

◊ Peine principale pour certains délits (répression des graffitis, art 322-1 à 322-3 CP)

◊ Modalités du SME applicables

Régime juridique

◊ Durée de la peine

- entre 40 et 240 heures en matière correctionnelle
- entre 20 et 120 heures en matière contraventionnelle

◊ Pour les mineurs

- Entre 40 et 210 heures pour le mineur

Exécution de la mesure

◊ Délai de l'accomplissement du TIG

- 18 mois
  - ✓Délai pouvant être suspendu
    - o pour motif grave d'ordre médical, familial, professionnel ou social
    - o pendant l'assignation à résidence avec surveillance électronique, la détention provisoire, l'exécute une peine privative de liberté ou l'accomplissement des obligations du service national

◊ Exécution du TIG en même temps qu'une assignation à résidence avec surveillance électronique, qu'un placement à l'extérieur, qu'une semi-liberté ou qu'un placement sous surveillance électronique

◊ Exécution du TIG dans un établissement spécialisé dans l'accueil des blessés de la route

- En cas de condamnation pour un délit prévu par le code de la route ou homicide et blessures involontaires commis par le conducteur d'un véhicule terrestre à moteur ou pour délit de fuite

◊ TIG accompli dans le respect des prescriptions législatives et réglementaires relatives au travail de nuit, à l'hygiène, à la sécurité ainsi qu'au travail des femmes et des jeunes travailleurs

- Cumul du TIG avec l'exercice de l'activité professionnelle

B - Le suivi socio-judiciaire

Dans les cas où il est prévu, le suivi socio-judiciaire soumet le condamné aux mesures de surveillance et de contrôle identiques à celles du SME (art. 131-36-1 à 131-36-8 CP, 763-1 à 763-9 CPP, L355-33 à L355-37 CSPu). Il peut aussi comprendre, à titre de mesure de sûreté, le PSEM. Une injonction de soins peut être prononcée par la juridiction de jugement ou postérieurement à la condamnation par le JAP après expertise médicale (art. 763-3 al. 3 CP). Le traitement médical peut commencer pendant la détention et la peine doit alors être exécutée dans un établissement permettant d'assurer un suivi médical et psychologique adapté.

Le suivi socio-judiciaire peut être prononcé à titre principal à la place de l'emprisonnement en matière correctionnelle (art. 131-36-7 CP).

Il peut être prononcé à titre complémentaire. La durée maximale de la mesure est 10 ans en matière délictuelle, cette durée pouvant être portée à 20 ans par décision spécialement motivée par la juridiction de jugement. En matière criminelle, la durée est de 20 ans, ou 30 ans si le crime est puni de 30 ans de réclusion criminelle. Si la réclusion à perpétuité est encourue, le suivi socio-judiciaire peut être prononcé sans limitation durée, le TAP pouvant y mettre fin au bout de 30 ans (art. 131-36-1 al. 2 CP). Il ne peut être ordonné en même temps qu'une peine d'emprisonnement assortie, en tout ou partie, du SME (art. 131-36-6 CP).

Lorsqu'il accompagne une peine privative de liberté sans sursis, le suivi socio-judiciaire s'applique pour la durée fixée par le juge à compter du jour où la privation de liberté prend fin. Il est suspendu pour toute détention intervenue au cours de son exécution.

La juridiction de jugement fixe également la durée maximale de l'emprisonnement encourue par le condamné en cas d'inobservation des obligations imposées. Cette durée ne peut excéder 2 ans en cas de condamnation pour délit et 5 ans en cas de condamnation pour crime. Le condamné doit être informé des obligations qui en résultent et des conséquences de leur inobservation.

B – Le suivi socio-judiciaire

Art. 131-36-1 CP : obligation pour le condamné de se soumettre, après sa libération, pendant une période déterminée, à des mesures de surveillance et d'assistance sous le contrôle du JAP

◇ Objectif : lutter contre la récidive de délinquants dangereux

Nature de la peine

◇ Peine complémentaire en matière criminelle et délictuelle

- Peine non cumulable avec une privation de liberté assortie d'un SME (art. 131-36-6 CP)
- Peine complémentaire présentant les caractéristiques d'une mesure de sûreté

◇ Peine alternative en matière délictuelle (art. 131-36-7 CP)

Application de la peine

◇ Peine prononcée dans les cas prévus par la loi

◇ Durée de la peine

- 10 ans en matière délictuelle, peine pouvant être portée à 20 ans sur décision spécialement motivée
- 20 ans en matière criminelle, ou 30 ans si le crime est puni de 30 ans de réclusion criminelle ; durée illimitée si la peine est perpétuelle

Obligations du suivi socio-judiciaire

◇ Mesures de surveillance identiques au SME ou spécifiques en tenant compte de la nature de l'infraction

◇ Mesures d'assistance permettant de soutenir les efforts du condamné en vue de la réinsertion sociale

◇ PSEM

◇ Injonction de soins ordonnée après une expertise médicale

- Expertise médicale établissant que la personne est susceptible de faire l'objet d'un traitement

Inexécution de la sanction

◇ La juridiction doit déterminer lors du prononcé, la peine d'emprisonnement à subir en cas d'inexécution des obligations imposées

- Durée maximale : 3 ans en matière délictuelle, 7 ans en matière criminelle
- Mise à exécution de l'emprisonnement par le JAP

C – L'injonction de soins

L'injonction de soins emporte obligation pour le condamné de se soumettre à des mesures d'examen médical, de traitement ou de soins, même sous le régime de l'hospitalisation (art 132-45 CP) dans le cadre du SME. Ces mesures peuvent consister en l'injonction thérapeutique prévue par les articles L. 3413-1 à L. 3413-4 du code de la santé publique, lorsqu'il apparaît que le condamné fait usage de stupéfiants ou fait une consommation habituelle et excessive de boissons alcooliques

L'injonction de soins peut aussi être ordonnée dans le cadre du suivi socio-judiciaire par la juridiction de jugement après une expertise médicale établissant que le condamné est susceptible de faire l'objet d'un traitement. Deux experts doivent être commis lorsqu'il s'agit de meurtre ou d'assassinat d'un mineur précédé ou accompagné d'un viol, de tortures ou d'actes de barbarie (art. 131-36-4 al. 3 CP).

Après la décision de condamnation à un suivi socio-judiciaire ne comportant pas une telle injonction, le JAP peut l'ordonner au vu d'une expertise (art. 763-3 al. 3 CPP).

Pendant la détention, l'injonction de soins n'emporte aucune obligation. Mais le condamné est avisé qu'il peut commencer le traitement pendant l'exécution de la peine privative de liberté. La peine doit alors être exécutée dans un établissement permettant d'assurer un suivi médical et psychologique. Les condamnés n'ayant pas commencé un traitement en détention sont considérés comme ne manifestant pas des efforts sérieux de réadaptation sociale et ne peuvent bénéficier des réductions de peines supplémentaires.

Après la libération, l'exécution de l'injonction de soins est subordonnée au consentement de l'intéressé. En cas de refus des soins, l'emprisonnement prononcé par la juridiction de jugement pourra être mis à exécution.

C – Injonction de soins

Obligation imposée à la personne condamnée de se soumettre à des mesures d'examen médical, de traitement

Mesure imposée dans le cadre du SME (art. 132-45 CP)
- ◊ Mesure prononcée par la juridiction de jugement ou le JAP
- ◊ Injonction thérapeutique possible (art. L. 3413-1 à L. 3413-4 CSPu)

Mesure imposée dans le cadre du suivi socio-judiciaire (art. 131-36-4 CP)
- ◊ Par la juridiction de jugement (art. 131-36-4 al. 3 CP)
- ◊ Par le JAP en cas de condamnation à un suivi socio-judiciaire ne comportant pas une telle injonction (art 763-3 al. 3 CPP)

◊ Nécessité d'une expertise médicale établissant que la personne est susceptible de faire l'objet d'un traitement
- ▪ Il faut 2 experts en cas de poursuite pour meurtre, assassinat d'un mineur précédé ou accompagné de viol, tortures ou actes de barbarie

Traitement subordonné au consentement du condamné
- ◊ Possibilité de commencer le traitement pendant la détention
  - ▪ Refus du traitement pendant la détention : les réductions de peines supplémentaires ne peuvent être accordées
- ◊ Refus du traitement après la libération : exécution de la peine prononcée par la juridiction de jugement lors du prononcé du suivi socio-judiciaire

D – La sanction-réparation

La sanction-réparation consiste dans l'obligation pour le condamné de procéder à l'indemnisation du préjudice causé à la victime dans les délais et selon les modalités fixées par la juridiction (art. 131-8 CP).

Avec l'accord de la victime et du prévenu, la réparation peut être exécutée en nature et consister en la remise en état du bien endommagé à l'occasion de la commission de l'infraction par le condamné lui-même ou par un professionnel qu'il rémunère. L'exécution de la réparation doit être constatée par le procureur de la République.

Lorsqu'elle prononce la peine de sanction-réparation, la juridiction fixe la durée de la peine de l'emprisonnement d'une durée maximale de 6 mois ou le montant de l'amende dont le JAP pourra ordonner la mise à exécution en tout partie si le condamné ne respecte pas son obligation de réparer. Si le délit n'est puni que d'une peine d'amende, la juridiction ne fixe que le montant de l'amende.

La sanction-réparation est applicable en matière délictuelle et pour les contraventions de 5e classe. Elle peut être prononcée en même temps ou à la place de l'emprisonnement ou de l'amende.

D – La sanction-réparation

Art. 131-8 CP : obligation pour le condamné de procéder dans les délais et selon les modalités fixées par la juridiction, à l'indemnisation du préjudice causé à la victime

Nature juridique de la sanction réparation

◊ Peine complémentaire en matière délictuelle et ou pour les contraventions de 5ᵉ classe

◊ Peine alternative

- à l'emprisonnement lorsque le délit est puni de l'emprisonnement et de l'amende
- et à l'amende lorsque le délit est puni seulement
- d'une amende à l'amende de police pour les contraventions de 5e classe

Inexécution de la sanction réparation

◊ Mise à exécution de la peine fixée par le juge lors du prononcé de la sanction-réparation

- Peine de 6 mois d'emprisonnement ou amende de 15 000 euros si le délit est puni d'emprisonnement et d'amende
- Amende de 15 000 euros si le délit est puni seulement d'amende :
- 1 500 euros pour les contraventions de 5ᵉ classe
- Pour les personnes morales, l'amende ne peut excéder 75 000 euros ou l'amende encourue pour l'infraction considérée s'il s'agit d'un délit ou 7 500 euros s'il s'agit d'une contravention

E – L'obligation d'accomplir un stage

• Le stage de sensibilisation à la sécurité routière peut être imposé dans le cadre d'un SME ou par le procureur de la République au titre des alternatives aux poursuites ou d'une composition pénale. Elle peut constituer une peine complémentaire pour certains délits ou contraventions commis à l'occasion de la conduite d'un véhicule.

• Le stage de responsabilité parentale permet de rappeler aux parents leurs obligations légales et leur responsabilité vis-à-vis de leurs enfants mais aussi toutes les mesures leur permettant de remédier à leurs difficultés. Il ne peut être prononcé que dans les cas prévus par la loi.

• Le stage de sensibilisation au danger de l'usage de produits de stupéfiants peut être imposé en cas de commission d'infractions en matière de stupéfiants. Il est aussi prévu pour les atteintes à la vie, ou l'intégrité physique ou psychique de la personne, les extorsions et les destructions, dégradations et détériorations.

Ces divers stages doivent être effectués dans un délai de 6 mois à compter du jour où la décision est devenue définitive. Le stage de sensibilisation à la sécurité routière se fait aux frais du condamné. Dans les autres cas, la juridiction doit indiquer si les frais sont à la charge du condamné. L'accomplissement du stage donne lieu à la délivrance d'une attestation que le condamné envoie au procureur de la République (art. 131-35-1 CP).

• Le stage de citoyenneté a pour but de rappeler au condamné les valeurs républicaines de tolérance et de respect de la dignité humaine. Il peut être effectué aux frais du condamné et le montant ne peut excéder celui des amendes contraventionnelles de 3è classe. Le prévenu doit être présent à l'audience et accepter d'effectuer un tel stage.

Il constitue une peine alternative pour les délits punis d'emprisonnement (art. 131-5-1 CP) ou une peine complémentaire pour les délits et les contraventions (art. 131-16, 8° CP). Il peut être proposé par le procureur de la République dans le cadre d'une composition pénale (art. 41-2 CPP) ou imposé dans le cadre du SME, par la juridiction de condamnation ou le JAP (art. 132-45, 18° CP).

La durée du stage est fixée par la juridiction en tenant compte des obligations familiales, sociales ou professionnelles si le condamné est majeur, ou des obligations scolaires et de la situation familiale s'il s'agit d'un mineur. Elle ne peut être supérieure à un mois et la durée journalière ne peut excéder 6 heures.

E – L'obligation d'accomplir un stage

Stages de l'art. 131-35-1 CP

◇ Exécution du stage dans un délai de 6 mois à compter de la condamnation définitive

◇ Frais du stage à la charge du condamné sur décision du juge ou des parents si le condamné est mineur

- À l'exclusion du stage de sensibilisation à la sécurité routière automatiquement pris en charge par le condamné

◇ Délivrance d'une attestation devant être envoyée au procureur de la République par le condamné

Le stage de sensibilisation à la sécurité routière (art. 131-35-1 CP)

◇ Faire prendre conscience aux condamnés des dangers de la route et prévenir les violences routières

◇ Peine applicable en matière correctionnelle pour des délits au code de la route ou pour les homicides et blessures involontaires commis par un conducteur

◇ Régime juridique

- Peine complémentaire délictuelle ou contraventionnelle (art. 131-10, 131-16 CP)
- Mesure alternative en matière délictuelle (41-1 CP)

Stage de sensibilisation aux dangers de l'usage des stupéfiants

◇ Faire prendre conscience des dangers liés à l'usage de stupéfiants (art. R131-46 CP)

◇ Domaine usage de stupéfiants, infractions commises sous l'emprise de stupéfiants, autres infractions portant atteinte aux personnes ou aux biens lorsque le texte le prévoit

◇ Régime juridique

- Peine complémentaire délictuelle ou contraventionnelle (art. 131-10, 131-16 CP)
- Obligation d'un sursis avec mise à l'épreuve (art. 131-45 CP)
- Mesure alternative en matière délictuelle (41-1 CP) ou mesure de d'une composition

Stage de responsabilité parentale

◇ Rappeler aux parents leurs obligations légales

◇ Régime juridique

- Peine complémentaire en matière criminelle, délictuelle ou contraventionnelle (art. 131-10, 131-16 CP)
- Peine alternative en matière délictuelle (41-1 CP)

Le stage de citoyenneté (art. 131-5-1 CP)

◇ Rappeler aux condamnés les valeurs républicaines de tolérance et de respect de la dignité humaine sur lesquelles est fondée la société

◇ Stage effectué au frais du condamné

◇ Peine prononcée en présence du prévenu qui doit l'accepter

◇ Durée de la peine fixée en fonction des obligations sociales, familiales, professionnelles ou scolaires

◇ Régime juridique

- Peine alternative pour les délits punis d'emprisonnement
- Peine complémentaire pour les délits et contraventions
- Obligation d'un sursis avec mise à l'épreuve (art. 131-45 CP)
- Mesure proposée par le procureur de la République dans le cadre d'une alternative aux poursuites (art. 41-1 CPP) ou ordonnée dans le cadre d'une composition pénale (art. 41-2 CPP)

F – La contrainte pénale

La contrainte pénale est une peine alternative à l'emprisonnement pouvant être prononcée à l'encontre des auteurs de certains délits dans les cas prévus par la loi. Le juge doit tenir compte de la situation personnelle, matérielle et sociale de l'auteur. La personne condamnée n'est pas incarcérée. Mais elle fait l'objet de mesures de contrôle, de réparation des victimes, d'interdiction, d'éducation déterminées par la juridiction de jugement (art. 131-4-1 CP).

La situation du condamné est réévaluée chaque fois que nécessaire et, au moins, une fois par an. Au vu de chaque évaluation, le juge de l'application des peines peut, modifier ou compléter les obligations de la personne, ou supprimer certaines d'entre elles. En cas de non-respect des obligations, le juge de l'application des peines peut rappeler ses obligations à la personne condamnée, ajouter de nouvelles obligations, ou rendre plus sévères les obligations existante. Le condamné risque en outre l'application de la peine de prison fixée au moment du procès initial.

Si la personne est de nouveau condamnée à de la prison ferme pendant l'exécution de la contrainte, la peine prévue pour non-respect des obligations imposées peut être ajoutée à la nouvelle sanction.

Le juge de l'application des peines peut décider de mettre fin de façon anticipée à la contrainte pénale si le condamné a bien suivi ses obligations pendant au moins un an, que son réinsertion paraît acquise, et qu'aucun suivi ne paraît plus nécessaire.

F – La contrainte pénale

Peine alternative à la peine d'emprisonnement permettant de renforcer le suivi du condamné (art. 131-4-1 CP)
◊ Le condamné est soumis à des mesures de contrôle imposées par le tribunal en tenant compte de sa personnalité et de sa situation
▪ Durée de la contrainte pénale : 6 mois à 5 ans

Domaine d'application de la sanction
◊ Infractions
▪ Délits punis d'une peine d'emprisonnement
◊ Condamné majeur
▪ Prise en compte de la personnalité de l'auteur
▪ Prise en compte de sa situation matérielle, familiale e sociale
▪ Faits justifiant un accompagnement socio-éducatif individualisé et soutenu

Exécution de la contrainte pénale
◊ Application des mesures de contrôle du SME
◊ Obligations particulières
▪ Obligations particulière su SME ou TIG ou injonction de soins
▪ Obligations déterminées par le tribunal correctionnel compte tenu de la personnalité et de la situation du délinquant
▪ A défaut, obligations pouvant être fixées par le JAP après évaluation du condamné
◊ Mesures d'aide SME

Sanction du non-respect des obligations
◊ Emprisonnement ne pouvant excéder 2 ans ni le maximum de la peine encourue

Suivi du condamné
◊ Évaluation du condamné chaque fois que c'est nécessaire et au moins une fois par an
▪ Modification, ajout ou suppression des obligations par le JAP au regard de l'évolution du condamné

G – Le programme de mise en conformité

Selon l'article 131-39-2 CP, *lorsque la loi le prévoit à l'encontre d'une personne morale, un délit peut être sanctionné par l'obligation de se soumettre, sous le contrôle de l'Agence française anticorruption, pour une durée maximale de cinq ans, à un programme de mise en conformité destiné à s'assurer de l'existence et de la mise en œuvre en son sein des mesures et procédures définies par la loi.* L'objectif est d'éviter la commission ou la réitération de la commission des infractions concernées, notamment en de corruption de trafic d'influence.

Le programme de mise en conformité peut également être ordonné comme une obligation de la convention judiciaire d'intérêt public qui est une mesure alternative aux poursuites pouvant être proposée par le procureur de la République aux personnes dans les cas prévus par la loi (art. 44-1-2 CPP°).

Le programme de mise en conformité se décline en plusieurs mesures et procédures devant être mises en place pendant une durée maximale de 5 ans, aux frais de la personne morale concernée sous le contrôle de l'Agence française anticorruption, qui rend compte au procureur de la République, au moins annuellement, de la mise en œuvre de la peine (art 764-66 CPP). Elle l'informe de toute difficulté dans l'élaboration ou la mise en œuvre du programme de mise en conformité. Elle lui communique, en outre, un rapport à l'expiration du délai d'exécution de la mesure.

Le fait de ne pas mettre le programme en place ou de faire obstacle à la bonne exécution des obligations est punissable de deux ans d'emprisonnement et de 50 000 euros d'amende (art. 434-43-1 CP). Cette peine est applicable aux organes ou représentants de la personne morale. Le montant de l'amende prononcée à l'encontre des personnes morales peut être porté au montant de l'amende encourue au titre du délit pour lequel elles ont été condamnées et qui a donné lieu au prononcé du programme de mise en conformité. Les personnes morales encourent l'ensemble des autres peines encourues au titre du délit pour lequel elles ont été condamnées. Les personnes physiques et les personnes morales déclarées responsables pénalement encourent également la peine complémentaire d'affichage ou de diffusion de la décision.

Lorsque le programme de mise en conformité a été exécuté pendant au moins un an, qu'il résulte des rapports transmis au procureur de la République que la personne morale condamnée a pris les mesures et procédures appropriées pour prévenir et détecter la commission de faits de corruption ou de trafic d'influence et qu'aucun suivi ne paraît plus nécessaire, le procureur de la République peut saisir le juge d'application des peines de réquisitions tendant à ce qu'il soit mis fin à la peine de façon anticipée, par jugement motivé.

G – Le programme de mise en conformité

Objectif
◇ Éviter la récidive des infractions
◇ Obliger la personne morale à prendre des mesures destinées à prévenir la commission des infractions de corruption et de trafic d'influence

Art. 131-39-2 CP : *lorsque la loi le prévoit à l'encontre d'une personne morale, un délit peut être sanctionné par l'obligation de se soumettre, sous le contrôle de l'Agence française anticorruption, pour une durée maximale de cinq ans, à un programme de mise en conformité destiné à s'assurer de l'existence et de la mise en œuvre en son sein des mesures et procédures définies par la loi*

Exécution du programme de mise en contrôle
◇ Aux frais de la personne morale sous le contrôle de l'Agence française anticorruption

Obligations imposées à la personne morale
◇ Édicter un code de conduite intégré dans le règlement intérieur
◇ Mettre en place un dispositif d'alerte interne destiné à permettre le recueil des signalements
◇ Établir une cartographie des risques, analyser et hiérarchiser les risques d'exposition de la personne morale
◇ Mettre en place des procédures d'évaluation de la situation des clients, fournisseurs de premier rang et intermédiaires au regard de la cartographie des risques
◇ Prévoir des procédures de contrôles comptables, internes ou externes, destinées à s'assurer que les livres, registres et compte
◇ Mettre en place un dispositif de formation destiné aux cadres et aux personnels les plus exposés aux risques de corruption et de trafic d'influence
◇ Prévoir un régime disciplinaire permettant de sanctionner les salariés de la personne morale en cas de violation du code de conduite de la personne morale

§6 – La dissolution et le placement sous surveillance judiciaire des personnes morales

A – La dissolution de la personne morale

Lorsque la loi le prévoit, le juge peut prononcer la peine de dissolution de la personne, lorsque la personne morale a été créée ou, lorsqu'il s'agit d'un crime ou d'un délit puni en ce qui concerne les personnes physiques d'une peine d'emprisonnement supérieure ou égale à trois ans, détournée de son objet pour commettre les faits incriminés. La décision prononçant la dissolution de la personne morale comporte le renvoi de celle-ci devant le tribunal compétent pour procéder à la liquidation (art. 131-45 CP).

B - Le placement sous surveillance judiciaire

La décision de placement sous surveillance judiciaire de la personne morale comporte la désignation d'un mandataire de justice dont la juridiction précise la mission. La surveillance ne peut porter que sur l'activité dans l'exercice ou à l'occasion de l'exercice de laquelle l'infraction a été commise. Tous les six mois, au moins, le mandataire de justice rend compte au juge de l'application des peines de l'accomplissement de sa mission (art. 131-46 CP).

Au vu de ce compte rendu, le juge de l'application des peines peut saisir la juridiction qui a prononcé le placement sous surveillance judiciaire. Celle-ci peut alors soit prononcer une nouvelle peine, soit relever la personne morale de la mesure de placement.

§6 – La dissolution et le placement sous surveillance judiciaire des personnes morales

A – La dissolution

◊ Peine criminelle et délictuelle (art. 131-9, 1° ; 131-45 CP) applicable à l'encontre
- de la personne morale créée pour commettre l'infraction
- de la personne morale détournée de son objet en cas de crime ou de délit puni d'une peine d'emprisonnement supérieure ou égale à 3 ans

◊ Exécution de la peine
- Renvoi de la personne morale devant la juridiction compétente aux fins de liquidation

B - Le placement sous surveillance judiciaire

◊ Peine applicable en matière criminelle et délictuelle (art. 131-9, 3° ; 131-46 CP)

◊ Désignation d'un mandataire de justice
- Surveillance de l'activité dans l'exercice ou à l'occasion de l'exercice de laquelle l'infraction a été commise
- Compte rendu effectué tous les 6 mois au JAP
- Durée de la mesure : 5 ans

◊ Peines inapplicables
- Aux personnes morales de droit public
- Aux partis et groupement politiques
- Aux syndicats professionnels

◊ Dissolution inapplicable aux institutions représentatives du personnel

Titre 2 – L'application de la peine

Une peine ne peut être appliquée que si elle est prononcée par le juge (art.132-17 CP) à l'encontre de la personne reconnue responsable (art. 121-1 CP). Le principe de la personnalité des peines s'oppose à la condamnation d'un individu qui n'a été ni l'auteur ni le complice d'une infraction. Cependant, l'exécution de la peine peut avoir des répercussions morales ou financières sur les proches du condamné ou même les tiers.

Le principe de la personnalité ne s'oppose pas à ce que la charge d'une condamnation pécuniaire soit transférée à un tiers à condition que les droits de la défense soient respectés. En cas de décès du condamné, les amendes sont dues par les héritiers (art. 133-1 CP). En cas d'infraction à la législation sur la sécurité et l'hygiène dans le travail ayant entraîné un homicide involontaire ou une incapacité de travail de plus de 3 mois commis par un délégataire, le tribunal a la faculté de mettre le paiement des amendes et des frais de justice à la charge de l'employeur (art. L4741-2 C. trav.). L'article L21-1 C. route permet au tribunal de mettre à la charge du commettant les amendes de police prononcées contre son préposé. Le titulaire de la carte grise du véhicule supporte également les amendes encourues pour excès de vitesse (art. L123-1 C. route). Il ne s'agit cependant pas d'une dérogation au principe de la responsabilité personnelle, puisqu'il n'y pas de déclaration de culpabilité. Dans tous les cas, un tiers ne peut exécuter une peine privative de liberté à la place du véritable coupable.

La peine prononcée doit être adaptée dans sa nature, son taux, son régime, aux circonstances qui ont présidé à la commission de l'infraction et à la personnalité de son auteur.

Le principe de la personnalisation de la peine s'impose pendant son l'exécution. Différentes modalités d'exécution peuvent être prévues en tenant compte de la personnalité de l'auteur. Les peines doivent être aménagées en cours d'exécution afin de tenir compte de l'évolution de la personnalité et de la situation du condamné.

Le prononcé et l'exécution de la peine doivent concilier la protection effective de la société, la sanction du condamné et les intérêts de la victime avec la nécessité, notamment lorsqu'il s'agit de la peine privative de liberté, de favoriser l'insertion ou la réinsertion du condamné et prévenir la commission de nouvelle infractions (art. 132-24 CP, 707 CPP).

Titre 2 – L'application de la peine

Les principes régissant l'application de la peine

Principe de la légalité des peines
Art. 111-3 CP : *Nul ne peut être puni d'une peine qui n'est pas prévue par la loi, si l'infraction est un crime ou un délit, ou par le règlement, si l'infraction est une contravention*

Prohibition des peines automatiques
Art. 132-17 CP : *Aucune peine ne peut être appliquée si la juridiction ne l'a expressément prononcée.*
Application des seules peines prévues pour l'infraction en cause
Art. 132-17 al. 2 *: CP : La juridiction peut ne prononcer que l'une des peines encourues pour l'infraction dont elle est saisie*

Principe de la responsabilité personnelle
Énoncé du principe
◊ Seule la personne déclarée pénalement responsable doit subir une peine
▪ La peine privative de liberté ne peut être subie par un tiers
Valeur du principe
◊ C. const., 2 déc. 1976 : la charge d'une condamnation pécuniaire peut être transférée à un tiers à condition que les droits de la défense soient respectés

L'individualisation des peines

Lors du prononcé de la peine
Art. 132-24 CP : *Dans les limites fixées par la loi, la juridiction prononce les peines et fixe leur régime d'exécution en fonction des circonstances de l'infraction et de la personnalité de leur auteur*
◊ Adaptation de la peine dans sa nature, son taux, son régime, aux circonstances de l'infraction
◊ Adaptation de la peine en fonction des charges et ressources du condamné
◊ Adaptation de la peine en tenant compte de la personnalité de l'auteur de l'infraction
▪ Causes d'adaptation de la peine prévues par le législateur ou à l'appréciation du juge dans les limites prévues par la loi

Pendant l'exécution de la peine
Art. 707 CPP : *Les peines peuvent être aménagées en cours d'exécution pour tenir compte de l'évolution de la personnalité et de la situation du condamné*
◊ Peines privatives de libertés : modalités d'exécution ordonnées en tenant compte de la personnalité de l'auteur

Appréciation de la personnalité de l'auteur
◊ Enquête de personnalité
◊ Les autorités judiciaires peuvent requérir de toute personne la communication de renseignements utiles de nature financière ou fiscale, sans que puisse être opposée l'obligation au secret
◊ L'octroi de mesures de faveur peut être subordonné à une expertise psychiatrique préalable

Valeur du principe de la personnalisation des peines
◊ C. const. 27 juil. 1978 : l'individualisation de la peine n'est pas contraire au principe d'égalité de tous devant la loi, les condamnés à une même peine pouvant accéder au même régime dès lors qu'ils remplissent les conditions requises
◊ C. const. 19 et 20 janv. 1981 : le principe de l'individualisation de la peine n'est pas unique et absolu et ne doit pas prévaloir de façon nécessaire et dans tous les cas sur les autres fondements de la répression pénale

Le prononcé et l'exécution de la peine doivent concilier la protection effective de la société, la sanction du condamné et les intérêts de la victime avec la nécessité de favoriser l'insertion ou la réinsertion du condamné et prévenir la commission de nouvelle infractions (art. 132-24 CP, 707 CPP)

Chapitre 1 – Le prononcé des peines

La peine est la sanction liée à une incrimination et prononcée par une juridiction de jugement après un débat contradictoire. Certaines procédures permettent toutefois d'éviter le procès pénal alors même qu'une sanction est prononcée à l'encontre de l'auteur de l'infraction. Le procureur de la République peut prononcer des mesures punitives de même nature que celle prononcées par le juge de jugement lorsqu'il recourt à des alternatives aux poursuites (art. 41-1 CPP). D'autres sont proposées à l'auteur de l'infraction qui reconnaît sa culpabilité dans le cadre de la composition pénale (art. 41-2 CPP). L'officier de police judiciaire peut, avec l'autorisation du procureur de la République, proposer une transaction pénale (art. 41-1-1 CPP) à des personnes ayant commis certains délits ou contraventions.

Lorsque la culpabilité d'un individu est établie, le prononcé de la peine n'est pas automatique. S'il décide de prononcer la peine, le juge doit appliquer les peines définies par la loi au moment des faits en adaptant la sanction à l'individu.

Section 1 - La déclaration de culpabilité non assortie de peine

§1 – L'exemption de peine

A – L'exemption légale de peine

Les causes légales d'exemption de peine sont des causes spécialement attachées par la loi à certaines infractions déterminées.

Des causes d'exemption légales ont été instituées pour lutter contre la criminalité organisée et prévenir la commission d'infractions aux conséquences graves, Elles incitent les malfaiteurs à avertir l'autorité administrative ou judiciaire des activités illégales et à dénoncer leurs coauteurs ou complices.

Afin de lutter contre les erreurs judiciaires, une exemption de peine est prévue au bénéfice de celui qui, connaissant la preuve de l'innocence d'une personne se sera abstenu d'en apporter aussitôt le témoignage mais qui l'apportera tardivement et spontanément (art. 434-11 CP). L'auteur d'un faux témoignage qui se sera rétracté spontanément avant la décision mettant fin à la procédure peut également en bénéficier (art. 434-13 CP).

L'exemption légale n'a pas d'incidence sur la responsabilité pénale de l'agent. Mais elle implique le renvoi de l'auteur devant la juridiction de jugement qui doit déclarer sa culpabilité et constater la réunion des conditions de l'exemption. Elle fait seulement disparaître la peine en laissant subsister soit la tentative, soit l'infraction consommée. Le prévenu ayant été déclaré coupable des faits reprochés, il peut être condamné civilement.

Chapitre 1 – Le prononcé des peines

Principe
◇ La peine doit être prononcée par une juridiction pénale à l'issue du procès

Application des sanctions sans audience devant une juridiction de jugement
- ◇ Procédures sommaires de recouvrement de l'amende
  - ▪ Amende forfaitaire
  - ▪ Indemnité forfaitaire
- ◇ Pouvoirs du procureur de la République en matière délictuelle
  - ▪ Mesures punitives en cas de procédure alternative aux poursuites
  - ▪ Composition pénale
    - ✓Sanctions applicables avec l'accord du prévenu
    - ✓La sanction est validée par le juge
  - ▪ Composition sur reconnaissance préalable de culpabilité
    - ✓Le prévenu reconnait les faits et accepte les peines proposées
    - ✓La peine est homologuée par un juge

Section 1 – La déclaration de culpabilité non assortie de peine

§1 – L'exemption de peine

A – L'exemption légale de peine

Lutte contre la criminalité aggravée et certaines infractions graves

◇ Art. 132-78 CP : *la personne qui a tenté de commettre un crime ou un délit est, dans les cas prévus par la loi, exempte de peine si, ayant averti l'autorité administrative ou judiciaire, elle a permis d'éviter la réalisation de l'infraction, et le cas échéant, d'identifier les auteurs ou les coupables*
- ▪ Le repentir doit intervenir avant la commission de l'infraction

Prévention des erreurs judiciaires

Causes d'exemption prévues au profit :
- ◇ de celui qui, connaissant la preuve de l'innocence d'une personne placée en détention provisoire ou jugée pour crime ou délit, se sera abstenu d'en apporter le témoignage aussitôt mais qui l'apportera tardivement mais spontanément (art. 434-13 CP)
- ◇ de l'auteur d'un faux témoignage qui se sera rétracté spontanément avant la décision mettant fin à la procédure (art. 434-13 CP)

Effets de l'exemption de peine
- ◇ L'agent est déclaré coupable, la cause d'exemption de peine empêche seulement le prononcé de la peine
  - ▪ La responsabilité civile peut être établie
- ◇ Seule la juridiction de jugement peut constater l'existence d'une telle cause
- ◇ L'existence d'une cause d'exemption s'impose au juge
- ◇ L'exemption de peine ne profite qu'au repenti
- ◇ Loi 9 mars 2004 portant adaptation de la justice aux évolutions de la justice
  - ▪ Statut de repenti (art. 706-63-1 CP)
    - ✓Objectif : inciter à la dénonciation, garantir la sécurité du repenti et sa réinsertion

B – La dispense de peine

La dispense de peine ne peut être prononcée qu'en matière délictuelle ou contraventionnelle et concerne aussi bien les personnes physiques que morales. Elle suppose que la juridiction a préalablement déclaré le prévenu coupable et statué s'il y a lieu sur l'action civile. Elle ne peut être accordée que si 3 conditions sont réunies : le reclassement du coupable est acquis, le dommage causé est réparé, le trouble résultant de l'infraction a cessé.

La dispense de peine empêche le prononcé de toute peine, y compris les interdictions, déchéances, incapacités résultant de plein droit de la condamnation (art. 469-1 al. 2 CPP). Elle laisse cependant subsister des mesures de sûreté réelles comme la confiscation d'objets dangereux ou nuisibles (art. 132-58 CP). Le juge peut même décider de ne pas mentionner la décision de dispense de peine au casier judiciaire.

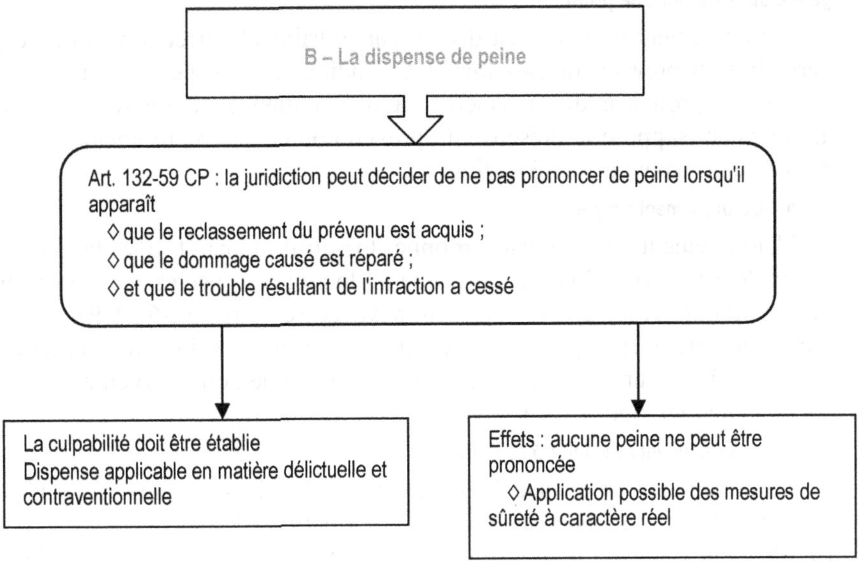
B – La dispense de peine
Art. 132-59 CP : la juridiction peut décider de ne pas prononcer de peine lorsqu'il apparaît
◊ que le reclassement du prévenu est acquis ;
◊ que le dommage causé est réparé ;
◊ et que le trouble résultant de l'infraction a cessé
La culpabilité doit être établie
Dispense applicable en matière délictuelle et contraventionnelle
Effets : aucune peine ne peut être prononcée
◊ Application possible des mesures de sûreté à caractère réel

§2 – L'ajournement de peine

L'ajournement de peine est décidé par le tribunal correctionnel ou de police pour permettre au prévenu de satisfaire les conditions de dispense. Il permet au juge de différer le prononcé de la sanction à une audience ultérieure. Le prononcé d'un ajournement suppose la présence du prévenu ou de son représentant à l'audience sauf pour l'ajournement avec injonction.

A – L'ajournement simple

L'ajournement simple est ordonné lorsqu'il apparaît que le reclassement du coupable est en voie d'être acquis, que le dommage causé est en voie d'être réparé et que le trouble résultant de l'infraction va cesser (art 132-60 CP). A l'audience de renvoi, le juge peut dispenser le prévenu, prononcer la peine ou ajourner une nouvelle fois sa décision sur la peine. La décision sur la peine doit intervenir au plus tard un an après le premier ajournement.

B – L'ajournement avec mise à l'épreuve

L'ajournement avec mise à l'épreuve ne s'applique qu'aux personnes physiques majeures. Il est prononcé par le tribunal correctionnel dans les mêmes conditions que l'ajournement simple (art. 132-63 CP). Le prévenu est alors placé sous le régime de la mise à l'épreuve pendant un délai maximum d'un an.

A l'audience de renvoi, la juridiction peut, en tenant compte de la conduite du coupable au cours du délai d'épreuve, prononcer une dispense de peine, une peine ou un nouvel ajournement de peine. Si le prévenu ne satisfait pas aux obligations imposées, le JAP peut saisir le tribunal avant la fin du délai d'épreuve afin qu'il soit statué sur la peine.

C – L'ajournement avec injonction

L'ajournement avec injonction peut être prononcé, dans les cas prévus par la loi, lorsque l'infraction consiste en un manquement à des obligations légales ou réglementaires déterminées auxquelles était soumis le condamné (art. 132-66 CP). Cette mesure peut être ordonnée, sans la présence de l'intéressé, personne physique ou représentant de la personne morale pour un délai d'un an et éventuellement assortie d'une astreinte. La juridiction doit prévoir la nature des obligations devant être exécutées. L'ajournement avec injonction ne peut être renouvelé.

A l'audience de renvoi, la juridiction pourra dispenser le coupable de peine, mais reste libre, si elle l'estime, de prononcer une peine. Si les prestations n'ont pas été exécutées ou l'ont été avec retard, la juridiction liquide l'astreinte et prononce les peines prévues. Elle peut aussi ordonner l'exécution des prescriptions.

§2 – Ajournement de peine

Décision d'ajournement de peine en matière correctionnelle et de police pour permettre au prévenu dont la culpabilité a été établie, de remplir les conditions de la dispense

◇ La décision sur la peine doit intervenir au plus tard un an après la première décision d'ajournement

◇ Le prévenu ou son représentant doit être présent à l'audience, sauf lorsqu'il s'agit de l'ajournement avec injonction

Ajournement simple (art. 132-60 CP)

Il peut être prononcé lorsque le reclassement du coupable est en voie d'être acquis, le dommage en voie d'être réparé et que le trouble résultant de l'infraction va cesser

Ajournement avec mise à l'épreuve (art. 132-63 CP

Le prévenu est placé sous le régime de la mise à l'épreuve pendant un délai

◇ Mesures applicables aux personnes physiques, à l'exclusion cependant des mineurs

◇ Pouvoirs du JAP

- Il peut saisir le tribunal avant la fin de la durée de la peine si les mesures de contrôle et d'assistance ne sont pas respectées
- Il peut avec l'accord du procureur de la République, prononcer la dispense de peine, 30 jours avant l'audience de renvoi si le prévenu a satisfait aux obligations

Audience de renvoi

◇ Le juge peut dispenser le prévenu, prononcer la peine ou ajourner la décision sur la peine une nouvelle

Ajournement avec injonction (art. 132-66 CP)

L'infraction doit consister en un manquement à des obligations légales ou réglementaires déterminées

◇ Mesure prononcée si le texte d'incrimination le prévoit

- Présence de l'intéressé exigée lors de son prononcé

◇ Obligation de se conformer dans le délai imparti aux prescriptions méconnues, éventuellement assortie d'une astreinte

Audience de renvoi

◇ Si les prestations sont exécutées, le juge reste libre de prononcer la dispense de peine ou une peine

◇ Si les prestations n'ont été exécutées, le juge liquide l'astreinte et prononce la peine

- Impossibilité de prononcer une nouvelle l'ajournement avec injonction

D – L'ajournement aux fins d'investigations sur la personnalité ou la situation matérielle, familiale et sociale

La juridiction peut ajourner le prononcé de la peine à l'égard d'une personne physique lorsqu'il apparaît nécessaire d'ordonner à son égard des investigations complémentaires sur sa personnalité ou sa situation matérielle, familiale et sociale, lesquelles peuvent être confiées au service pénitentiaire d'insertion et de probation ou à une personne morale habilitée (article 132-70-1 CP). Dans ce cas, elle fixe dans sa décision la date à laquelle il sera statué sur la peine.

La décision sur la peine intervient au plus tard dans un délai de quatre mois après la décision d'ajournement, ou deux mois si la personne est placée en détention provisoire. Ce délai peut être prolongé pour une nouvelle durée maximale de quatre mois.

Lorsque la juridiction ajourne le prononcé de la peine, elle peut octroyer immédiatement à la victime des dommages et intérêts soit à titre provisionnel, soit à titre définitif.

E – L'ajournement aux fins de consignation d'une somme d'argent

La juridiction peut ajourner le prononcé de la peine à l'égard d'une personne en la soumettant à l'obligation de consigner une somme d'argent en vue de garantir le paiement d'une éventuelle peine d'amende. Elle détermine le montant de cette consignation et le délai dans lequel celle-ci doit être déposée au greffe, qui ne saurait être supérieur à un an. Elle peut prévoir que cette consignation est effectuée en plusieurs versements, selon un échéancier qu'elle détermine (art. 132-70-3 CP). Elle fixe dans sa décision la date à laquelle il sera statué sur la peine. La décision sur la peine intervient au plus tard dans un délai d'un an après la décision d'ajournement.

D - L'ajournement aux fins d'investigations sur la personnalité ou la situation matérielle, familiale et sociale

⇓

Objectif : mener une enquête sur la personnalité, la situation matérielle, familiale et sociale de la personne poursuivie afin de déterminer le mode d'aménagement de sanction

✓Date de la prochaine audience

- 4 moi ou 2 mois si le prévenu est placé en détention provisoire
- Délai renouvelable pour une durée de 4 mois

E – L'ajournement aux fins de consignation d'une somme d'argent

⇓

Objectif : garantir le paiement de l'amende en permettant au prévenu de réunir la somme d'argent nécessaire

✓ Détermination du montant de la consignation et du délai dépôt de la somme à consigner par le juge

- Échelonnement possible de la consignation

✓Décision sur la peine : au plus tard un après la décision d'ajournement

Section 2 – La détermination de la peine

Le juge doit fixer la nature de la peine et le cas échéant, son taux, à savoir sa durée ou son montant. Les pouvoirs du juge ne sont pas les mêmes en cas d'infraction unique qu'en cas de pluralité d'infractions.

§1 - La détermination de la sanction en cas d'infraction unique

A - Le choix de la peine

Le juge dispose d'une grande liberté dans le choix de la sanction pénale. Il peut ne prononcer que l'une des peines encourues pour l'infraction dont il est saisi (art. 132-17 CP). Cependant, le pouvoir du juge peut être limité :

• par rapport à certains délinquants. Certaines peines ne peuvent être prononcées contre un mineur de 13 à 18 ans (art. 20-4, ord. 2 février 1945). Il ne peut non plus prononcer un travail d'intérêt contre un mineur de 16 ans (art. 20-5 al. 1, ord. 2 févr. 1945) ;

• en tenant compte de la nature de certaines peines. Si le coupable est un français, il ne peut prononcer la peine d'interdiction du territoire. Si le coupable n'est pas titulaire d'un permis, il ne pourra prononcer son retrait. Il ne peut prononcer à la fois la suspension et le retrait du permis de conduire, la confiscation en valeur et en nature de l'objet de l'infraction ;

• par le fait qu'il ne peut prononcer certaines peines cumulativement. En matière criminelle, le juge ne peut prononcer une peine complémentaire à la place de la peine principale car cette possibilité n'existe qu'en matière correctionnelle (art. 132-17 al. 2 CP).

En matière correctionnelle, le juge peut cumuler les peines principales entre elles ainsi qu'avec les peines complémentaires si le texte réprimant le délit en prévoit. Il ne peut cumuler les peines principales avec des peines alternatives, à l'exception du jour-amende qui peut se cumuler avec l'emprisonnement. Il ne peut non plus cumuler les peines alternatives entre elles (art. 131-9 CP).

En matière de police, le tribunal de police peut prononcer soit l'amende, soit une ou plusieurs peines alternatives ou restrictives de liberté sans pouvoir les cumuler avec l'amende (art. 131-15 CP). Celles-ci peuvent être assorties le cas échéant d'une ou plusieurs des peines complémentaires prévues par le règlement. Le juge peut aussi prononcer à titre principal une peine complémentaire sans pouvoir alors la cumuler avec l'amende ou une peine alternative (art. 131-18 CP).

Section 2 – La détermination de la peine

§1 – La détermination de la sanction en cas d'infraction unique

A – Le choix de la peine

Pouvoirs du juge

Art. 132-17 CP : *La juridiction peut ne prononcer que l'une des peines encourues pour l'infraction dont elle est saisie*

◇ Le juge peut prononcer toutes les peines principales prévues ou l'une d'elles seulement. Il peut y adjoindre ou une peine complémentaire ou, dans les cas prévus par la loi, prononcer la peine complémentaire à la place de la peine principale. En matière délictuelle et correctionnelle, il peut décider de prononcer la peine alternative à la place de la peine principale

▪ Pouvoir du juge de choisir parmi les peines prévues, celles qui lui paraissent le mieux adaptées à la nature des faits, aux circonstances de l'infraction et à la personnalité du coupable

Limites aux pouvoirs du juge

Par rapport aux personnes

◇ Interdiction de prononcer certaines peines contre un délinquant (art. 20-4 ord. 2 févr. 1945) ou contre un français (interdiction du territoire)

Nature de l'infraction

◇ En matière criminelle, une peine complémentaire ne peut être prononcée à titre principal

Interdiction de prononcer cumulativement certaines peines

◇ En matière correctionnelle et contraventionnelle

▪ Le cumul est possible

✓Entre les peines principales

✓Entre les peines principales et les peines complémentaires

o sauf si la peine complémentaire est prononcée à titre principal (délit et contravention) : pas de cumul avec la peine principale ou alternative à laquelle elle se substitue

✓entre les peines complémentaires entre elles, sauf exceptions

▪ Le cumul est impossible

✓entre les peines alternatives et les peines principales qu'elles remplacent

✓entre les peines alternatives entre elles

✓en matière délictuelle

o entre la peine d'emprisonnement et peines privatives ou restrictive de droit de l'article 131-6, la contrainte pénale, le TIG

o entre la peine d'amende et la peine de jour-amende

✓en matière contraventionnelle

o entre la peine d'amende et les peines privatives ou restrictive de liberté de l'article 131-15 CP

B – Le *quantum* de la peine

1- Le choix du taux de la peine dans la limite du maximum légal

En l'absence d'une cause légale d'exemption de peine et s'il estime devoir prononcer une peine, le juge peut adapter la peine et la moduler dans la limite du maximum légal après avoir fait jouer le cas échéant, les causes légales d'aggravation ou de diminution de la peine.

Le juge doit déterminer le taux de la peine dans les limites fixées par la loi ou le règlement en tenant compte des circonstances de l'infraction et de la personnalité du délinquant. Il peut prononcer une peine privative de liberté ou d'amende inférieure à celle encourue (art. 132-18, 132-19 al. 1, 132-20 CP). L'amende se fixe en tenant compte des ressources et charges de l'auteur (art. 132-24 CP).

Les pouvoirs du juge sont limités.

En matière délictuelle, une peine d'emprisonnement sans sursis ne peut être prononcée qu'en dernier recours si la gravité de l'infraction et la personnalité de son auteur rendent cette peine nécessaire et si toute autre sanction est manifestement inadéquate. Le prononcé une peine d'emprisonnement sans sursis ou ne faisant pas l'objet d'une des mesures d'aménagement doit être spécialement motivé, au regard des faits de l'espèce et de la personnalité de leur auteur ainsi que de sa situation matérielle, familiale et sociale (art. 132-19 CP).

En matière criminelle, lorsque le maximum encouru ne peut être prononcé, la cour d'assises ne peut prononcer une peine de réclusion criminelle supérieure à 30 ans si la perpétuité est encourue ou 20 ans si la réclusion de 30 ans est encourue (art. 362 al. 2 CPP).

Si le crime est puni de la réclusion criminelle à perpétuité, la cour d'assises peut prononcer une peine de réclusion criminelle à temps ou une peine d'emprisonnement qui ne peut être inférieure à 2 ans. Lorsqu'il s'agit d'une peine de réclusion criminelle à temps, la juridiction ne peut prononcer une peine d'emprisonnement inférieure à un an (art. 132-18 CP).

B – Le *quantum* de la peine

1 – Le choix du taux de la peine dans la limite du maximum légal

Principe
Art. 132- 24 CP
◇ Pouvoir d'appréciation du juge pour fixer le taux de la sanction en tenant compte de la personnalité de l'auteur et des circonstances de l'infraction
◇ Montant de l'amende fixé en tenant compte des ressources et des charges du prévenu

Détermination du taux de la peine
◇ Dans la limite du maximum légal
▪ Maximum légal déterminé en tenant compte des circonstances aggravantes ou des causes de diminution légales de la peine
▪ Faculté pour le juge de prononcer une peine au maximum légal

Limites au pouvoir du juge
◇ En matière criminelle
▪ Art. 362-2 CP : si la majorité des voix requise pour prononcer la peine maximale n'est as acquise, la cour d'assises ne peut prononcer :
✓qu'une peine de 30 ans si la peine encourue est la réclusion criminelle à perpétuité
✓qu'une peine de 20 ans si la peine encourue est la réclusion criminelle de 30 ans
▪ Art. 132-18 CP : peines-plancher
✓Crime puni de la réclusion criminelle à perpétuité : impossibilité de prononcer une peine d'emprisonnement inférieure à 2 ans
✓Crime puni de la réclusion criminelle à temps : impossibilité de prononcer une peine d'emprisonnement inférieure à un an
◇ En matière correctionnelle
▪ Une peine d'emprisonnement sans sursis ne peut être prononcée que si elle est nécessaire et si aucune autre sanction n'apparait adéquate
▪ Motivation spécial exigée lors du prononcé dune peine d'emprisonnement sans sursis non aménagée

2 – Les circonstances de commission de l'infraction

a – Les causes légales d'aggravation

Les circonstances générales s'appliquent à toutes les infractions alors que les circonstances spéciales sont attachées à certaines infractions. Elles sont limitativement énumérées par la loi et ont pour effet d'entraîner de plein droit l'application d'une sanction d'un taux supérieur à celui normalement encouru.

Les circonstances aggravantes peuvent être réelles ou objectives et sont liées à la matérialité de l'acte. Elles peuvent être personnelles ou subjectives et sont relatives à la qualité de l'auteur de l'infraction ou de la victime. Elles peuvent aussi être mixtes comme par exemple la préméditation.

L'existence de circonstances aggravantes doit en principe être appréciée dès le début de la procédure car certaines ont pour effet de modifier la qualification de l'infraction. Elles peuvent aussi être établies au cours de la procédure.

b – Les causes légales de diminution de la sanction

- La cause générale : la minorité est une cause de diminution de la peine quelle que soit l'infraction commise. Elle est obligatoirement applicable aux mineurs de 13 à 16 ans. Pour les mineurs de 16 à 18 ans, elle peut être écartée compte tenu des circonstances des faits et de la personnalité de l'auteur ou en cas de récidive lorsque les faits sont constitutifs d'une infraction volontaire contre les personnes.
- Les causes spéciales : elles sont spécifiques à une infraction déterminée.

La dénonciation entraîne une diminution de la peine au profit de l'auteur de certains crimes et délits, qui ayant averti les autorités compétentes, a permis de faire cesser l'infraction, d'éviter les conséquences dommageables de l'infraction et d'identifier les auteurs (art. 132-78 CP). Elle produit effet même si elle porte sur une infraction connexe de même nature que le crime ou le délit pour lequel l'intéressé est poursuivi. La peine privative de liberté doit être réduite de moitié ou s'il s'agit d'une peine de réclusion criminelle à perpétuité, celle-ci est remplacée par une peine de 20 ans. Si elle intervient après la condamnation, le condamné peut bénéficier d'une réduction exceptionnelle de peine (art. 721-3 CPP).

Des réductions de peines sont prévues en matière d'enlèvement, de séquestration arbitraire ou de prise d'otage lorsque l'auteur libère spontanément la victime avant le septième jour, sans lui avoir fait subir des actes de torture ou une mutilation. L'infraction est alors qualifiée délit au lieu de crime (art. 224-1, 224-3, 224-4 CP).

2 – Les circonstances de commission de l'infraction

Circonstances aggravantes de la peine

◊ Effets des circonstances aggravantes
- Aggravation du taux de la peine encourue
- Modification éventuelle de la nature de l'infraction

◊ Conflit lorsque certains faits constituent à la fois une circonstance aggravante et une infraction autonome : prise en compte de la qualification la plus large

Circonstance générale : la récidive

Circonstances spéciales attachées à une infraction

◊ Distinction des circonstances selon qu'elles sont liées
- à la personne de l'auteur (profession, conjoint)
- à la qualité de la victime (personne vulnérable)
- aux conditions matérielles de réalisation de l'infraction (usage d'une arme, guet-apens, escalade, préméditation)
- aux conséquences de l'infraction (décès, mutilation)
- à la pluralité d'auteurs ou de complices (bande organisée)

Causes légales de diminution de la peine

Réduction de la peine dans les limites prévues par la loi

Causes générales

◊ La minorité
- Diminution de la peine obligatoire lorsqu'il s'agit d'un mineur de 13 à 16 ans
  - ✓Peine privative de liberté réduite de moitié ou ramenée à 30 ans s'il s'agit d'une peine criminelle à perpétuité
  - ✓Peine d'amende réduite de moitié sans excéder la somme de à 7500 euros
- Réduction facultative pour le mineur de 16 à 18 ans

◊ Altération du discernement
- Peine réduite de moiti ou ramenée à 30 ans s'il s'agit d'un crime puni de la réclusion ou de la détention criminelle à perpétuité
- Diminution facultative

Causes spéciales

◊ La dénonciation (art. 132-78 CP)
- Elle intervient après la commission de l'infraction, mais avant la condamnation
- Si elle intervient après la condamnation, une réduction exceptionnelle peut être décidée (art. 721-3 CPP)
- Elle n'est applicable que dans les cas prévus par la loi

◊ Libération volontaire de la victime avant le 7e jour sans l'avoir torturée ou mutilée (art. 224-1, 224-3, 224-4 CP)

§2 - La pluralité d'infractions

Lorsque deux infractions sont commises successivement par une même personne, plusieurs situations peuvent se présenter.

Si au moment de la deuxième infraction, la personne a déjà été définitivement condamnée pour la première, on peut retenir la récidive. La peine encourue est aggravée. Lorsque les conditions de la récidive ne sont pas réunies, on retient la réitération (art. 132-16-7 CP). Les peines se cumulent alors sans limitation de *quantum* et sans possibilité de confusion.

Si au moment de la deuxième infraction, la personne n'a pas encore été condamnée définitivement pour l'infraction antérieure, il y a concours réel d'infractions.

A - La récidive

La récidive est constituée lorsqu'une personne déjà condamnée définitivement pour une première infraction, en commet une autre dans les délais et conditions prévus par la loi (art. 132-8 et s. CP). La récidive est une cause générale d'aggravation de la peine encourue.

L'application des règles de la récidive implique l'identification du délinquant et la détermination de son passé criminel. La preuve des antécédents judiciaires se fait grâce au casier judiciaire national automatisé qui est constitué par des fiches adressées par le greffier de la juridiction ayant prononcé la condamnation. Il reçoit les condamnations pénales pour crime, délit et contravention de 5e classe, prononcées même avec sursis. Des mentions relatives à l'exécution ou l'extinction des peines doivent également y être portées. La communication des fiches de casier judiciaire se réalise sous forme d'extraits ou bulletins qui comportent des mentions intégrales ou partielles en fonction du destinataire.

1 – Les conditions générales de la récidive

Pour qu'il y ait récidive, il faut deux éléments ou termes.

Le premier terme est une condamnation pénale, définitive, non encore effacée, prononcée par une juridiction française ou une juridiction d'un autre État membre de l'Union européenne (art. 132-16-6 CP).

Le second terme de la récidive suppose une nouvelle infraction postérieure au moment où la condamnation est définitive et nécessairement indépendante de la première.

En tenant compte de la nature de l'infraction, la récidive est générale et constituée quelle que soit la nature des infractions commises. La récidive est spéciale lorsque la deuxième infraction commise est identique ou du moins assimilable à la première infraction. Pour l'application de ce cas de récidive, le législateur assimile certaines infractions les unes aux autres.

En considérant le temps écoulé après la première condamnation, la récidive est permanente lorsqu'elle est constituée, quel que soit le délai écoulé entre les infractions, ou temporaire lorsqu'il faut un délai déterminé.

§2 – La pluralité de d'infractions

A – La récidive

Art. 132-8 CP : une personne condamnée définitivement pour une 1re infraction commet une autre infraction dans le délai prévu par la loi

◊ La peine encourue pour la 2e infraction est aggravée, mais le juge conserve son pouvoir d'individualisation

▪ Circonstance pouvant être relevée d'office par le juge

Distinctions

◊ Concours réel d'infractions : une 2e infraction est commise avant que la 1re ait donné lieu à condamnation

▪ Application du non-cumul des peines

◊ Réitération d'infractions : une 2e infraction est commise après une 1ere condamnation dans les conditions excluant l'application de la récidive

▪ Peines de l'infraction commise en réitération cumulées avec les peines de la 1re infraction sans limitation ni confusion

▪ Possibilité pour le juge d'en tenir compte pour moduler l'exécution de la peine

1 – Les conditions générales de la récidive

1er terme de la récidive

Une première condamnation à une infraction

◊ Nature de la 1re infraction : crime ou délit, et si le texte le prévoit, contravention de 5e classe

◊ Caractères de la condamnation

▪ Condamnation définitive : non susceptible de voies de recours

▪ Condamnation à une peine : pas de récidive si la première infraction fait l'objet d'un classement sans suite, d'un non-lieu, d'une relaxe, d'un acquittement, d'une dispense ou d'un ajournement de peine, d'une exemption de peine, d'une condamnation à une mesure de sûreté

▪ Condamnation non encore effacée : pas de récidive en cas d'amnistie, de réhabilitation, de sursis révoqué

▪ Peine prononcée par une juridiction française ou d'un autre État membre de l'Union européenne

◊ Peu importe que la condamnation soit présumée exécutée du fait d'une grâce, d'une prescription ou d'un sursis en cours

2nd terme de la récidive

La commission d'une infraction postérieurement à la 1ère condamnation

◊ Une infraction distincte et indépendante de la 1re

◊ Nature de la 2e infraction

▪ Crime, délit ou contravention de 5e classe

▪ Récidive générale : peu importe la nature de la 2e infraction

▪ Récidive spéciale : commission d'une infraction identique ou assimilée à la 1re

◊ Délai de commission de la 2e infraction

▪ Récidive perpétuelle : indifférence du délai écoulé depuis l'expiration ou la prescription de la peine prononcée pour la 1re condamnation

▪ Récidive temporaire : la commission de la 2e infraction doit intervenir dans le délai prévu par la loi

Infractions assimilées entre elles pour l'application de la récidive spéciale

◊ Vol, l'extorsion, le chantage, l'escroquerie et l'abus de confiance (art. 132-16 CP)

◊ Délits d'agressions sexuelles et d'atteintes sexuelles (art. 132-16-1 CP

◊ Délits d'homicide involontaire ou d'atteinte involontaire à l'intégrité de la personne commis à l'occasion de la conduite d'un véhicule terrestre à moteur (art. 132-16-2 CP)

◊ Délits prévus par les articles L. 221-2, L. 234-1, L. 235-1 et L. 413-1 du code de la route : conduite sans permis, conduite sous l'emprise d'un état alcoolique, conduite en état d'ivresse manifeste, conduite sous l'emprise de stupéfiants, dépassement de la vitesse maximale autorisée égal ou supérieur à 50 km/h (art. 132-16-2 al. 2 CP)

▪ Délits également assimilés aux délits d'homicide involontaire ou d'atteinte involontaire à l'intégrité de la personne commis à l'occasion de la conduite d'un véhicule terrestre à moteur

◊ Délits de traite des êtres humains et de proxénétisme (art. 132-16-3 CP)

◊ Délits de violences volontaires ainsi que tout délit commis avec la circonstance aggravante de violence (art. 132-16-4 CP)

◊ Recel assimilé à l'infraction d'origine (art. 321-5 CP)

2 – La récidive des personnes physiques

La peine, critère du premier terme de la récidive, est la peine encourue et non la peine prononcée.

Lorsque le premier terme est un crime ou un délit punissable de 10 ans d'emprisonnement (art. 132-8 CP), la récidive est perpétuelle et générale :

- si le second terme est un crime puni d'une peine de 20 ans ou 30 ans de réclusion ou de détention criminelle, la peine encourue est la réclusion ou la détention criminelle à perpétuité ;
- si le second terme est un crime puni de 15 ans de détention criminelle, la peine encourue est de 30 ans.

Lorsque le premier terme est un crime ou un délit puni de 10 ans d'emprisonnement, la récidive est générale et temporaire :

- si le second terme est un délit puni de 10 ans d'emprisonnement commis dans les 10 ans de l'expiration ou de la prescription de la première condamnation, le maximum de l'emprisonnement et de l'amende est doublé ;
- s'il s'agit un délit punissable d'emprisonnement de plus an et de moins de 10 ans commis dans les 5 ans suivant l'exécution ou la prescription précédente, le maximum des peines d'emprisonnement et de l'amende est doublé.

Lorsque le premier terme est une condamnation pour délit (art. 132-10 CP), la récidive est spéciale et temporaire. Le second terme doit être un délit identique ou assimilé commis dans un délai de 5 ans à compter de l'expiration ou de la prescription de la précédente peine. Le maximum des peines d'emprisonnement et de l'amende encourue est doublé.

Lorsque le premier terme est une contravention de 5e classe, la récidive est spéciale et temporaire. Le second terme de la récidive doit être une contravention de 5e classe et le montant de l'amende encourue est porté à 3000 euros (art. 132-11 CP). La seconde contravention doit être commise dans un délai d'un an. Si la loi prévoit que récidive de contravention de 5e classe est un délit, ce délai est porté à 3 ans et les peines correctionnelles sont encourues (art. 132-11 al. 2 CP).

2 – La récidive des personnes physiques

Premier terme	Second terme	Caractères de la récidive	Aggravation de peine encourue pour la seconde infraction
Crime ou délit puni de 10 ans d'emprisonnement (art. 132-8 et 132-9 CP)	Crime puni de 20 ans ou de 30 de réclusion ou de détention criminelle (art. 132-8 CP)	Récidive générale Récidive perpétuelle	Réclusion criminelle à perpétuité
	Crime puni de 15 ans de réclusion criminelle ou de détention criminelle (art. 132-8 CP)		Réclusion criminelle de 30 ans
	Délit puni de 10 ans d'emprisonnement (art. 132-9 al. 1 CP)	Récidive générale Récidive temporaire : 10 ans à compter de l'expiration ou de la prescription de la précédente peine	Maximum des peines multiplié par 2
	Délit puni d'une peine d'emprisonnement de plus d'un an et de moins de 10 ans (art. 132-9 al. 2 CP	Récidive générale Récidive temporaire : 5 ans à compter de l'expiration ou de la prescription de la précédente peine	
Délit (art. 132-10 CP)	Délit identique ou assimilé (art. 132-10 CP)	Récidive spéciale Récidive temporaire : 5 ans à compter de l'expiration ou de la prescription de la précédente peine	Maximum des peines multiplié par 2
Contravention de 5e classe, dans les cas prévus par la loi ou le règlement (art. 132-11 CP)	Contravention de 5e classe	Récidive spéciale, prévue par le règlement Récidive temporaire : 1 an à compter de l'expiration ou de la prescription de la précédente peine (art. 132-11 al. 1 CP)	3 000 euros d'amende
		Récidive générale, prévue par la loi Récidive temporaire : 3 ans à compter de l'expiration ou de la prescription de la précédente peine si la loi prévoit que la récidive de contravention est un délit (art. 132-11 al. 2 CP)	Peines délictuelles

3 – La récidive des personnes morales

La règle générale est que l'amende est égale à dix fois celle qui est prévue pour les personnes physiques.

Si le premier terme est un crime ou un délit punissable pour les personnes physiques de 100 000 euros d'amende, la récidive est générale et permanente si le second terme est un crime (art. 132-12 CP). Elle est générale et temporaire si le second terme est un délit punissable pour les personnes physiques de 100 000 euros d'amende commis dans un délai de 10 ans. Le délai est de 5 ans si le deuxième terme est un délit puni de plus de 15 000 euros (art. 132-13 CP).

Si le premier terme est un délit, le second terme doit être un délit identique ou assimilé commis dans les 5 ans. C'est une récidive spéciale et temporaire.

Si le premier terme est une contravention de 5e classe, le second terme doit être une contravention commise dans la même année. La récidive est temporaire et spéciale et doit en outre être prévue par le règlement (art. 132-15 CP).

<table>
<tr><th colspan="4">3 – La récidive des personnes morales</th></tr>
<tr><th>Premier terme</th><th>Second terme</th><th>Caractère de la récidive</th><th>Aggravation de peine encourue pour la seconde infraction</th></tr>
<tr><td rowspan="3">Crime ou délit puni d'une amende de 100 000 euros pour les personnes physiques</td><td>Crime
(art. 132-12 CP</td><td>Récidive générale
Récidive perpétuelle</td><td rowspan="3">Amende encourue multiplié par 10
Application des sanctions de l'art. 131-39 CP</td></tr>
<tr><td>Délit puni de 100 000 euros pour les personnes physiques (art. 132-13 al. 1 CP)</td><td>Récidive générale
Récidive temporaire : 10 ans à compter de l'expiration ou de la prescription de la peine précédente</td></tr>
<tr><td>Délit puni d'au moins 15 000 euros (art. 132-13 al. 2 CP)</td><td>Générale
Temporaire : 5 ans à compter de l'expiration ou de la prescription de la peine précédente</td></tr>
<tr><td>Délit</td><td>Délit identique ou assimilé
(art. 132-14 CP)</td><td>Récidive spéciale
Récidive temporaire : 5 ans à compter de l'expiration ou de la prescription de la précédente peine</td><td rowspan="2">Amende encourue multiplié par 10</td></tr>
<tr><td>Contravention de 5e classe</td><td>Contravention de 5e classe si le règlement le prévoit
(art. 132-15 CP)</td><td>Récidive spéciale
Récidive temporaire : 1 an à compter de l'expiration ou de la prescription de la précédente peine</td></tr>
</table>

B - Le concours réel d'infractions

Le concours réel d'infractions est constitué lorsqu'une infraction est commise par une personne alors qu'elle n'a pas encore été condamnée pour une précédente infraction (art. 132-2 CP). Elle suppose au moins deux faits délictueux distincts.

En présence d'un concours réel d'infractions, on peut admettre le cumul matériel des peines, en additionnant toutes les peines. A l'opposé, on peut envisager le cumul juridique des peines qui consiste à appliquer la peine la plus forte mais aggravée en fonction du cumul d'une infraction. La troisième solution est le non-cumul ou l'absorption des peines qui permet d'appliquer la sanction correspondant à l'infraction la plus grave. Le droit français a adopté le système du non cumul qui comporte cependant diverses atténuations.

1 – Le domaine du non-cumul des peines

Le système du non-cumul des peines ne s'applique qu'aux peines. Les sanctions administratives, disciplinaires, les amendes douanières et fiscales qui on caractère mixte, répressif et réparateur, échappent à la règle du non-cumul. Toutes ces mesures peuvent se cumuler entre elles et même avec les sanctions pénales. Le Conseil constitutionnel a toutefois déclaré que lorsqu'une sanction administrative est susceptible de se cumuler avec une sanction pénale, le principe de proportionnalité implique que le montant des sanctions éventuellement prononcées ne dépasse pas le montant le plus élevé de l'une des sanctions encourues. Il existe toutefois des exceptions au non-cumul, comme en matière boursière.

Le principe de non-cumul ne s'applique pas à toutes les peines. Les amendes contraventionnelles se cumulent entre elles (art. 132-7 CP) et avec celles prononcées pour un crime ou un délit en concours.

Le législateur peut édicter des règles spéciales pour déterminer la peine applicable en cas de concours réel d'infractions. En cas d'évasion ou de rébellion d'un détenu par exemple, les peines de rébellion ou d'évasion se cumulent avec celles que le détenu subissait ou celles prononcées pour l'infraction à raison de laquelle il était détenu (art. 433-9 et 433-31 CP).

B – Le concours réel d'infractions

Art. 132-2 CP : *Il y a concours d'infractions lorsqu'une infraction est commise par une personne avant qu'elle n'ait été définitivement condamnée pour une autre infraction*

Distinctions

◇ Concours de qualifications : un même fait matériel est susceptible de tomber sous le coup de plusieurs qualifications

◇ Concours apparent ou concours idéal de qualification

◇ Récidive : commission d'une nouvelle infraction après une 1re condamnation dans le délai prévu par la loi

- Aggravation de la répression

Résolution du concours réel d'infractions

◇ Cumul de d'infractions

- Autant de déclarations de culpabilité que d'infractions

◇ Détermination de la peine à subir

- Cumul des peines de nature différente
- Non- cumul des peines de même nature : les peins ne s'additionnent pas

Domaine du non-cumul des peines

◇ Application du principe aux peines

- Exclusion des sanctions administratives, disciplinaires, des amendes douanières et fiscales

✓En cas de cumul d'une sanction administrative, disciplinaire ou fiscale avec une sanction pénale, le principe de la proportionnalité des peines s'applique (C. const. 30 déc. 1997)

- Exclusion des mesures pénales autres que des peines : contrainte judiciaire, mesures ordonnées par les juridictions d'instruction dans le cadre du contrôle judiciaire

✓Imputation de la durée de la détention provisoire sur celle de la peine subie (art. 760 CPP)

◇ Exclusion des amendes contraventionnelles

- Cumul des amendes contraventionnelles entre elles ou avec celles prononcées pour un crime ou un délit en concours (art. 132-7 CP)

◇ Exclusion des peines prononcées par une juridiction étrangère

◇ Règles particulières pour certaines infractions en concours

- Cumul juridique : en cas d'infractions en concours, le législateur peut ériger l'une en circonstance aggravante de l'autre (vol suivi d'actes de destruction : vol aggravé)
- Cumul matériel dans certains cas : en cas d'évasion commise par un détenu, les peines de l'évasion se cumulent avec celles que subissait le détenu (art. 433-9 et 434-31 CP)

2 – L'application de la règle du non-cumul des peines

a – L'unité de poursuite

Selon l'article 132-3 alinéa 1 CP, *lorsqu'à l'occasion d'une même procédure, la personne poursuivie est reconnue coupable de plusieurs infractions en concours, chacune des peines prononcées encourue peut être prononcée. Toutefois, lorsque plusieurs peines de même nature sont encourues, il ne peut être prononcé qu'une seule peine de cette nature dans la limite du maximum légal le plus élevé.*

Si les peines encourues sont de nature différente, chacune d'elles peut être prononcée jusqu'à son taux légal maximum. Il faut distinguer cette hypothèse de celle où un individu est poursuivi pour une seule infraction et dans laquelle le juge ne peut cumuler par exemple l'emprisonnement et le TIG (art. 131-9 al. 1 CP). En cas de condamnation pour deux délits, le juge pourra prononcer à la fois ces deux peines en sanctionnant la première infraction d'un emprisonnement et la seconde d'un TIG.

Lorsque les peines sont de même nature, il ne peut être prononcé qu'une seule peine de cette nature dans la limite du maximum légal le plus élevé. Les peines de même nature sont celles qui ont le même contenu ou objet et le même effet (art. 132-5 al. 1 CPP).

Seule la peine la plus forte ou chaque peine la plus forte de chaque catégorie figure dans le jugement. Cependant, la peine prononcée est réputée commune aux diverses infractions en concours dans la limite du maximum légal applicable à chacune d'elles (art. 132-3 al. 2 CP). Elle s'applique indivisément aux diverses infractions en concours. Dès lors, si la condamnation n'est plus justifiée pour l'une des infractions en concours, par ex, si la décision est partiellement révisée ou si la peine devait cesser de recevoir exécution pour l'une des peines, la peine commune aux infractions en concours continue de s'appliquer sous réserve de ne pas dépasser le maximum légal le plus élevé des infractions restantes.

2 – L'application de la règle du non-cumul des peines

a - Unité de poursuites

Résolution du non-cumul lors du prononcé de la peine (art. 132-3 al. 1 CP)

Cumul des peines de nature différente

◇ Cumul des peines de nature différente

▪ Toutes les peines peuvent être prononcées dès lors qu'elles sont prévues pour l'une des infractions en concours

✓Exemple : délit A puni de 7 ans d'emprisonnement, délit B puni d'amende : le juge peut prononcer à la fois l'emprisonnement et l'amende

Non-cumul des peines de même nature

◇ Une seule peine de même nature peut être prononcée, dans la limite du maximum légal le plus élevé

▪ Seule la peine la plus forte ou la peine la plus forte de chaque catégorie est mentionnée dans le jugement

✓En de concours entre un crime punissable de 15 ans de réclusion criminelle et un délit puni de 5 ans d'emprisonnement, la durée maximale de la privation pouvant être prononcée est de 15 ans

✓ en cas de concours entre un délit puni de 5 ans d'emprisonnement et 375 000 euros d'amende et un autre de 10 ans d'emprisonnement et de 100 000 euros d'amende, le juge peut prononcer une peine de 10 ans d'emprisonnement au maximum et une amende maximale de 375 000 euros

Imputation de la peine prononcée

◇ La peine prononcée est réputée commune aux diverses infractions en concours dans la limite du maximum légal applicable à chacune d'elles

▪ Si la condamnation n'est plus justifiée pour l'une des infractions, la peine continue de s'appliquer, sous réserve de ne pas dépasser le maximum légal des infractions restantes

Règles communes à l'unité ou la pluralité des poursuites

◇ Détermination des peines de même nature

▪ Les peines privatives de liberté sont même nature

✓Si une peine de réclusion à perpétuité est prononcée, toutes les autres peines privatives de liberté se confondent avec

✓Lorsque la réclusion criminelle à perpétuité est encourue pour l'une ou plusieurs des infractions en concours et qu'elle n'a pas été prononcée, le maximum légal est fixé à 30 ans de réclusion criminelle

▪ Les peines d'amende et de jours-amende sont de même nature

◇ Il est tenu compte, s'il y a lieu, de l'état de récidive

◇ Le bénéfice du sursis, total ou partiel, attaché à l'une des peines ne fait pas obstacle à l'exécution des peines de même nature non assorties du sursis

◇ La confusion de peines se fait, le cas échéant, en tenant compte de la mesure de grâce ou de relèvement ou de la réduction applicable à l'une des peines b – La pluralité de poursuites

Aux termes de l'article 132-4 CP, *lorsque, à l'occasion de poursuites séparées, la personne poursuivie a été reconnue coupable de plusieurs infraction en concours, les peines prononcées s'exécutent cumulativement dans la limite du maximum légal le plus élevé. Toutefois, la confusion totale ou partielle des peines de même nature peut être ordonnée, soit par la dernière juridiction appelée à statuer, soit dans les conditions prévues par le Code de procédure pénale.*

• Cumul plafonné des peines : les peines de même nature prononcées pour chaque infraction peuvent se cumuler, mais dans la limite du maximum légal le plus élevé.

• Confusion facultative des peines : le juge a la possibilité d'ordonner la confusion des peines de même nature, même en deçà du maximum légal. La peine la plus forte absorbe, en totalité ou en partie les peines les moins fortes, le condamné exécutant alors une peine plus réduite que celle qui aurait résulté d'un cumul dans la limite du maximum légal le plus élevé. La confusion peut être ordonnée, une fois les différentes condamnations devenues définitives, soit par la dernière juridiction de jugement appelée à statuer, soit ultérieurement à la demande du condamné ou du ministère public par une des juridictions ayant prononcées les peines visées sur la requête (art. 701 CPP).

Lorsque la confusion des peines est ordonnée, les différentes peines confondues sont réputées s'exécuter simultanément. Toutefois, la confusion n'enlève pas aux différentes peines leur existence propre. Les peines confondues les plus fortes peuvent être prises en compte au titre de la récidive. Si la peine la plus forte disparaît, les peines confondues avec la peine avec elle doivent alors être exécutées, dans la limite du nouveau maximum légal encouru le plus élevé. Cependant, le relèvement intervenu après une confusion s'applique à la peine résultant de la celle-ci (art. 132-6 al. 2 CP) et si le juge de l'application des peines accorde une réduction de peine, sa durée est imputée sur la peine à subir après confusion (art. 132-6 al. 3 CP).

b - La pluralité de poursuites

Résolution du non-cumul par la dernière juridiction appelée à statuer ou pendant l'exécution de la peine par la juridiction ayant prononcé la sentence, la chambre d'instruction en matière criminelle ou la juridiction du lieu de détention (art. 132-4 CP)

Cumul plafonné des peines

◇ Les peines de nature différente sont exécutées de manière cumulative dans la limite u maximum légal le plus élevé

✓ 1ère condamnation : 4 ans d'emprisonnement et 300 000 euros d'amende pour un délit A (peines maximales encourues : 5 ans et 375 0000 euros), 2ème condamnation : 7 ans d'emprisonnement et 100 000 euros d'amende pour un délit B (peines maximales encourues : 10 ans et 150 000 euros)

✓ Peine d'emprisonnement à exécuter de (4+7) ramenée à 10 ans d'emprisonnement, maximum du délit B et amende de (300 000 + 100 000) ramenée à 375 000 euros, maximum du délit A

◇ Confusion de la peine de réclusion criminelle à perpétuité avec toutes les autres privatives de liberté (art. 132-5 al. 1 CP)

Confusion des peines

◇ Faculté pour le juge d'ordonner la confusion totale ou partielle des peines

- Confusion des peines de même nature
- La peine la plus forte absorbe en totalité ou en partie les peines les moins fortes

✓ Confusion totale

- La peine de 7 ans d'emprisonnement prononcée pour le délit B absorbe totalement la peine de 4 ans prononcé pour le délit A et l'individu n'exécute que 7 ans d'emprisonnement
- La peine de 300 000 euros d'amende peut absorber totalement la somme la somme de 1 000 000 prononcée pour le délit B et le condamné ne paie qu'une amende de 300 000 euros d'amende
- En cas de confusion totale entre deux peines d'emprisonnement avec sursis, seule la peine d'emprisonnement sans sursis la plus longue s'exécute

✓ Confusion partielle

- La peine de 7 ans prononcée pour le délit B absorbe par exemple la moitié de la peine prononcée pour le délit et le condamné exécute 9 ans d'emprisonnement
- La peine de 300 000 absorbe partiellement la somme de 100 000 par exemple à hauteur de 50 000 et l'individu paie une amende de 350 000 euros

Effets de la confusion

◇ Les peines confondues conservent leur existence propre

- Elles sont réputées s'exécuter simultanément
- Les peines les moins fortes peuvent être prises en compte au titre de la récidive
- Si la peine la plus forte disparaît, les peines confondues avec la peine la plus forte sont exécutées, dans la limite du nouveau maximum légal le plus élevé

Chapitre 2 – L'exécution de la peine

Section 1 – Le sursis

Le sursis est une suspension conditionnelle de l'exécution de la sanction. Celle-ci dépendra de la conduite du condamné durant la durée de l'épreuve.

§1 – Le sursis simple

Il n'est assorti d'aucune obligation spéciale, si ce n'est celle de ne pas commettre d'infraction durant le délai d'épreuve (art. 132-29 CPP). Le sursis peut être total. Lorsqu'il s'agit d'un sursis partiel, il ne peut s'appliquer qu'à l'amende, au jour-amende ou à l'emprisonnement et la partie non affectée du sursis est exécutée.

A – Les conditions du sursis simple

L'octroi du sursis simple tient compte du passé pénal du condamne et de la peine prononcée.

Chapitre 3 – Les modalités d'exécution de la peine

Section 1 – Le sursis

Sursis : suspension conditionnelle de l'exécution de la sanction
◊ L'exécution de la sanction dépend de la conduite du condamné pendant le délai d'épreuve
▪ Le sursis peut être total ou limité à une partie de la peine

◊ Le juge doit informer le condamné des modalités et des conséquences du non-respect de l'épreuve
◊ Le sursis est une faculté pour le juge
▪ Toutefois, en matière correctionnelle, le tribunal doit spécialement motiver le choix d'un emprisonnement ferme
✓Incitation à prononcer des peines d'emprisonnement délictuel avec sursis
✓La motivation spéciale n'est pas exigée en cas de récidive

§1 – Le sursis simple

Sursis simple : le condamné ne doit pas commettre de nouvelle infraction pendant le délai de l'épreuve (art. 132-29 CP, 736 CPP)

A – Conditions d'octroi du sursis

Pour les personnes physiques
◊ Passé pénal du condamné : absence de condamnation dans les 5 ans précédant les faits pour crime ou délit de droit commun à une peine privative de liberté (art. 132-30, 132-33 CP)
◊ Peines pouvant faire l'objet d'un sursis
▪ En matière criminelle et correctionnelle
✓ Peine d'emprisonnement de 5 ans au maximum, amende, jour-amende, peines privatives ou restrictives de droit de l'art. 131-6 CP sauf la confiscation, peines complémentaires de l'art. 131-10 CP à l'exclusion de la confiscation, de la fermeture d'établissement et l'affichage de la décision
✓Si la personne a été condamnée à une peine autre que l'emprisonnement et l'amende dans les 5 ans précédant les faits : le sursis ne s'applique que pour l'emprisonnement
▪ En matière contraventionnelle
✓Peines privatives ou restrictives de droits, à certaines peines complémentaires (suspension de permis de conduire, interdiction de port d'arme, retrait du permis de chasser, interdiction d'émettre des chèques)
✓Amende prononcée pour les contraventions de 5ᵉ classe

Pour les personnes morales
◊ En matière criminelle et correctionnelle
▪ Absence de condamnation, dans les 5 ans précédant les faits pour un crime ou un délit de droit commun, à une amende d'un montant supérieur à 60 000 euros
✓Sursis applicable à l'amende, l'interdiction d'exercer une activité professionnelle ou sociale, l'exclusion des marchés publics, l'interdiction de faire appel public à l'épargne, l'interdiction d'émettre des chèques
◊ En matière contraventionnelle
▪ Absence de condamnation dans les 5 ans précédant les faits pour un crime ou un délit de droit commun, à une amende d'un montant supérieur à 15 000 euros
✓Sursis applicable à l'interdiction d'émettre des chèques, à l'amende prononcée pour les contraventions de 5ᵉ classe

B – Les effets du sursis simple

1 – Le délai de l'épreuve

La condamnation avec sursis fait courir un délai d'épreuve de 5 ans en matière criminelle ou correctionnelle et de 2 ans en matière de police à compter du jour où la condamnation devient définitive. Lorsqu'il s'agit d'une peine d'emprisonnement assortie d'un sursis partiel, le délai ne court qu'après l'exécution de la partie ferme de l'emprisonnement.

Le sursis n'affecte pas la condamnation qui subsiste. Les peines complémentaires non assorties du sursis doivent être exécutées pendant la suspension de la peine principale. La mesure ne s'étend pas non plus aux peines accessoires, ni aux dommages et intérêts. La condamnation compte pour la récidive puisqu'elle est inscrite au casier judiciaire.

2 – La révocation du sursis

Le sursis peut être révoqué si les faits, objet de la deuxième condamnation sont commis pendant le délai d'épreuve.

En matière criminelle et délictuelle, lorsque la peine prononcée avec sursis est l'emprisonnement, une nouvelle condamnation à une peine réclusion criminelle ou d'emprisonnement pour crime ou délit entraîne la révocation du sursis (132-36 et 132-37 CP). S'il s'agit d'une peine autre que l'emprisonnement, le sursis est révoqué en cas de commission de crime ou de délit ayant entraîné une nouvelle condamnation sans sursis à une peine quelconque.

En matière de police, le sursis est révoqué par une nouvelle condamnation sans sursis à une peine quelconque pour un crime, un délit ou une contravention de 5è classe.

La révocation entraîne l'exécution de toutes les peines antérieures assorties d'un sursis. Ces peines s'exécutent successivement sans pouvoir être confondues (art. 132-38 CP). Toutefois, la juridiction peut, par décision spéciale et motivée, dire que la condamnation qu'elle prononce n'entraîne pas la révocation du sursis ou de l'un des sursis antérieurement accordés ou n'entraîne qu'une révocation partielle, pour une durée qu'elle détermine, du sursis antérieurement accordé (art 132-8 al 2 CP).

3 – Le non-avenu

Si le sursis n'est pas révoqué, la condamnation prononcée avec sursis devient non avenue à la fin de la durée de l'épreuve (art. 132-35 CP). Si la peine était assortie d'un sursis partiel, la condamnation est réputée non avenue pour toute la peine, même si la partie ferme n'a pas été exécutée. Toutefois, la peine de jour-amende ou la partie de l'amende non assortie du sursis reste due en toute hypothèse (art. 132-39 CP). Les peines automatiques attachées à la condamnation cessent de recevoir exécution.

La condamnation non avenue est censée n'avoir pas été prononcée. Elle ne fait pas obstacle à l'octroi d'un nouveau sursis et ne peut être prise en compte pour faire jouer la récidive.

B – Les effets du sursis simple

Le délai d'épreuve

◊ Délai d'épreuve
- Délai pendant lequel la personne bénéficiant du sursis ne doit pas commettre une nouvelle infraction

◊ Durée du délai
- 5 ans en matière criminelle ou correctionnelle
- 2 ans en matière de police

◊ Computation du délai
- A compter du jour où la décision devient définitive
- Emprisonnement assorti d'un sursis partiel : à l'expiration de la partie ferme

La suspension de l'exécution de la peine ne concerne que l'emprisonnement (art. 736 CPP)

◊ Condamnation inscrite au casier judiciaire

◊ Suspension de l'exécution non applicable
- Aux incapacités, interdictions, déchéances résultant de la condamnation s'exécutent jusqu'au jour où la condamnation est réputée non avenue
  - ✓à l'exclusion du suivi socio-judiciaire et l'interdiction d'exercer une activité professionnelle ou bénévole impliquant un contact habituel avec des mineurs
- La suspension de la peine ne s'étend pas au paiement des dommages-intérêts

La révocation du sursis

◊ Révocation totale ou partielle
- En matière criminelle et correctionnelle
  - ✓En cas de nouvelle condamnation à la réclusion ou à l'emprisonnement sans sursis pour crime ou délit
  - ✓En cas de nouvelle condamnation à une peine autre que la réclusion ou l'emprisonnement sans sursis si le sursis portait sur une peine que la réclusion ou l'emprisonnement
- En matière de police
  - ✓en cas de nouvelle condamnation à une peine quelconque pour crime, délit ou contravention 5ème classe

◊ Décision de révocation facultative pour le juge

◊ Effets de la révocation
- Exécution de la peine dont le sursis a été révoqué sans confusion avec la nouvelle peine

Le non-avenu

◊ Conditions du non avenu
- Absence de nouvelle condamnation ordonnant la révocation totale du sursis pour une infraction commise pendant le délai d'épreuve

◊ Effets du non avenu
- Inexécution de la peine prononcée
  - ✓Le non-avenu ne pas obstacle à la révocation du sursis en cas de nouvelle infraction dans le délai de 5 ans
  - ✓En cas de sursis partiel, condamnation réputée non avenue dans tous es éléments, mais la peine de jours-amende ou l'amende ou la partie de l'amende non assortie du sursis reste due
- Extinction de toutes les obligations à l'exclusion
  - ✓du suivi socio- judiciaire
  - ✓de l'interdiction d'exercer une activité professionnelle ou bénévole impliquant un contact habituel avec des mineurs
  - ✓des incapacités, interdictions et déchéances prononcées comme peine complémentaire

§2 – Le sursis avec mise à l'épreuve

A – Conditions d'octroi du SME

Le SME n'est applicable qu'aux personnes physiques (art. 132-40 al. 1 CP). Il peut être ordonné en cas de condamnation à une peine d'emprisonnement de 5 ans au maximum pour crime ou délit de droit commun (art. 132-42 CP). Si la personne est en état de récidive légale, il est applicable aux condamnations à une peine d'emprisonnement de dix ans au maximum.

B – Le régime de la mise en épreuve

Le condamné ne subit pas la peine assortie du sursis, mais toutes les autres peines ainsi que les dommages et intérêts doivent être exécutés.

Pendant la durée de l'épreuve, le condamné est soumis aux mesures de contrôle de l'article 132-44 CP qui s'appliquent automatiquement et auxquelles peuvent s'ajouter celles de l'article 132-45 CP. Des mesures d'aides à caractère social et s'il y a lieu, des aides matérielles sont mises en œuvre afin de seconder les efforts du condamné en vue de son reclassement (art. 132-46 CP).

Le juge de l'application des peines contrôle l'exécution de ces mesures et peut les modifier. Il peut en imposer lorsque la juridiction de jugement n'en a pas ordonnées (art. 132-45 CP). En cas de non-respect des obligations ou de condamnation à une infraction commise pendant le délai d'épreuve n'ayant pas entraîné la révocation du sursis, il peut prolonger le délai de l'épreuve dans la limite de 3 ans.

C – Effets du SME

1 – La révocation du SME

Le SME peut être révoqué en cas de condamnation à une nouvelle infraction par la juridiction de jugement. En cas de non-respect des obligations imposées, le JAP est compétent.

La décision ordonnant la révocation partielle du sursis ne met pas fin au régime de la mise à l'épreuve et n'attache pas à la condamnation les effets d'une condamnation sans sursis (art. 132-49 CP). Si la juridiction ordonne l'exécution de la totalité de l'emprisonnement et si le sursis avec mise à l'épreuve a été accordé après une première condamnation déjà prononcée sous le même bénéfice, elle peut, par décision spéciale, ordonner que la première peine sera également exécutée (art. 132-50 CP).

2 – Le non-avenu

La condamnation est non avenue en l'absence de révocation. Mais le juge de l'application des peines peut, d'office ou s'il est saisi à cette fin, la déclarer non avenue, lorsqu'il estime le reclassement acquis, avant l'expiration d'un délai d'un an à compter du jour où la condamnation est devenue définitive (art. 744 CPP).

§2 – Le sursis avec mise à l'épreuve

Sursis avec mise à l'épreuve ou sursis probatoire applicable seulement aux personnes physiques : pendant d'épreuve, le condamné est soumis à diverses obligations et interdictions (art. 132-40 CP

Conditions d'octroi du sursis avec mise à l'épreuve

◇ Sursis applicable

▪ aux peines d'emprisonnement de 5 ans au maximum pour crime ou délit de droit commun ou 10 ans en cas de récidive

◇ SME inapplicable

▪ lorsque la personne qui a déjà bénéficié de 2 SME pour délits identiques ou assimilés se trouve en état de récidive

▪ lorsque la personne, condamnée pour crime, délit de violences volontaires, délit d'agressions ou d'atteintes sexuelles ou délit commis avec la circonstance aggravante de violences, a déjà bénéficié pour une infraction identique ou similaire d'un SME et se trouve en état de récidive

▪ Ces limitations ne s'appliquent pas lorsque le SME ne porte que sur une partie de l'emprisonnement

Effets du SME (identiques au sursis simple)

◇ Révocation du SME

▪ Révocation par le tribunal correctionnel en cas de condamnation à une peine de réclusion criminelle ou d'emprisonnement sans sursis pour un crime ou un délit commis pendant le délai d'épreuve

▪ Révocation totale ou partielle ou totale par le JAP en cas d'inexécution des mesures de contrôles et des obligations particulières ou de nouvelle condamnation à une nouvelle infraction

◇ Absence de révocation : non-avenu

▪ Condamnation avec SME réputée non avenue en l'absence de nouvelle condamnation ordonnant la totalité de l'exécution de la totalité de la peine d'emprisonnement

✓En cas de SME partiel, condamnation réputée non avenue dans tous ses éléments, exécution des peines pécuniaires non assorties du sursis

▪ Faculté pour le JAP de mettre un terme au délai d'épreuve si le reclassement du condamné lui paraît acquis

Régime de la mise à l'épreuve

Durée de la mise à l'épreuve

◇ Durée comprise entre 12 mois et 3 ans, 5 ans si la personne est en état de récidive et 7 ans en cas de nouvelle récidive

▪ Délai courant à partir du jour où la condamnation devient définitive

▪ En cas de sursis partiel, l'épreuve est suspendue pendant la privation de liberté

◇ Possibilité pour le JAP de prolonger le délai en cas de non-respect des obligations imposées ou de commission d'une nouvelle condamnation n'ayant pas entraîné la révocation du sursis pour une durée qui ne peut être supérieure à 3 ans

Régime de l'épreuve

◇ Art. 132-44 CP mesures de contrôle applicables

◇ Art. 132-45 CP : obligation particulières ordonnées par la juridiction de jugement ou le JAP

◇ Art. 132-46 CP : mesures d'aide à caractère social ou aide matérielle

§3 – Le sursis assorti de l'obligation d'accomplir un travail d'intérêt général

A – Conditions d'octroi du sursis-TIG

Les conditions d'octroi du sursis-TIG sont identiques à celles du SME. Mais le condamné âgé d'au moins 16 ans doit être présent à l'audience et donner son accord. Il ne peut être accordé à titre partiel (art. 132-54 CP).

Le JAP peut convertir une peine d'emprisonnement ferme de 6 mois au maximum en une peine assortie d'un sursis-TIG. Il peut également ordonner un sursis-TIG en cas de peine d'emprisonnement ayant fait l'objet d'un sursis partiel, assorti ou non d'une mise à l'épreuve, lorsque la partie ferme de la peine est inférieure ou égale à six mois. Il peut appliquer le sursis-TIG aux peines d'emprisonnement inférieures ou égales à six mois résultant de la révocation d'un sursis assorti ou non d'une mise à l'épreuve.

B – Le régime du sursis-TIG

Le juge fixe la durée du TIG entre 20 et 280 heures à effectuer durant le délai qu'il détermine, dans la limite de 18 mois. Les modalités sont identiques à celles du TIG prononcé à titre de peine (art. 132-54 CP).

Le condamné est tenu de respecter des mesures de contrôle similaires à celles du SME. Il doit se soumettre à un examen médical avant l'exécution de la peine afin de vérifier qu'il n'est pas atteint d'affection dangereuse pour les autres travailleurs et son aptitude au travail.

C – Effets du sursis-TIG

Les conditions et les effets de la révocation ou de l'absence de révocation du sursis-TIG sont les mêmes qu'en matière de SME. Cependant, le juge ne peut révoquer partiellement le sursis-TIG.

Le non-avenu peut être prononcé avant le terme fixé dès que la totalité du travail a été effectuée.

§3 – Le sursis avec obligation d'accomplir un TIG

Sursis-TIG : obligation pour le condamné d'accomplir un travail d'intérêt général pendant l'épreuve
- ◊ Applicable au prévenu âgé d'au moins 16 ans
- ◊ Accord du condamné exigé
  - ▪ Mesure prononcée en présence de l'intéressé

Conditions

Sursis-TIG prononcé par le tribunal
- ◊ Conditions identiques au SME
  - ▪ En matière criminelle et correctionnelle (art. 132-40 et 132-41 CP)
  - ▪ Mais il ne peut être prononcé à titre partiel

Pouvoir du JAP
- ◊ Convertir une peine d'emprisonnement de 6 mois ferme devenue définitive en sursis-TIG
- ◊ Substituer un sursis-TIG à une peine de jour-amende
- ◊ Ordonner que la partie ferme d'une peine d'emprisonnement avec un sursis partiel soit accompli sous le régime du sursis-TIG
- ◊ Ordonner que les peines inférieures ou égales à 6 mois résultant de la révocation de sursis soient accomplies sous le régime du sursis-TIG

Régime juridique

Régime de la mise à l'épreuve
- ◊ Obligation principale : le TIG
  - ▪ Durée : entre 20 et 280 heures, pendant un délai de 18 mois
  - ▪ Modalités identiques à celles du TIG
- ◊ Mesures prévues à l'art. 132-55 CP
- ◊ Application des mesures de contrôle et obligations particulières prévues pour le SME
- ◊ Application des mesures d'aide

Effets
- ◊ Effets identiques au SME
  - ▪ Obligation d'accomplir un TIG assimilée à une obligation du SME
    - ✓Impossibilité de prononcer une révocation partielle
      - o En cas d'exécution partielle du TIG, le JAP peut ordonner la conversion de la partie non exécutée en jours-amende
- ◊ Condamnation assortie du sursis-TIG considéré comme non avenue dès la fin de l'accomplissement du TIG
  - ▪ L'exécution du TIG avant le terme fixé ne met pas fin aux autres obligations

Section 2 – L'aménagement de l'exécution de la peine

L'exécution des peines doit favoriser, dans le respect des intérêts de la société et des droits des victimes, l'insertion ou la réinsertion des condamnés ainsi que la prévention de la récidive. Les peines doivent être aménagées pour tenir compte de l'évolution de la personnalité et de la situation du condamné (art. 707 CPP).

§1 - Lors du prononcé de la peine

La juridiction de jugement peut déterminer le moment ou les modalités d'exécution de la sanction prononcée.

A - Les mesures de faveurs

1 – Le fractionnement

Le fractionnement de la peine peut être ordonné pour motif grave d'ordre médical, familial, professionnel ou social. Il peut être modifié en cours d'exécution.

En matière correctionnelle, les peines d'emprisonnement inférieures ou égales à deux ans, ou un an si la personne est en état de récidive légale peuvent être exécutées par fractions, chacune fraction ne pouvant être inférieure à 2 jours et sans que la durée totale d'exécution n'excède 4 ans (art. art. 132-27 CP).

Si le reliquat de l'emprisonnement à subir est inférieur ou égal à deux ans, la peine peut, pendant une période n'excédant pas quatre ans, être suspendue ou exécutée par fractions, aucune de ces fractions ne pouvant être inférieure à deux jours. Le JAP peut soumettre le condamné à une ou plusieurs des obligations ou interdictions de contrôle.

En matière correctionnelle et contraventionnelle, la peine d'amende, le jour-amende et la suspension du permis de conduire peuvent être exécutés par fractions pour une période n'excédant pas 3 ans. Le fractionnement de la peine de suspension de permis de conduire est exclu lorsque la loi ou le règlement prévoit que cette peine ne peut pas être limitée à la conduite en dehors de l'activité professionnelle (art. 132-28 CP).

Section 2 – L'aménagement de l'exécution de la peine

Le moment d'exécution de la sanction

L'exécution par provision

Principe
◊ Une peine n'est exécutée que si elle est définitive
◊ Délais de voies de recours : effet suspensif
▪ sauf exécution par provision : application immédiate

§1 – Lors du prononcé de la peine

A – Les mesures de faveur

1 – Le fractionnement de la peine

Le fractionnement de peine permet au condamné d'exécuter sa peine en plusieurs périodes (art. 132-27 CP, 720-1 CPP)
◊ La peine n'est pas exécutée pendant la période de fractionnement ou de suspension
◊ Fractionnement pour motif grave d'ordre médical, familial, professionnel ou social

◊ Bénéficiaires
▪ Condamnés à une peine d'emprisonnement
✓inférieure ou égale à deux ans
✓ inférieure ou égale à un an en cas de récidive
✓dont le reliquat à subir est inférieur ou égal à deux ans d'emprisonnement
✓Suspension pour raisons familiales : seuil de 2 ans porté à 4 ans lorsque le condamné
o exerce l'autorité parentale sur un enfant de 10 ans ayant sa résidence chez lu
o est une femme enceinte de plus de 12 semaines
▪ Peine non privative de liberté
✓Amende
✓Jour-amende
✓Exclusion de la suspension du permis de conduire dans les cas où elle ne peut pas être limitée à la conduite en dehors de l'activité professionnelle

◊ Exécution de la peine fractionnée
▪ Exécution en plusieurs fois
✓Emprisonnement : fraction d'au moins 2 jours sans que la durée totale d'exécution de la peine excède 4 ans
✓Durée totale d'exécution pour les peines autres que l'emprisonnement : 3 ans au plus
▪ Les périodes de suspension de l'exécution de la peine ne comptent pas comme période d'exécution
◊ Modification de la décision de fractionnement
▪ Par le JAP

2 – La semi-liberté, le placement à l'extérieur et le placement sous surveillance électronique mobile

Lorsque la juridiction de jugement prononce une peine égale ou inférieure à deux ans d'emprisonnement, ou, contre une personne en état de récidive légale, une peine égale ou inférieure à un an, elle peut décider que cette peine sera exécutée en tout ou partie sous le régime de la semi-liberté ou du placement à l'extérieur (art. 132-25, 132-26, 132-26-1 CP, 723-2 CPP). Le condamné doit justifier soit de l'exercice d'une activité professionnelle, de l'assiduité à un enseignement ou une formation professionnelle, d'un stage ou d'un emploi temporaire en vue de leur insertion sociale, soit de sa participation essentielle à la vie de famille, soit de la nécessité de subir un traitement médical, soit de l'existence d'efforts sérieux de réadaptation sociale résultant de son implication durable dans tout autre projet caractérisé d'insertion ou de réinsertion de nature à prévenir les risques de récidive.

Le condamné admis au bénéfice de la semi-liberté est astreint à rejoindre l'établissement pénitentiaire selon les modalités déterminées par le juge de l'application des peines en fonction du temps nécessaire à son activité. Il doit demeurer dans l'établissement pendant les jours où, pour quelque cause que ce soit, ses obligations extérieures se trouvent interrompues (art. 132-26 CP).

Le placement à l'extérieur permet au condamné d'être employé en dehors d'un établissement pénitentiaire à des travaux contrôlés par l'administration (art. 132-26 CP, 723 CPP).

Le placement sous surveillance électronique emporte, pour le condamné, interdiction de s'absenter de son domicile ou de tout autre lieu désigné par le juge de l'application des peines en dehors des périodes fixées par celui-ci. Les périodes et les lieux sont fixés en tenant compte de ses obligations. Le condamné doit également de répondre aux convocations de toute autorité publique désignée par le juge de l'application des peines (132-26-2 CP).

La décision de placement sous surveillance électronique ne peut être prise qu'avec l'accord du prévenu préalablement informé qu'il peut demander à être assisté par son avocat, avant de donner son accord. S'il s'agit d'un mineur non émancipé, cette décision ne peut être prise qu'avec l'accord des titulaires de l'exercice de l'autorité parentale.

2 – La semi-liberté, le placement à l'extérieur et le placement sous surveillance électronique

◊ Objectif
- Éviter l'incarcération des personnes condamnées à des courtes peines de prison
- Favoriser la réinsertion sociale du condamné

Conditions d'octroi des mesures de faveur

◊ Quant aux peines prononcées
- Peine d'emprisonnement sans sursis n'excédant pas 2 ans ou 1 an en cas de récidive
- Si l'emprisonnement est assorti partiellement d'un sursis ou d'un SME
  - ✓La semi-liberté peut être ordonnée si la partie ferme est de 2 ans au plus ou, en cas de récidive, 1 an

◊ Quant aux personnes condamnées
- Condamnés justifiant
  - ✓de l'exercice d'une activité professionnelle, de l'assiduité à un enseignement ou une formation professionnelle, d'un stage ou d'un emploi temporaire en vue de leur insertion sociale
  - ✓ de leur participation essentielle à la vie de famille
  - ✓de la nécessité de subir un traitement médical
  - ✓de l'existence d'efforts sérieux de réadaptation sociale résultant de son implication durable dans tout autre projet caractérisé d'insertion ou de réinsertion de nature à prévenir les risques de récidive.

◊ Application éventuelle des obligations et interdictions identiques à celles du SME

◊ Contrôle et retrait des mesures par le JAP

Les diverses mesures de faveur

La semi-liberté (art. 132-25 CP)

◊ Condamné autorisé à sortir de l'établissement pénitentiaire, sans suspension de la peine d'emprisonnement, sans surveillance particulière, le temps nécessaire à l'exercice de l'activité ayant motivé la mesure
- Le condamné demeure dans l'établissement pénitentiaire lorsque sa présence à l'extérieur n'est pas nécessaire

Le placement à l'extérieur (art. 132-25 CP)

◊ Condamné employé à l'extérieur pour le compte de l'administration

◊ Travail effectué sous le contrôle de l'administration pénitentiaire

Le placement sous surveillance électronique (art. 132-26-1 CP)

◊ Interdiction faite au condamné de s'absenter de son domicile ou de tout autre lieu désigné par le juge de l'application en dehors des périodes fixées par celui-ci
- Les périodes et les lieux sont fixés en fonction des activités du condamné
- Obligation de répondre aux convocations de toute autorité désignée par le JAP

◊ Mesure ordonnée avec le consentement du prévenu
- Le prévenu doit être informé qu'il peut demander à être assisté d'un avocat avant de donner son accord
- Si le prévenu est un mineur non émancipé, l'accord est donné par le représentant légal

B – La période de sûreté

La période de sûreté correspond à la période de la peine privative de liberté pendant laquelle aucune mesure de faveur ne peut être accordée au condamné.

La période de sûreté est facultative lorsque la juridiction de jugement prononce une peine privative de liberté supérieure à 5 ans (art. 132-23 al. 3 CP). Elle ne peut excéder les 2/3 de la peine ou 22 ans si la réclusion perpétuelle est prononcée.

Elle est obligatoire lorsqu'une peine de privative de liberté sans sursis d'une durée supérieure ou égale à 10 ans est prononcée pour une des infractions spécialement prévues par la loi (art. 132-23 CP). Sa durée est égale à la moitié de la peine privative de liberté prononcée ou à 18 ans s'il s'agit d'une peine perpétuelle. La juridiction de jugement peut la réduire sans être tenue par une durée minimale ou l'augmenter par décision spéciale dans la limite des 2/3 de la peine prononcée ou 22 ans s'il s'agit de la réclusion criminelle à perpétuité (art. 132-23 al. 2 CP).

En cas de meurtre ou d'assassinat d'un mineur de 15 ans précédé ou accompagné d'un viol ou dc tortures ou d'actes de barbarie, la cour d'assises peut par décision spéciale motivée, soit porter la période de sûreté jusqu'à 30 ans, soit si elle prononce la réclusion criminelle à perpétuité décider que la peine sera incompressible (art. 221-3 et 221-4 CP).

La durée de la période de sûreté peut être révisée pendant l'exécution de la peine par le tribunal de l'application des peines ou à la suite d'une grâce présidentielle entrainant commutation ou réduction de peine.

La révision de la période de sûreté donne la possibilité de demander des mesures d'individualisation. Mais lorsque la période de sûreté était supérieure à 15 ans, aucune libération conditionnelle ne peut être accordée sans que le condamné ait été placé sous le régime de la semi-liberté pendant une durée de 1 à 3 ans.

B – La période de sûreté

Période pendant laquelle le condamné à une peine privative de liberté ne peut bénéficier de mesure de faveur

◇ Application d'un régime d'exécution strict compte tenu de la gravité des faits ou de la dangerosité de son auteur

Conditions et durée de la période de sûreté

◇ Période de sûreté facultative (art. 132-23 CP)

- Peine privative de liberté supérieure à 5 ans d'emprisonnement
- Durée : 2/3 de la peine prononcée ou 22 ans s'il s'agit de la réclusion criminelle à perpétuité

◇ Période de sûreté obligatoire (art. 132-23 CP)

- Pour les infractions déterminées par la loi si la peine privative de liberté prononcée est supérieure ou égale à 10 ans
- Durée
  - ✓Moitié de la peine ou18 ans s'il s'agit de la réclusion criminelle à perpétuité
  - ✓Faculté laissée à la juridiction de la réduire ou de l'augmenter dans la limite des 2/3 ou 22 ans s'il s'agit de la réclusion criminelle à perpétuité
  - ✓Faculté laissée à la cour d'assises de la porter à 30 ans ou prononcer une peine perpétuelle (peine incompressible) en cas meurtre ou d'assassinat d'un mineur de 15 ans précédé ou accompagné de viol ou tortures ou actes de barbarie (art. 221-3 et 221-4 CP)

La réduction de la période de sûreté en cours d'exécution de la peine

Grâce présidentielle entraînant une réduction ou une commutation de peine

◇ La période de sûreté est ramenée à la moitié de la peine résultant de la commutation ou de la remise de peine (art. 720-2 CPP)

◇ En cas de commutation d'une peine perpétuelle incompressible, la période de sûreté est ramenée à la totalité de la durée de la peine résultant du décret de grâce

Décision judiciaire

◇ Le TAP peut à titre exceptionnel mettre fin à la période de sûreté ou réduire sa durée

- si le condamné manifeste de gages sérieux de réadaptation sociale
- si la période de sûreté a été portée à 30 ans par la Cour d'assises : la révision ne peut intervenir tant que le condamné n'a pas subi une incarcération au moins égale à 20 ans
- s'il s'agit d'une peine incompressible, le condamné doit avoir subi une incarcération de 30 ans et une expertise médicale réalisée par un collège de 3 experts est exigée

◇ Dans tous les cas, le TAP peut prononcer des mesures d'assistance et de contrôle sans limitation de temps

§2 – Lors de l'exécution de la peine

L'exécution des peines doit favoriser, dans le respect des intérêts de la société et des droits des victimes, l'insertion ou la réinsertion des condamnés ainsi que la prévention de la récidive (art. 707 CPP). Les peines doivent être aménagées en cours d'exécution pour tenir compte de l'évolution de la personnalité et de la situation du condamné. Lorsqu'il s'agit de peines privatives de liberté, l'individualisation doit permettre le retour progressif du condamné à la liberté et éviter une remise en liberté sans aucune forme de suivi judiciaire.

Les juridictions d'application des peines sont chargées de fixer les principales modalités de l'exécution des peines privatives de liberté ou de certaines peines restrictives de liberté, en orientant et en contrôlant les conditions de leur application. Les décisions sont prises, selon les distinctions établies par la loi, par le juge d'application des peines ou le tribunal d'application des peines. L'avis de la commission d'application des peines est requis dans certains cas. Les recours sont exercés devant la chambre de l'application des peines.

A – La suspension et le fractionnement de la peine

La suspension et le fractionnement de la peine peuvent être décidés pour un motif grave d'ordre médical, familial, professionnel ou social.

L'exécution d'une peine de police ou peine correctionnelle peut fractionnée par le procureur de la République pour une durée supérieure à 3 mois. Au-delà, le tribunal est compétent. La suspension ou le fractionnement de la peine de suspension de permis de conduire n'est pas possible en cas de délits ou de contraventions pour lesquels la loi ou le règlement prévoit que cette peine ne peut pas être limitée à la conduite en dehors de l'activité professionnelle (art. 708 al. 3 CPP).

Le fractionnement ou la suspension d'une privative de liberté peut être ordonnée par le juge de l'application des peines en matière correctionnelle si la durée de la peine restant à subir est inférieure ou égale à deux an (art. 720-1 CPP). Les périodes de fractionnement ne peuvent être inférieures à 2 jours et la durée globale d'exécution du reliquat de la peine ne peut excéder 4 ans.

Sauf lorsqu'il existe un risque grave de renouvellement des infractions, la suspension de la peine peut aussi être décidée pour les condamnés souffrant d'une pathologie engageant le pronostic vital ou dont l'état de santé est jugé incompatible avec le maintien en détention (art 720-1-1 CPP). Cette mesure ne concerne pas les personnes détenues en établissements de santé pour troubles mentaux. Elle peut être prononcée quelle que soit la nature ou la durée de la peine restant à subir. Deux expertises médicales distinctes doivent établir de manière concordante l'état du condamné. La durée de la suspension est indéterminée mais le juge de l'application des peines peut y mettre fin si les conditions ne sont plus remplies ou si les obligations imposées ne sont pas respectées.

Le condamné peut être soumis à une ou plusieurs obligations du régime avec mise à l'épreuve.

§2 – Lors de l'exécution de la peine

A – La suspension et le fractionnement de la peine

Suspension et fractionnement pour motif grave d'ordre médical, familial, professionnel ou social en matière correctionnelle et contraventionnelle
◊ La peine n'est pas exécutée pendant la période de fractionnement ou de suspension

Le fractionnement des peines non privatives de liberté (art. 708 CPP)

◊ Toutes les peines de correctionnelles ou de police non privatives de liberté
◊ Autorités compétentes
- Le procureur de la République si la durée de la suspension est inférieure à 3 mois
- La juridiction de jugement si la suspension a une durée supérieure à 3 mois

Fractionnement et suspension de la peine d'emprisonnement

Dispositions générales (art. 720-1 CPP)
◊ Peine d'emprisonnement inférieure ou égale à 2 ans pour délit
- La période de fractionnement ne peut être inférieure à 2 jours
- Durée totale de la suspension ou du fractionnement : 4 ans
- Suspension inapplicable aux personnes détenues pour les actes de terrorisme réprimés aux art. 412-& à 421-6 CP

◊ Le condamné peut être soumis à des obligations ou interdictions identiques au SME

Suspension pour motif médical (art. 720-1-1 CPP)
◊ En faveur des condamnés atteints d'une pathologie engageant le pronostic vital ou dont l'état de santé est durablement incompatible avec le maintien en détention (art. 720-1-1 CPP), quelle que soit la durée ou la nature de la peine restant à subir
- Exclusion des personnes détenues en établissement de santé pour troubles mentaux
- État de santé constaté par deux expertises médicales distinctes et concordantes

◊ Compétence
- Du JAP
  - ✓En cas d'urgence
  - ✓Si la peine prononcée est inférieure ou égale à 10 ans, ou quelle que soit la peine prononcé ou si la durée de la détention restant à subir est inférieure ou égale à 3 ans
- du TAP dans les autres cas

◊ Suspension accordée pour une durée indéterminée
◊ Fin de la mesure
- Lorsque les conditions ne sont pas remplies
  - ✓Expertise médicale pouvant être ordonnée à tout moment par le JAP
  - ✓Matière criminelle : l'expertise médicale doit intervenir tous les 6 mois
- En cas de non-respect des conditions imposées
- Application de la libération conditionnelle à l'issue d'un délai de 3 ans (art. 729 CPP)

B – L'aménagement des modalités d'exécution de la peine privative de liberté

Toute personne condamnée incarcérée en exécution d'une peine privative de liberté bénéficie, chaque fois que cela est possible, d'un retour progressif à la liberté (art. 707 CPP).

1 – Les mesures prises avant la mise à exécution des courtes peines privatives de liberté

a – Conversion de peine en sursis-TIG ou en jour-amende

Lorsqu'une condamnation pour un délit de droit commun comportant une peine d'emprisonnement ferme de six mois au plus a été prononcée, le juge de l'application des peines peut, lorsque cette condamnation définitive, ordonner qu'il sera sursis à l'exécution de cette peine et que le condamné accomplira un travail d'intérêt général ou une peine de jours-amende (art. 132-57 CP).

Un tel aménagement est également applicable aux peines d'emprisonnement ayant fait l'objet d'un sursis partiel, assorti ou non d'une mise à l'épreuve, lorsque la partie ferme de la peine est inférieure ou égale à six mois. Dans ce cas, la partie de la peine avec sursis demeure applicable.

Le sursis peut être décidé lorsqu'il s'agit de peines d'emprisonnement inférieures ou égales à six mois résultant de la révocation d'un sursis, assorti ou non d'une mise à l'épreuve.

En cas d'exécution partielle d'un travail d'intérêt général, le juge de l'application des peines peut ordonner la conversion de la partie non exécutée en jours-amende.

b – Aménagement de peines privatives de liberté inférieures à deux ans

Sont concernées, si leur personnalité et leur situation le permettent, les personnes non incarcérées ou exécutant une peine sous le régime de la semi-liberté, du placement à l'extérieur ou du placement sous surveillance électronique, condamnées à une peine inférieure ou égale à deux ans d'emprisonnement ou pour lesquelles la durée de la détention restant à subir est inférieure ou égale à deux ans. Les durées de deux ans sont réduites à un an si le condamné est en état de récidive légale.

Le juge de l'application des peines doit convoquer le condamné afin de déterminer les modalités applicables, après avoir demandé une enquête sociale (art. 723-15, D147 CPP). Si le juge de l'application des peines n'a pas pris sa décision dans un délai de 4 mois ou si la personne refuse l'aménagement de la peine, le procureur de la République ramène la peine à exécution par incarcération.

Lorsqu'une condamnation n'a pas été mise à exécution dans le délai d'un an à compter de la date à laquelle la condamnation est devenue définitive, le condamné peut saisir le juge de l'application des peines afin de bénéficier d'un aménagement (art. 723-17 CPP). Si la condamnation n'a pas été mise en exécution dans le délai de 3 ans, le de l'application des peines convoque le condamné.

Si le condamné doit exécuter un reliquat de peine inférieur ou égal aux réductions de peine susceptibles d'être octroyées, le juge de l'application des peines peut aménager la peine sans qu'il soit nécessaire que la personne soit à nouveau écrouée (art. 723-18 CPP).

B – L'aménagement des modalités d'exécution de la peine privative de liberté

1 – Mesures prises avant la mise à exécution des courtes peines privatives de liberté

a – Conversion des peines inférieures à 6 mois d'emprisonnement

Modalité applicable

◊ A toute condamnation pour délit comportant une peine d'emprisonnement de 6 mois au maximum

- Peine ferme de 6 mois
- Partie ferme d'une peine assortie d'un sursis partiel
- Peine inférieure ou égale à 6 mois d'emprisonnement résultant de la révocation d'un sursis avec ou sans mise à l'épreuve

Conversion de la peine

◊ Sursis-TIG

- En cas d'inexécution partielle du TIG : conversion de la partie non exécutée en jours-amende

◊ Jour- amende

- En cas d'inexécution de la peine de jour- amende : incarcération correspondant au nombre de jours impayés

b- Peine privative de liberté inférieure ou égale à 2 ans

◊ Condamnés concernés

- non encore incarcérés à l'issue de l'audience (art.723-15 CP)
- exécutant une peine sous le régime de la semi-liberté, du placement à l'extérieur ou du placement sous surveillance électronique

◊ Peines

- Peine égale ou inférieure à deux ans d'emprisonnement
- Durée de détention restant à subir inférieure ou égale à deux ans
- En cas de cumul de condamnations, total des peines d'emprisonnement prononcées ou restant à subir inférieur ou égal à deux ans
- Durées réduites à un an si le condamné est en état de récidive
- Peine dont le reliquat à subir est inférieur aux réductions susceptibles d'être octroyées

◊ Rôle du parquet

- Obligation d'informer le JAP par le parquet avant la mise à exécution des condamnations
  - ✓sauf incarcération immédiate en cas d'urgence

◊ Mesures pouvant être sollicitées par le condamné

- lorsque la peine n'est pas mise à exécution dans le délai d'un an

◊ Détermination des mesures par le JAP

- en considération de la situation personnelle du condamné
  - ✓Convocation de la personne devant le JAP puis devant le SPIP
  - ✓Convocation obligatoire lorsque la condamnation n'a pas été mise à exécution dans un délai de 3 ans

Mesures pouvant être ordonnées

- Semi-liberté, placement à l'extérieur, placement sous surveillance électronique, fractionnement de peine, libération conditionnelle, conversion de peine

2 – La semi-liberté

La semi-liberté peut être accordée aux condamnés dont la durée de la peine restant à subir est inférieure à un an ainsi qu'à ceux qui sont admis au bénéfice de la libération conditionnelle sous la condition d'avoir été soumis au régime probatoire de la semi-liberté (art. 723-1 CPP).

Le détenu placé sous le régime de la semi-liberté peut quitter l'établissement pénitentiaire, sans surveillance particulière, durant le temps nécessaire à l'exercice des activités ayant motivé la mesure. Il est astreint à rejoindre l'établissement pénitentiaire (centre de semi-liberté ou quartier de semi-liberté) et à y demeurer lorsque sa présence à l'extérieur de l'établissement n'est plus nécessaire à l'exécution de ses obligations.

La semi-liberté peut être assortie des mesures de contrôle et d'aide et des obligations particulières prévues pour le SME. Son octroi ou son maintien peut être subordonné à une ou plusieurs obligations du suivi socio-judiciaire.

Le JAP contrôle l'exécution de la semi-liberté et peut en ordonner le retrait soit lorsque les conditions ayant motivé l'octroi de la mesure ne sont plus réunies, soit parce que le condamné ne respecte pas les obligations imposées ou fait preuve de mauvaise conduite (art. 723-2 CPP).

2 – La semi-liberté

Conditions

◇ Condamnés susceptibles d'en bénéficier

- Condamnés n'ayant plus à subir qu'un an d'incarcération
- Condamnés admis au bénéfice de la libération conditionnelle sous la condition d'avoir été soumis au régime probatoire de la semi-liberté

◇ Mesure inapplicable aux auteurs d'infractions terroristes des art. 421-1 à 421-6 CP

Modalités

◇ Exercice d'une activité à l'extérieur sans surveillance

- Obligation de réintégrer le centre de semi-liberté ou le quartier de semi-liberté après l'exécution des travaux

◇ Application des mesures de contrôle d'aide et des obligations particulières du SME

Retrait de la mesure

◇ Non-respect des obligations imposées

◇ Mauvaise conduite du condamné

◇ Les conditions permettant de prononcer la semi-liberté ne sont plus réunies

- Le JAP peut seulement décider de suspendre la mesure

3– Le placement à l'extérieur

• Le placement à l'extérieur sous surveillance : il permet au condamné d'être employé en dehors d'un établissement pénitentiaire à des travaux contrôlés par l'administration, pour le compte d'une personne publique ou d'un concessionnaire (art. 723 et D 128 CPP, art. 132-26 CP). Les détenus bénéficiaires sont placés sous la surveillance du personnel pénitentiaire. Ils doivent réintégrer l'établissement pénitentiaire à la fin de la journée de travail, sauf décision contraire du juge de l'application des peines.

L'autorisation de travailler à l'extérieur peut être octroyée par le juge l'application des peines aux détenus ayant à subir une durée d'incarcération inférieure ou égale à 5 ans et n'ayant jamais été condamnés antérieurement à une peine privative de liberté supérieure à 6 mois. Elle peut être accordée sans condition aux détenus susceptibles de bénéficier d'une libération conditionnelle ou d'une semi-liberté.

• Le placement à l'extérieur sans surveillance : il peut être accordé afin de permettre au condamné d'effectuer un travail, de suivre un enseignement, un stage, un emploi temporaire, une formation professionnelle ou faire l'objet d'une prise en charge sanitaire (art. D136 CPP). Peuvent en bénéficier les condamnés dont la peine restant à subir n'excède pas un an, ceux qui remplissent les conditions de délai pour être proposés à la libération conditionnelle et dont la peine restant à subir n'excède pas 3 ans et les condamnés admis au bénéfice de la libération conditionnelle sous la condition d'avoir été soumis à titre probatoire au régime de placement à l'extérieur. Le JAP peut imposer des obligations particulières.

La mesure peut faire l'objet d'un retrait dans les mêmes conditions que la semi-liberté.

3 – Le placement à l'extérieur

Le placement à l'extérieur sous surveillance

◇ Le condamné est employé à l'extérieur à des travaux contrôlés par l'administration
- Travail pour le compte d'une personne publique ou d'un concessionnaire
- Travail effectué sous la surveillance du personnel de l'administration pénitentiaire
- Réintégration de l'établissement pénitentiaire en fin de journée

Condamnés bénéficiaires

◇ Mesure accordée par le JAP
- aux détenus ayant à subir une peine privative de liberté inférieure à 5 ans et n'ayant pas été condamnés antérieurement à une peine privative de liberté supérieure à 6 mois
- aux détenus pouvant bénéficier de la libération conditionnelle ou de la semi-liberté
- aux détenus remplissant les conditions pour être admis à la semi-liberté
- aux détenus remplissant les conditions de l'art. 132-26 CP

Le placement à l'extérieur sans surveillance

◇ Mesure permettant au condamné d'effectuer un travail, de suivre un enseignement, un stage, un emploi temporaire, une formation professionnelle ou faire l'objet d'une prise en charge sanitaire

◇ Condamnés bénéficiaires
- Les condamnés dont la peine restant à subir est inférieure deux ans ou un en cas de récidive à un an
- Ceux proposés au bénéfice de la libération conditionnelle et dont la peine restant à subir est inférieure à 3 ans
- Aux condamnés admis au bénéfice de la libération conditionnelle sous la condition d'être soumis à titre probatoire au régime du placement à l'extérieur

4 – Les autorisations et permissions de sortir

• L'autorisation de sortie sous escorte est accordée dans des circonstances exceptionnelles (décès d'un proche par exemple) et peut être délivrée même pendant la période de sûreté. Le détenu est accompagné de surveillants durant la sortie de l'établissement (art. 723-6 CPP).

• La permission de sortir autorise le condamné à s'absenter d'un établissement pénitentiaire pendant une durée de temps déterminée qui s'impute sur la durée de la peine en cours d'exécution. Elle a pour objet de préparer à la réinsertion professionnelle ou sociale du condamné, de maintenir les liens familiaux ou de lui permettre d'accomplir les obligations exigeant sa présence (art. 723-3 CPP). Le condamné ne fait l'objet d'aucune surveillance mais peut être soumis à des obligations particulières. Il ne peut se rendre qu'à un seul lieu situé sur le territoire national.

Les conditions d'attribution varient en fonction des motifs invoqués et de la durée de la peine prononcée mais aussi du type d'établissement dans lequel le condamné est incarcéré (art. D142 à D147 CPP). La durée de la permission est comprise entre 1 et 10 jours. Le JAP peut accorder un délai de route calculé en fonction de la durée du trajet et des horaires des moyens de transport utilisés.

4 – Les autorisations et permissions de sortir

Autorisations de sortir

◇ Autorisations de sortie sous escorte du fait de circonstances exceptionnelles, même pendant la période de sûreté

Permissions de sortir

◇ Mesure accordée pour une durée précise, afin de préparer la réinsertion professionnelle et sociale ou maintenir les liens familiaux

◇ Sortie sans escorte

◇ Mesure pouvant être assortie des obligations prévues dans le cadre du suivi socio-judiciaire ou du SME

▪ Retrait de la permission de sortir et réincarcération immédiate du condamné en cas de non-respect des conditions auxquelles la permission était subordonnée

Motifs et durée de la mesure

◇ Permission de sortir en vue de préparer la réinsertion professionnelle ou sociale ou en vue du maintien des liens familiaux (art. D143 à D144 CPP)

◇ Permission de sortir en de l'accomplissement d'une obligation exigeant la présence du condamné (art. D145 CPP)

◇ Disposition applicable aux mineurs (art. D146 CPP)

Durée calculée en fonction du trajet et des horaires des moyens de transport utilisés

Frais de séjour pris en charge par le bénéficiaire

▪ La mesure ne peut être accordée si une somme suffisante ne figure pas à la part disponible du condamné ou si l'intéressé ne justifie pas de possibilités licites d'hébergement et de transport

5 – Le placement sous surveillance électronique

Le placement sous surveillance électronique emporte, pour le condamné, de s'absenter de son domicile ou de tout autre lieu désigné par le juge de l'application des peines en dehors des périodes fixées par celui-ci, en fonction de son activité professionnelle, de sa formation ou de l'enseignement, de sa vie de famille ou d'un traitement médical (art. 132-26-2 CP).

Il peut être ordonné par le juge de l'application des peines dans les mêmes conditions que la semi-liberté mais la mesure ne peut intervenir qu'avec le consentement du condamné, le cas échéant celui du propriétaire des lieux si ceux-ci ne sont pas le domicile du condamné. La personne doit être informée qu'elle peut demander à être assistée d'un avocat avant de donner son accord. Lorsqu'il s'agit d'un mineur non émancipé, la mesure n'est être prise qu'avec l'accord des représentants légaux (art. 723-7 CP).

La présence du condamné est contrôlée à distance par le biais d'un procédé émetteur électronique homologué par le ministère de la Justice permettant de vérifier à distance la présence ou l'absence du condamné dans le lieu désigné par le JAP. Si le signal n'est pas capté ou si le condamné enlève son bracelet, l'alarme se déclenche automatiquement.

Le JAP peut aussi soumettre le condamné aux mesures de contrôle, aux obligations particulières et aux mesures d'aides prévues dans le cadre du SME.

Le retrait de la mesure est décidé par le JAP, en cas inobservation des conditions d'exécution, en cas de nouvelle condamnation ou en cas de refus par le condamné d'une modification des conditions d'exécution. Le condamné peut lui-même demander le retrait de la mesure.

La décision de retrait entraîne la réincarcération du condamné pour tout ou partie de la durée de la peine qu'il lui restait à accomplir au jour de son placement, après déduction du temps pendant lequel il a été placé, car ce temps compte pour l'exécution de la peine.

Le fait de se soustraire à une décision de placement et le fait de neutraliser le procédé de détection à distance sont punis de 3 ans d'emprisonnement et de 45 000 euros d'amende.

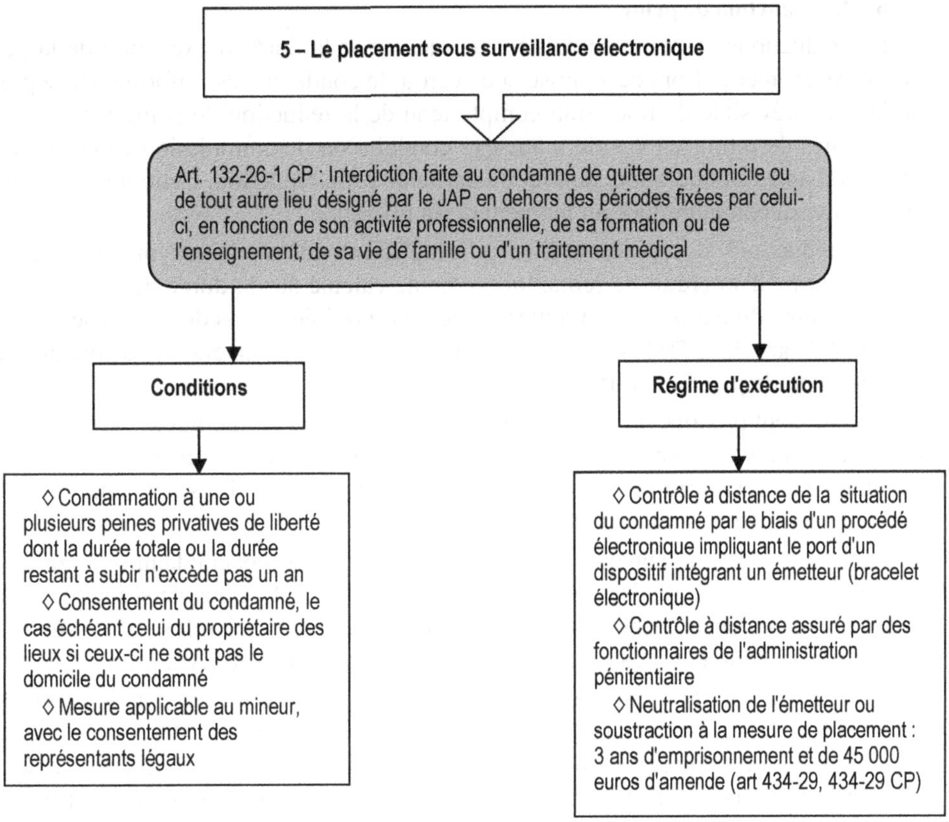
5 – Le placement sous surveillance électronique
Art. 132-26-1 CP : Interdiction faite au condamné de quitter son domicile ou de tout autre lieu désigné par le JAP en dehors des périodes fixées par celui-ci, en fonction de son activité professionnelle, de sa formation ou de l'enseignement, de sa vie de famille ou d'un traitement médical
Conditions
◇ Condamnation à une ou plusieurs peines privatives de liberté dont la durée totale ou la durée restant à subir n'excède pas un an
◇ Consentement du condamné, le cas échéant celui du propriétaire des lieux si ceux-ci ne sont pas le domicile du condamné
◇ Mesure applicable au mineur, avec le consentement des représentants légaux
Régime d'exécution
◇ Contrôle à distance de la situation du condamné par le biais d'un procédé électronique impliquant le port d'un dispositif intégrant un émetteur (bracelet électronique)
◇ Contrôle à distance assuré par des fonctionnaires de l'administration pénitentiaire
◇ Neutralisation de l'émetteur ou soustraction à la mesure de placement : 3 ans d'emprisonnement et de 45 000 euros d'amende (art 434-29, 434-29 CP)

6 – La réduction de peine

Les réductions de peine permettent de raccourcir la durée d'exécution de la peine privative de liberté. Lors de sa mise sous écrou, le condamné est informé par le greffe de la date prévisible de libération compte tenu de la réduction de peine ainsi que des possibilités de retrait en cas de mauvaise conduite ou de commission d'une nouvelle infraction après sa libération, de tout ou partie de cette réduction. Cette information lui est à nouveau communiquée au moment de sa libération.

Les réductions de peines ordinaires bénéficient automatiquement au condamné sous la forme d'un crédit de réduction de peine calculé sur la durée de la peine et en tenant compte du passé pénal. La mesure peut être retirée en cas de mauvaise conduite par le JAP (art. 721, D115-7, D115-8 CPP) ou en cas de nouvelle condamnation, par la juridiction de jugement (art. 721-5 CPP).

Le JAP peut prononcer l'interdiction de recevoir, après la libération, la partie civile, de la rencontrer ou d'entrer en contact avec elle de quelle que manière que ce soit, éventuellement assortie l'obligation d'indemniser la partie civile sous peine de retrait total ou partiel de la réduction (art. 721-2 CPP).

Des réductions supplémentaires peuvent être accordées aux condamnés manifestant des efforts sérieux de réadaptation sociale (art. 721-1 CPP). Elles ne s'appliquent pas aux personnes condamnées à un suivi socio-judiciaire et qui refusent de suivre un traitement pendant leur incarcération, sauf décision contraire du JAP.

Une réduction de peine exceptionnelle peut être accordée par le TAP aux condamnés dont les déclarations faites à l'autorité administrative ou judiciaire antérieurement ou postérieurement à leur condamnation ont permis de faire cesser ou d'éviter la commission d'une infraction de crime et de délinquance organisée (art. 721-3 CPP).

La réduction peut être retirée si le condamné commet un crime ou un délit volontaire pendant une permission de sortir (art. 723-5 CPP).

Les réductions de peines entraînent la libération anticipée du condamné. Afin d'éviter les sorties sèches, le TAP peut ordonner, à titre de mesure de sûreté, le placement sous surveillance judiciaire de personnes condamnées à une peine privative de liberté d'une durée supérieure ou égale à dix ans pour l'un des crimes ou délits pour lequel le suivi socio-judiciaire est encouru (art. 723-29 CPP).

6 – La réduction de la durée de la peine

Réduction de peine ordinaire (art. 721 CPP)

Réduction pour bonne conduite : crédit de réduction de peine calculé au moment de l'incarcération
- ◊ Crédit de réduction
  - ▪ 3 mois pour la 1re année
  - ▪ 2 mois pour les années suivantes
  - ▪ 7 jours par mois pour une peine de moins d'un an ou la partie de la peine inférieure à un an
    - ✓ Le total de la réduction des 7jours/mois ne peut excéder 2 mois pour les peines supérieures à 1 an

Retrait des réductions par le JAP
- ◊ 3 mois par an et sept jours par mois ou 2 mois/an
  - ▪ Mauvaise conduite du condamné en détention
  - ▪ Commission d'une infraction au cours d'une permission de sortir
  - ▪ Refus de traitement pendant la détention pour les personnes condamnées à une injonction de soins
- ◊ en cas de nouvelle condamnation à une peine privative de liberté pour crime ou délit volontaire pendant la période égale à la durée de la réduction accordée :
  - ▪ retrait ou réduction de la mesure
  - ▪ et mise à exécution de l'emprisonnement correspondant : pas de confusion de peine avec la 2ème infraction

Réduction de peine supplémentaire (art. 721-1 CPP)

Réduction accordée aux détenus
- ◊ qui manifestent des efforts sérieux de réadaptation sociale
  - ▪ Réussite à un examen scolaire, universitaire ou professionnel, suivi d'une thérapie destinée à limiter les risques de récidive, indemnisation des victimes
- ◊ l'exclusion des condamnés à un qui refusent de suivre un traitement pendant leur détention dans le cadre d'un suivi-judiciaire

Taux de la réduction
- ◊ 3 mois par année d'incarcération ou 7 jours/mois si le reliquat de la peine à subir est inférieure à 1 an
- ◊ 2 mois/an ou 4 jours/mois pour les condamnés pour crimes et délits commis sur mineurs
- ◊ Retrait de la réduction en cas de commission d'une infraction pendant une permission de sortir
  - ▪ Compétence du JAP après avis de la CAP

Réduction de peine exceptionnelle (art. 721-3 CPP)

Criminalité et délinquance organisées
- ◊ Réduction accordée par le TAP au dénonciateur ayant permis de faire cesser ou d'éviter la commission d'une infraction
  - ▪ Réduction pouvant aller jusqu'au tiers de la peine
  - ▪ 5 ans si la dénonciation est faite par une personne condamnée à la réclusion à perpétuité

Situation du bénéficiaire de la réduction après la libération
- ◊ Application des mesures de surveillance et de contrôle et des mesures d'aide du SME sur décision du JAP
  - ▪ Pour une durée n'excédant pas le total des réductions accordées
- ◊ Prise en compte des intérêts de la victime
  - ▪ Interdiction de recevoir, après la libération, la partie civile, de la rencontrer ou d'entrer en contact avec elle de quelle que manière que ce soit (art. 721-2 CPP)
- ◊ Retrait des réductions en cas de non-respect des obligations ou interdictions imposées

7 – La libération sous contrainte

La libération sous contrainte entraîne l'exécution du reliquat de la peine sous le régime de la semi-liberté, du placement à l'extérieur, du placement sous surveillance électronique mobile ou de libération conditionnelle.

Lorsque la durée de la peine accomplie est au moins égale au double de la durée de la peine restant à subir, la situation de la personne condamnée exécutant une ou plusieurs peines privatives de liberté d'une durée totale inférieure ou égale à cinq ans est examinée par le juge de l'application des peines (art. 720 CPP). l'issue de cet examen en commission de l'application des peines, le juge de l'application des peines décide, par ordonnance motivée, soit de prononcer une mesure de libération sous contrainte, soit, s'il estime qu'une telle mesure n'est pas possible ou si la personne condamnée n'a pas fait préalablement connaître son accord, de ne pas la prononcer. Il peut ordonner la comparution de la personne condamnée devant la commission de l'application des peines afin d'entendre ses observations et, le cas échéant, celles de son avocat.

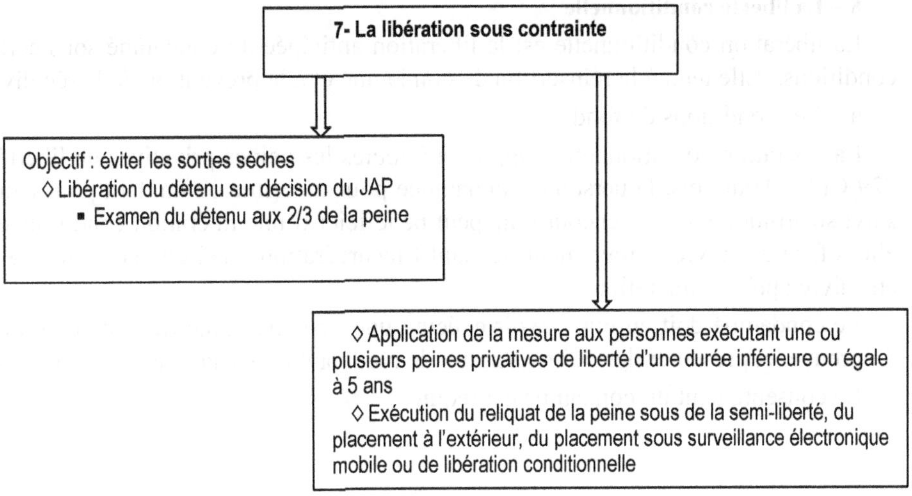
7- La libération sous contrainte
Objectif : éviter les sorties sèches
◇ Libération du détenu sur décision du JAP
▪ Examen du détenu aux 2/3 de la peine
◇ Application de la mesure aux personnes exécutant une ou plusieurs peines privatives de liberté d'une durée inférieure ou égale à 5 ans
◇ Exécution du reliquat de la peine sous de la semi-liberté, du placement à l'extérieur, du placement sous surveillance électronique mobile ou de libération conditionnelle

8 – La liberté conditionnelle

La libération conditionnelle est la libération anticipée du condamné sous certaines conditions. Elle tend à la réinsertion du condamné et à la prévention de la récidive.

a – Les conditions de fond

La libération conditionnelle s'applique à toutes les peines privatives de liberté (art. 729 CPP). Toutefois, la personne condamnée pour un crime ou un délit pour lequel le suivi socio-judiciaire est encouru, ne peut bénéficier d'une libération conditionnelle si elle refuse de suivre le traitement pendant l'incarcération ou si elle ne s'engage pas à en suivre après sa libération.

Le condamné doit en outre avoir exécuté une certaine durée de la peine ou temps d'épreuve et présenter des efforts sérieux de réadaptation sociale (art. 729 al. 2 CPP).

Le consentement du condamné est requis.

8 - La liberté conditionnelle

a – Conditions

Libération du condamné sous condition d'une bonne conduite pendant le temps d'épreuve

Conditions de la libération conditionnelle

Peines
◇ Toutes les peines privatives de liberté quelles que soient leur nature ou leur durée (art. 729 CPP)
▪ Mesure inapplicable pendant la période de sûreté

Temps d'épreuve
◇ Le condamné doit avoir subi une partie de la peine (réduction et grâce prises en compte)
▪ Peine privative à temps
✓ La durée de la peine exécutée est au moins égale à la durée de la peine restant accomplir
✓ Pour les récidivistes : la peine accomplie doit être au moins égale au double de la peine restant à subir
✓ Dans tous les cas, le temps d'épreuve ne peut excéder 15 ans ou 20 ans pour le récidiviste
▪ Réclusion criminelle à perpétuité
✓ Peine exécutée égale à 18 ans ou 22 ans en cas de récidive
◇ Délai d'épreuve inapplicable
▪ Condamné exerçant l'autorité parentale sur un enfant de moins de 10 ans ayant chez lui sa résidence habituelle
✓ Lorsque la peine prononcée est inférieure ou égale à 4 ans
✓ lorsque reliquat de la peine à subir doit être inférieur ou égal à 4 ans
○ sauf lorsque les infractions sont commises sur le mineur ou état de récidive
▪ lorsque le condamné a atteint plus de 60 ans
▪ aux condamnés bénéficiant d'une mesure de suspension pour motif médical grave
✓ au vu d'une expertise réalisée dans un délai de 3 ans après l'octroi de la suspension et si le condamné justifie d'une prise en charge adaptée

Les condamnés bénéficiaires

Condamnés
◇ manifestant des efforts sérieux de réadaptation et justifiant de l'un des motifs suivants :
▪ l'exercice d'une activité professionnelle, d'un stage ou d'un emploi temporaire ou de leur assiduité à un enseignement ou à une formation professionnelle
▪ leur participation essentielle à la vie de sa famille
▪ la nécessité de suivre un traitement médical
▪ des efforts en vue d'indemniser ses victimes
▪ de leur implication dans tout autre projet sérieux d'insertion ou de réinsertion.
◇ Condamnés âgés de plus de 60 ans
▪ Mesure octroyée dès que l'insertion ou la réinsertion du condamné est assurée
✓ il fait l'objet d'une prise en charge adaptée à sa situation à sa sortie de l'établissement pénitentiaire ou 'il justifie d'un hébergement
○ sauf en cas de risque grave de renouvellement de l'infraction ou si cette libération est susceptible de causer un trouble grave à l'ordre public
◇ Consentement du condamné (application des mesures de contrôle et des obligations particulières)
▪ Sauf si la libération conditionnelle est subordonnée à la condition que la mesure d'interdiction du territoire à l'encontre d'un condamné étranger soit exécutée
◇ Personne condamnée pour un crime ou un délit pour lequel le suivi socio-judiciaire est encouru
▪ Libération conditionnelle impossible
✓ si la personne refuse les soins pendant le traitement
✓ Si la personne ne s'engage pas à suivre le traitement après sa libération

b – Les autorités compétentes

Le juge de l'application des peines est compétent pour octroyer une mesure de libération conditionnelle lorsque la privation de liberté prononcée est d'une durée inférieure ou égale à dix ans ou, quelle que soit la peine initialement prononcée, le reliquat restant à subir est inférieur à 3 ans. Dans les autres cas, la libération conditionnelle est accordée par le tribunal de l'application des peines (art. 730 CPP).

Le tribunal de l'application des peines est compétent, quelle que soit la durée de la détention restant à subir lorsque la personne a été condamnée à la réclusion criminelle à perpétuité ou lorsqu'elle a été condamnée soit à une peine d'emprisonnement ou de réclusion criminelle égale ou supérieure à quinze ans pour une infraction pour laquelle le suivi socio-judiciaire est encouru, soit à une peine d'emprisonnement ou de réclusion criminelle égale ou supérieure à dix ans pour une infraction mentionnée à l'article 706-53-13 CPP (art. 730-2 CPP). Il faut toutefois obtenir l'avis de la commission pluridisciplinaire des mesures de sûreté, rendu suite à une évaluation pluridisciplinaire de dangerosité réalisée dans un service spécialisé chargé de l'observation des détenues et d'une expertise médicale.

b - Les autorités compétentes

◊ Compétence du JAP
- pour les peines inférieures ou égales à 10 ans ou quelle que soit la peine prononcée, si la durée de détention restant à subir est inférieure ou égale à 3 ans

◊ Compétence du TAP
- pour les peines privatives de liberté supérieures à 10 ans ou les reliquats restant à subir supérieurs à 3 ans
- quelle que soit la durée de la peine restant à subir
  - ✓en cas de condamnation
    - o à la réclusion criminelle à perpétuité
    - o à une peine d'emprisonnement ou de réclusion criminelle égale ou supérieure à quinze ans pour une infraction pour laquelle le suivi socio-judiciaire est encouru
    - o à une peine d'emprisonnement ou de réclusion criminelle égale ou supérieure à dix ans pour une infraction mentionnée à l'article 706-53-13 CPP
  - ✓après avis de la commission pluridisciplinaire des mesures de sûreté, rendu à la suite d'une évaluation pluridisciplinaire de dangerosité assortie d'une expertise médicale
    - o s'il s'agit d'un crime puni par l'art. 706-53-13 CPP, l'expertise est réalisée par deux experts

Examen de la situation des condamnés susceptibles de bénéficier de la libération conditionnelle

◊ au moins une fois par an par le JAP
- Perspectives de réinsertion examinée en fonction de la situation personnelle, familiale et sociale du condamné

◊ Hypothèse de l'art. 730-2 CPP
- Mesure accordée
  - ✓après avis de la commission pluridisciplinaire des mesures de sûreté, rendu à la suite d'une évaluation pluridisciplinaire de dangerosité réalisée dans un service spécialisé chargé de l'observation des personnes détenues et assortie d'une expertise médicale

c – Les effets de la libération conditionnelle

La libération conditionnelle dispense le condamné de subir le reste de la peine privative de liberté. Elle n'a aucun effet sur les autres peines, et en particulier sur les complémentaires éventuellement prononcées.

• Période de liberté conditionnelle : la décision de libération conditionnelle fixe les modalités d'exécution et les conditions auxquels l'octroi ou le maintien de la liberté est subordonnée, ainsi que la nature et la durée des mesures d'assistance de contrôle destinées à faciliter et à vérifier le reclassement du libéré. Les mesures de contrôle ou obligations peuvent être identiques à celles prévues dans le cadre du SME (art. 731 CPP). Mais le juge peut également ordonner un placement sous surveillance électronique, un suivi socio-judiciaire, et même une injonction de soins.

Lorsqu'il s'agit d'une peine temporaire, la durée d'application des mesures d'accompagnement ne peut être inférieure à la durée de la partie non subie au moment de la libération. La durée totale de ces mesures de contrôle et d'assistance ne saurait excéder 10 ans. Si le condamné exécute une peine perpétuelle, la durée d'application des mesures d'accompagnement ne peut être inférieure à 5 ans ni supérieure à 10 ans.

Lorsque la personne a été condamnée à la réclusion criminelle à perpétuité pour l'un des crimes visés à l'article 706-53-13 CPP et qu'elle a fait l'objet d'une libération conditionnelle avec injonction de soins, la juridiction régionale de la rétention de sûreté peut décider de prolonger tout ou partie des obligations auxquelles est astreinte la personne, au-delà de la période de libération conditionnelle, en la plaçant sous surveillance de sûreté avec injonction de soins pour une durée de deux ans (art. 732 -1 CPP).

• Révocation de la libération conditionnelle : la libération conditionnelle peut être révoquée, en cas de nouvelle condamnation, d'inconduite notoire ou d'inobservation de mesures et obligations particulières imposées. En cas d'urgence, le libéré conditionnel peut être provisoirement arrêté (art. 733 CPP). Il en est de même lorsque la décision de libération conditionnelle n'a pas encore reçu exécution et que le condamné ne remplit plus les conditions légales pour en bénéficier.

La révocation n'est pas automatique. Elle doit être prononcée par l'autorité qui l'a accordée dans les mêmes formes que la décision d'octroi. Elle entraîne la réincarcération du condamné qui devra subir tout ou partie de la peine qui restait à exécuter lorsqu'il a été libéré.

• Absence de révocation de la libération conditionnelle : si la révocation n'est pas intervenue avant l'expiration du délai fixé dans la décision de libération conditionnelle, la libération du condamné devient définitive. La peine privative de liberté est réputée avoir été exécutée depuis le jour de la libération conditionnelle. Elle est inscrite au casier judiciaire et est prise en compte dans le cadre de la récidive ou du sursis.

c- Les effets de la libération conditionnelle

La période de liberté conditionnelle

◇ Application des mesures d'assistance en vue de favoriser le reclassement du condamné
- Mesures de contrôle obligatoires identiques à celles du SME
- Obligations particulières spécifiques à la liberté conditionnelle
- Suivi socio-judiciaire, y compris l'injonction de soins, si cette mesure est applicable à l'infraction commise
- PSEM

◇ Durée d'application des mesures
- Peine temporaire : durée de la peine non subie au moment de la libération
  - ✓Dépassement possible pour une période d'un an
  - ✓Durée totale ne pouvant excéder 10 ans
- Peine perpétuelle : durée comprise entre 5 et 10 ans
  - ✓S'il s'agit d'un crime visé à l'article 705-53-13 CPP : prolongation possible des obligations sous le régime de la surveillance de sûreté avec injonction de soins pour une durée de deux ans

La fin de la libération conditionnelle

La révocation

◇ En cas de nouvelle condamnation, d'inconduite notoire ou d'inobservation des obligations imposées
- Violation des obligations imposées constituée par le fait de refuser de commencer ou de poursuivre le traitement prescrit et proposé dans le cadre d'une injonction de soins

◇ Étendue de la décision de révocation
- Exécution de tout ou partie de la peine qui restait à subir
- Cumul du reliquat de peine avec la peine prononcée pour l'infraction commise pendant la libération conditionnelle

L'absence de révocation

◇ Respect des obligations imposées pendant leur délai d'application
- Libération définitive
  - ✓Condamnation demeurant inscrite au casier judiciaire
- Application peines complémentaires éventuellement prononcées

Titre 3 – L'extinction de la peine

La peine prononcée par la juridiction de condamnation s'éteint en principe par son exécution complète. Cependant, la condamnation dont procède la peine demeure et produit ses effets juridiques et reste inscrite au casier judiciaire. Elle peut être un obstacle à l'octroi du sursis et constituer éventuellement le premier terme de la récidive.

Chapitre 1 – Extinction de la peine et surveillance des personnes dangereuses

En principe, après l'expiration de la peine privative de liberté, la personne recouvre sa liberté. Mais, dans le but de prévenir la récidive, des mesures de sûreté permet de contrôler la personne libérée peuvent être appliquées.

Section 1 – Le placement sous surveillance électronique mobile à titre de mesure de sûreté

Le PSEM emporte pour le condamné majeur l'obligation de porter pour une durée de deux ans, un émetteur permettant à tout moment de déterminer à distance sa localisation sur l'ensemble du territoire national (art. 131-36-12 CP).

Une expertise médicale doit constater la dangerosité de l'intéressé (art. 131-36-10 CP). L'intéressé doit donner son consentement, à défaut il pourra être incarcéré.

Le PSEM peut être ordonné par la juridiction de jugement, s'il apparaît indispensable pour prévenir la récidive, à l'encontre d'une personne condamnée à une peine privative de liberté supérieure ou égale à sept ans ou, lorsque la personne a été condamnée pour un crime ou un délit commis une nouvelle fois en état de récidive légale, à une peine supérieure ou égale à cinq ans. La mesure s'applique aussi en cas de condamnation à une peine privative de liberté supérieure ou égale à cinq ans pour des violences intrafamiliales. La situation du condamné doit être examinée un an avant la libération par une commission pluridisciplinaire des mesures de sûreté afin que le JAP puisse fixer la durée de la surveillance. La mesure s'applique à compter de la libération de l'intéressé.

Le JAP peut ordonner le PSEM dans le cadre du suivi socio-judiciaire lorsque la juridiction de jugement ne l'a pas prononcé ou comme une obligation de la liberté conditionnelle ou de la surveillance judiciaire.

Le condamné est également soumis aux mesures du suivi socio-judiciaire. La violation du port du bracelet ou des autres obligations peut entraîner la mise à exécution de l'emprisonnement destiné à sanctionner le suivi socio-judiciaire fixé par la juridiction de jugement.

Titre 3 – L'extinction de la peine

Chapitre 1 – Extinction de la peine et surveillance des personnes dangereuses

Section 1 – Le placement sous surveillance électronique mobile

Mesure de sûreté pouvant être imposée dans le cadre du suivi socio-judiciaire et permettant
◊ le suivi constant des condamnés libérés dont la dangerosité a été constaté
◊ leur localisation permanente
◊ la vérification du respect des obligations et interdictions posées
◊ la détection immédiate des incidents
o l'amélioration de leur réinsertion par un accompagnement individualisé des services d'insertion et de probation
Objectif : éviter la récidive

Contenu de la peine
◊ Obligation pour le condamné de porter un émetteur permettant à tout moment de déterminer à distance sa localisation sur l'ensemble du territoire
▪ Durée maximale de 2 ans renouvelable une fois en matière délictuelle, 2 fois en matière criminelle

Personnes concernées
◊ Personne majeure condamnée
▪ à une peine privative de liberté au moins égale à 7 ans d'emprisonnement
▪ pour un crime ou un délit commis une nouvelle fois en état de récidive légale à durée égale ou supérieure à cinq ans d'emprisonnement
▪ à une durée égale ou supérieure à cinq ans pour des violences ou des menaces commises au sein de la famille
✓contre son conjoint, son concubin ou son partenaire lié par un pacte civil de solidarité ou un ex
✓Soit contre ses enfants ou ceux de son conjoint, concubin ou partenaire

Prononcé de la mesure
◊ Par la juridiction de jugement
▪ Expertise médicale constatant la dangerosité du condamné
▪ Application la mesure subordonnée au consentement de l'intéressé
✓Refus de la mesure ou manquement aux obligations : application de la peine d'emprisonnement prévue par la juridiction de jugement
✓Situation du détenu examinée un an avant sa libération
✓Examen de dangerosité
◊ Par le juge de l'application des peines
▪ comme obligation de la libération conditionnelle ou de la surveillance judiciaire
▪ comme une obligation du suivi socio-judiciaire lorsqu'elle n'aura pas été ordonnée par la juridiction de jugement

Section 2 – La surveillance judiciaire

Lorsqu'une personne a été condamnée à une peine privative de liberté d'une durée égale ou supérieure à sept ans pour un crime ou un délit pour lequel le suivi socio-judiciaire est encouru ou d'une durée supérieure ou égale à cinq ans pour un crime ou un délit commis une nouvelle fois en état de récidive légale, le TAP peut, sur réquisitions du procureur de la République, ordonner à titre de mesure de sûreté et aux seules fins de prévenir une récidive dont le risque paraît avéré, qu'elle sera placée sous surveillance judiciaire dès sa libération (art. 723-29 CPP). La durée de la mesure ne peut excéder celle correspondant au crédit de réduction de peine et aux réductions de peines supplémentaires dont elle a bénéficié et qui n'ont pas fait l'objet d'une décision de retrait.

Section 2 – Surveillance judiciaire

Mesure appliquée, à leur libération, aux condamnés dont le risque de récidive paraît avéré (art. 723-29 CPP)

◇ Décision prise par le TAP après un débat contradictoire pendant lequel le condamné est assisté d'un avocat

Personnes concernées

◇ Condamnés à une peine privative de liberté d'une durée supérieure ou égale à dix ans pour l'un des crimes ou délit pour lequel le suivi socio-judiciaire est encouru

◇ Condamné à une durée supérieure ou égale à cinq ans pour un crime ou un délit commis une nouvelle fois en état de récidive légale

◇ Exclusion des personnes condamnées à un suivi socio-judiciaire ou bénéficiant d'une libération conditionnelle

Évaluation de la dangerosité

◇ Risque de récidive constaté par une expertise médicale

- Examen de la situation du condamné un an avant sa libération

✓ Possibilité de placer le condamné pour une durée comprise entre deux et six semaines, dans un service spécialisé chargé de l'observation des personnes détenues aux fins d'une évaluation pluridisciplinaire de dangerosité

✓ Expertise pouvant être confiée à deux experts

Durée

◇ Durée correspondant au crédit de réduction de peine ou aux réductions de peines supplémentaires non retirées

◇ En cas de condamnation à la réclusion criminelle d'une durée égale ou supérieure à 15 ans pour une infraction visée à l'art. 706-53-13 CPP, la juridiction peut décider de prolonger tout ou partie des obligations de la surveillance judiciaire au-delà de sa limite, en plaçant la personne sous surveillance de sûreté pour une durée de deux ans

✓ Mesure renouvelable sans limitation

Exécution de la surveillance judiciaire

◇ Obligations imposées à la personne

- Obligations du SME
- Placement sous surveillance électronique
- Assignation à domicile si la personne est condamnée à un crime pour lequel la rétention de sûreté est applicable
- Injonction de soins sauf décision contraire du JAP

◇ Mesures de contrôle et d'assistance

Sanction en cas de non-respect des mesures

◇ Retrait de tout ou partie des réductions obtenues et réincarcération du condamné

◇ Placement sous surveillance de sûreté

- Mesure applicable dès la libération de la personne

Section 3 – La rétention de sûreté

La rétention de sûreté consiste dans le placement de la personne en centre socio-médico-judiciaire de sûreté dans lequel lui est proposé, de façon permanente, une prise en charge médicale, sociale et psychologique destinée à permettre la fin de cette mesure. Elle s'applique à titre exceptionnel aux personnes dont il est établi, à l'issue d'un réexamen de leur situation intervenant à la fin de l'exécution de leur peine, qu'elles présentent une particulière dangerosité caractérisée par une probabilité très élevée de récidive parce qu'elles souffrent d'un trouble grave de la personnalité (art. 706-53-13 CPP).

Elle est applicable aux personnes condamnées à une peine de réclusion criminelle d'une durée égale ou supérieure à quinze ans pour assassinat ou meurtre, torture ou actes de barbarie, viol, enlèvement ou séquestration commis sur un mineur. Elle peut ordonnée lorsque ces crimes sont commis avec des circonstances aggravantes ou en récidive sur des majeurs.

La rétention de sûreté ne peut être prononcée que si la cour d'assises a expressément prévu dans sa décision de condamnation que la personne pourra faire l'objet à la fin de sa peine d'un réexamen de sa situation en vue d'une éventuelle rétention de sûreté. La dangerosité de la personne fait l'objet d'une évaluation pluridisciplinaire assortie d'une expertise médicale réalisée par deux experts. Il faut que les obligations résultant de l'inscription dans le fichier judiciaire national automatisé des auteurs d'infractions sexuelles ou violentes ainsi que les obligations résultant d'une injonction de soins ou d'un PSEM susceptibles d'être prononcés dans le cadre d'un suivi socio-judiciaire ou d'une surveillance judiciaire, apparaissent insuffisantes pour prévenir la commission des crimes. La rétention de sûreté doit également constituer l'unique moyen de prévenir le renouvellement des infractions.

La mesure peut aussi être ordonnée en cas de violation des obligations imposées dans le cadre de la rétention de sûreté.

Section 3 – La rétention de sûreté

Placement de la personne dans un centre socio-médico-judiciaire de sûreté dans lequel lui est proposé, de façon permanente, une prise en charge médicale, sociale et psychologique destinée à permettre la fin de cette mesure

◇ Enfermement après l'exécution de la peine privative de liberté

◇ Durée de la mesure : un an renouvelable

◇ Mesure de sûreté applicable aux personnes présentant une particulière dangerosité parce qu'elles souffrent d'un trouble grave de la personnalité

Conditions du placement en rétention de sûreté

◇ La cour d'assises doit prévoir dans sa décision de condamnation que la personne pourra faire l'objet à la fin de sa peine d'un réexamen de sa situation en vue d'une éventuelle rétention de sûreté

▪ Cette disposition n'est pas applicable lorsque la mesure est consécutive à une rétention de sûreté

Domaine d'application de la rétention de sûreté

◇ Mesure de sûreté applicable aux personnes condamnées à une peine supérieure ou égale à 15 ans de réclusion

▪ pour assassinat ou meurtre, torture ou actes de barbarie, viol, enlèvement ou séquestration

✓si la victime est mineure

✓si la victime est majeure à condition que les infractions soient commises avec des circonstances aggravantes

▪ pour meurtre, de torture ou d'actes de barbarie, de viol, d'enlèvement ou de séquestration commis en récidive à l'encontre d'une victime majeure

◇ Mesure prononcée en cas de non-respect des obligations de la surveillance de sûreté

Fin de la mesure

◇ À la demande de l'intéressé après un délai de 3 mois après le prononcé de la décision

◇ D'office par la juridiction régionale de la rétention de sûreté dès que les conditions ne sont plus remplies

▪ Placement sous surveillance de sûreté possible si la personne présente des risques de commettre à nouveau des infractions

Procédure

Pouvoir de la commission pluridisciplinaire des mesures de sûreté

◇ Évaluation pluridisciplinaire de la dangerosité

▪ Placement de la personne pour une durée d'au moins six semaines, dans un service spécialisé chargé de l'observation des personnes détenues

▪ Expertise médicale réalisée par deux experts

◇ Proposition de placement en rétention de sûreté si la commission conclut à la particulière dangerosité du condamné si et seulement si :

▪ Caractère insuffisant

✓du fichier judiciaire des auteurs d'infractions

✓et de l'injonction de soins, le PSEM prononcés dans le cadre d'un suivi socio-judiciaire ou de la surveillance de sûreté

▪ Rétention de sûreté : unique moyen de prévenir la

Prononcé de la mesure par la juridiction régionale de la rétention de sûreté

◇ Insuffisance des obligations résultant de l'inscription dans le fichier judiciaire national automatisé, ainsi que les obligations résultant d'une injonction de soins ou d'un PSEM, susceptibles d'être prononcés dans le cadre d'un suivi socio-judiciaire ou d'une surveillance judiciaire,

◇ Rétention de sûreté, unique moyen de prévention des crimes

Section 4 – La surveillance de sûreté

La surveillance de sûreté est une mesure de sûreté permettant de contrôler les personnes particulièrement dangereuses.

Si la rétention de sûreté n'est pas prolongée ou s'il y est mis fin d'office ou à la demande de l'intéressé, la juridiction régionale de la rétention de sûreté peut, par la même décision et après débat contradictoire au cours duquel la personne est assistée par un avocat, placer celle-ci sous surveillance de sûreté pendant une durée de deux ans si celle-ci présente des risques de récidive (art. 706-53-19 CPP).

La surveillance de sûreté est soumise aux mêmes conditions préalables que la rétention de sûreté, s'agissant des crimes commis et de la peine prononcée par la cour d'assises. Toutefois, il n'est pas nécessaire que cette dernière ait prévu un éventuel réexamen à l'issue de la peine. La durée de la mesure est de deux ans et peut être renouvelée, sans limitation de durée.

Elle comprend des obligations identiques à celles prévues dans le cadre de la surveillance judiciaire, et notamment l'injonction de soins et le PSEM.

Lorsque le placement sous surveillance judiciaire a été prononcé à l'encontre d'une personne condamnée à une réclusion criminelle d'une durée égale ou supérieure à quinze ans pour l'une des infractions visées, la juridiction régionale de la rétention de sûreté, saisie par le juge de l'application des peines ou le procureur de la République six mois avant la fin de la mesure, peut décider de prolonger tout ou partie des obligations auxquelles est astreinte la personne, en la plaçant sous surveillance de sûreté pour une durée de deux ans (art. 723-37 CPP).

Si la méconnaissance des obligations imposées fait apparaître que la personne présente à nouveau une particulière dangerosité, le président de la juridiction régionale peut ordonner en urgence son placement provisoire dans un centre socio-médico-judiciaire de sûreté. Ce placement doit être confirmé dans un délai maximal de trois mois par la juridiction régionale, après avis favorable de la commission pluridisciplinaire des mesures de sûreté. À défaut, il est mis fin d'office à la rétention.

Les dispositions relatives à la rétention et la surveillance de sûreté ne sont pas applicables à la personne qui bénéficie d'une libération conditionnelle, sauf si cette mesure fait l'objet d'une révocation (art. 706-53-20 CPP).

Section 4 – La surveillance de sûreté

La surveillance de sûreté est une mesure de sûreté permettant de contrôler, après l'exécution de la peine privative de liberté, les personnes présentant un risque élevé de récidive liée à leur particulière dangerosité

◇ Obligation identiques à celles de la surveillance judiciaire

◇ Durée de la mesure : deux ans, renouvelable

Modalités

Prononcé de la surveillance de sûreté

◇ lié à la rétention de sûreté (art. 706-53-19)

- lorsque les conditions de la rétention de sûreté ne sont pas ou plus réunies
- lorsque la rétention de sûreté n'est pas prolongée ou qu'il y est mis fin

◇ après le placement sous surveillance judiciaire

- Prolongation de tout ou partie des obligations de la surveillance judiciaire dans le cadre de la surveillance de sûreté prononcée

Saisine de la juridiction régionale de sûreté par le juge de l'application des peines ou par le procureur de la République six mois avant la fin de la mesure (art. 723-37 CPP)

Conditions

◇ Conditions identiques à celles de la rétention de sûreté

- Mais il n'est pas nécessaire que la cour d'assises envisage son prononcé lors de décision de condamnation

◇ Décision prise à l'issue d'un débat contradictoire au cours duquel la personne est assistée par un avocat

Fin de la mesure

◇ À l'issue de la durée prévue

- si le risque de récidive n'existe plus après réexamen de la situation de la personne

◇ Substitution d'un placement en rétention de sûreté

- si la personne méconnaît les obligations auxquelles elle était soumise
- et si un renforcement des obligations de la surveillance de sûreté s'avère insuffisant

Chapitre 2 – Extinction de la peine et effacement de la condamnation

L'extinction de la peine et l'effacement de la condamnation du casier peuvent être simultanés. Mais la peine peut être s'éteindre sans entraîner l'effacement de la condamnation qui peut intervenir ultérieurement.

Section 1 – Extinction de la peine et effacement concomitant de la condamnation

§1 - Le décès ou la dissolution

Le décès emporte non seulement extinction de la peine (art. 133-1 al. 1 CPP) mais également effacement de la condamnation du casier judiciaire (art. R70 CPP). Le principe de la personnalité des peines interdit la poursuite de l'exécution de la peine par les héritiers, étrangers aux faits délictueux.

L'effet extinctif de la peine est cependant atténué car le décès du condamné ne fait pas obstacle au recouvrement des peines d'amende, ni à l'exécution de la confiscation. Le principe de la personnalité des peines interdit de condamner les héritiers à une amende du fait des agissements du défunt, mais lorsque le défunt été condamné, les héritiers sont tenus de payer les dettes de la succession.

La condamnation des personnes physiques est effacée du casier judiciaire, mais elle ne disparaît pas. Elle peut ainsi faire l'objet d'une réhabilitation.

Au décès de la personne physique, le législateur assimile la dissolution de la personne morale. Celle-ci empêche l'exécution de la peine sauf si la dissolution a été prononcée à titre de peine.

Chapitre 2 – Extinction de la peine et effacement de la condamnation

Section 1 – Extinction de la peine et effacement concomitant de la condamnation

§1 - Le décès ou la dissolution

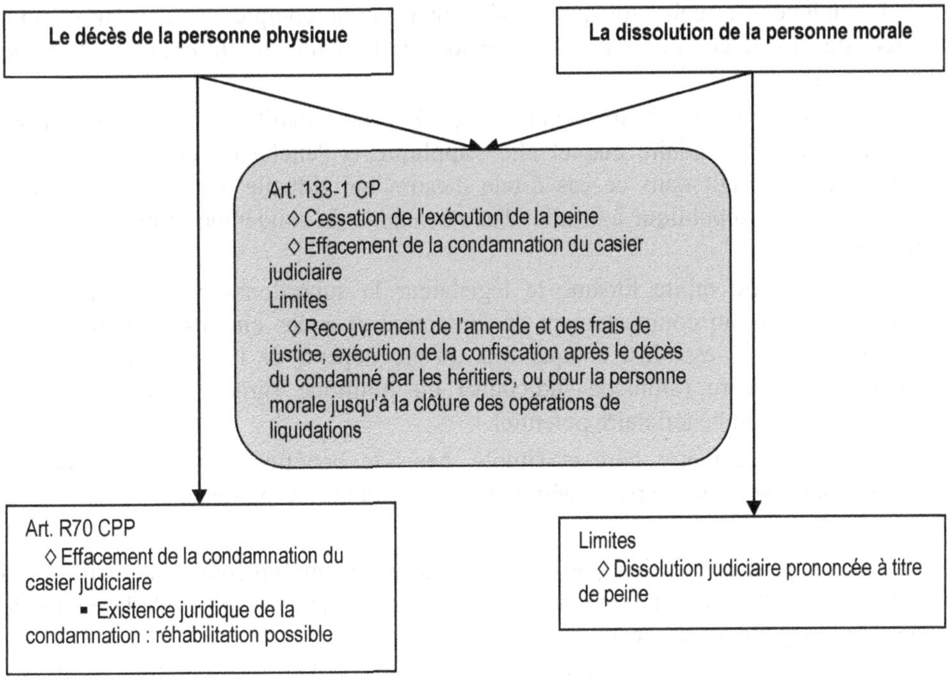

§ 2 - L'amnistie

L'amnistie est une mesure de clémence prise par voie législative qui fait disparaître rétroactivement le caractère délictueux de certains faits (art. 34 Const., art. 133-9 CP).

A - Le domaine

Seules les infractions commises avant la date fixée par la loi seront amnistiées.

L'amnistie est réelle lorsque le législateur tient compte de la nature ou des circonstances de commission de l'infraction, de la nature ou du *quantum* de la peine prononcée.

L'amnistie peut aussi être personnelle, liée à une qualité du bénéficiaire. Elle ne profite qu'au bénéficiaire auquel elle s'applique, à l'exclusion de ses coauteurs ou complices. Il s'agit dans ce cas d'une mesure individuelle accordée par décret du président de la République à la suite d'une demande du condamné formée dans le délai fixée par la loi.

L'amnistie est mixte lorsque le législateur la subordonne à des considérations tenant à la fois au comportement de l'intéressé et à des circonstances qui lui sont extérieures. Il en est ainsi chaque fois qu'elle dépend de l'appréciation portée par l'autorité judiciaire (amnistie judiciaire) ou politique (grâce amnistiante) sur le comportement du bénéficiaire potentiel.

L'amnistie peut être pure et simple. Mais le bénéfice de l'amnistie peut être subordonné à l'exécution par le délinquant de certaines obligations.

B - Effets

Si les poursuites n'étaient pas encore engagées ou sont en cours, l'amnistie emporte extinction de l'action publique, sauf lorsqu'elle intervient en raison de la nature de la peine ou moyennant paiement d'amende.

Si l'amnistie intervient après une condamnation devenue définitive, celle-ci est considérée comme non avenue (art. 133-9 CP). La condamnation est de ce fait retirée du casier judiciaire. Il est dès lors interdit à toute personne ayant connaissance, dans l'exercice de ses fonctions, de condamnations pénales effacées par amnistie d'en rappeler l'existence sous quelque forme que ce soit ou d'en laisser subsister la mention dans un document quelconque (art. 133-11 CP). Pour le juge, cette règle emporte interdiction de se déterminer en fonction d'une condamnation amnistiée pour prononcer une peine pour une nouvelle infraction, même au titre de la motivation.

Les peines prononcées à raison d'un fait amnistié ne peuvent plus être mises à exécution. Celles qui ont été exécutées avant la loi d'amnistie ne sont pas affectées et ne donnent pas lieu à restitution. L'amnistie ne doit pas non plus préjudicier aux droits des tiers (art. 133-10 CP). Les dommages et intérêts restent dus et s'ils n'ont pas encore été accordés, l'action civile en vue d'obtenir la réparation du préjudice causé reste possible. La publication ordonnée à titre de réparation peut être exécutée.

§2 – L'amnistie

Notion
Mesure par laquelle le législateur fait disparaître rétroactivement le caractère délictueux d'une infraction (art. 34 Const.)

Distinctions
◇ Faits justificatifs existant au moment des faits : impossibilité de qualifier les faits
◇ Amnistie postérieure aux faits : impossibilité de maintenir la qualification

Domaine de l'amnistie
◇ Amnistie réelle : amnistie automatique dès la publication de la loi
- Nature de l'infraction
- Circonstances de l'infraction
  - ✓ Limitation de l'étendue de l'amnistie en excluant les infractions dangereuses pour l'ordre social
- Nature de la peine
- *Quantum* de la peine encourue

◇ Amnistie personnelle : mesure individuelle
- Qualité du bénéficiaire
- Comportement du condamné

◇ Amnistie mixte : subordonnée à la fois au comportement de l'intéressé et des circonstances extérieures
- Grâce amnistiante : le législateur réserve le bénéfice de l'amnistie à ceux qui auront obtenu un décret de grâce
- Amnistie judiciaire : amnistie subordonnée à la peine effectivement prononcée par le juge

Effets de l'amnistie

Peine définitive
◇ Effacement de la condamnation
- Inscription retirée du casier judiciaire
- Interdiction pour le juge de se déterminer en fonction de la condamnation amnistiée
- Interdiction de faire mention (sauf dans les minutes des jugements) ou de faire état d'une condamnation amnistiée (art. 133-11 CP)

◇ Cessation de l'exécution des peines prononcées à raison des faits amnistiés
- Règle applicable à toutes les peines : principales, complémentaires, alternatives
- Remises de toutes les peines et mesures de police et de sécurité autres que celles écartées par la loi amnistie
- Peines exécutées avant l'amnistie non restituables
- Protection des droits des tiers
  - ✓ Les dommages et intérêts restent dus
  - ✓ Possibilité d'intenter l'action civile malgré l'amnistie

Absence de peine définitive
◇ Extinction de l'action publique
- Impossibilité de déclencher l'action publique ou arrêt des poursuites déjà engagées
- Limites en cas d'amnistie judiciaire : les poursuites doivent être exercées et l'application de l'amnistie dépendra de la peine prononcée

Section 2 – Extinction de la peine sans effacement de la condamnation

Le relèvement, la prescription et la grâce empêchent l'exécution de la peine, mais la condamnation reste inscrite au casier judiciaire.

§1 – Le relèvement

La procédure de relèvement ne concerne que les peines accessoires ou complémentaires.

A – Les conditions du relèvement

Le relèvement permet d'effacer les mesures d'interdictions, déchéances ou incapacités ou mesures de publication résultant d'une condamnation ou prononcées à titre complémentaire (art. 132-21 CP, 702 CPP). En sont exclues les peines complémentaires prononcées à titre principal, les mesures à caractère réel ou celles qui ne consistent pas en une interdiction, déchéance ou incapacité. Par ailleurs, la peine doit résulter d'une condamnation pénale. L'étranger condamné à une interdiction du territoire ne peut demander le relèvement que s'il réside hors de France.

La juridiction de jugement peut, lors du prononcé de la condamnation, relever instantanément en tout ou partie, sur sa demande, la personne condamnée des interdictions, déchéances et incapacités applicables de plein droit. La dispense d'inscription de la condamnation du B2 produit le même effet (art 132-21 CP).

Dès que la condamnation est devenue définitive, la demande peut être adressée à la juridiction qui a prononcé la condamnation, ou cas de pluralité de condamnation, devant la dernière juridiction qui a statué (art. 702-1 et 703 CPP). La chambre de l'instruction est compétente pour les arrêts de la cour d'assises. La demande portant sur le relèvement d'une peine accessoire peut être présentée sans délai. Mais lorsqu'il s'agit d'une peine complémentaire, la demande ne peut être présentée avant l'expiration d'un délai de 6 mois suivant le jour où la condamnation est devenue définitive.

B – Les effets du relèvement

La juridiction peut relever le condamné en tout ou partie des interdictions. Elle peut aussi se contenter d'en réduire la durée.

Le relèvement total constitue une véritable cause d'extinction de la peine accessoire ou complémentaire. Mais il n'a aucun effet sur les peines non visées par la juridiction.

La mention du relèvement est faite en marge de la décision de condamnation et du casier judiciaire. La condamnation demeure inscrite au casier judiciaire.

Section 2 – Extinction de la peine sans effacement de la condamnation

§1 – Le relèvement

Art. 132-21 CP, 702-1 CPP :
◊ Effacement des interdictions, déchéances et incapacités et mesures de publication résultant de plein droit de la condamnation pénale
◊ Effacement des peines prononcées à titre complémentaire

Les conditions du relèvement

Peines susceptibles de relèvement
◊ Peines accessoires ou complémentaires
▪ Exclusion des mesures ne découlant pas d'une condamnation pénale
▪ Exclusion des mesures prononcées à titre principal
▪ Exclusion de mesures ne consistant pas en une interdiction, déchéance ou incapacité
▪ Exclusion des mesures à caractère réel
▪ Interdiction du territoire : demande de relèvement possible que si l'étranger réside hors du territoire

Motifs du relèvement
▪ Prise en compte de la situation de l'intéressé au jour de la requête

Procédure de relèvement
◊ Relèvement des peines lors du prononcé de la décision
▪ Relèvement total partiel : extinction de la peine accessoire ou réduction de la durée d'application de la peine
▪ En cas de dispense d'inscription de la peine principale au casier judiciaire du B2 : relèvement des peines accessoires
◊ Relèvement postérieur à la condamnation
▪ Compétence de la juridiction ayant prononcé la peine
✓Condamnation prononcée par la cour d'assises : compétence de la chambre de l'instruction
▪ Demande formulée sans délai, cependant :
✓Délai de 6 mois suivant le jour où la condamnation est devenue définitive lorsque la mesure a été prononcée à titre complémentaire
○ Délai inapplicable s'il s'agit de la peine d'interdiction du territoire accompagnant une peine d'emprisonnement : la première demande peut être portée avant ce délai
✓En cas de rejet de la demande : formulation d'une nouvelle demande dans un délai de 6 mois

Les effets du relèvement

Étendue du relèvement
◊ Relèvement partiel : individualisation de la peine lors de son prononcé ou en cours d'exécution
▪ Relèvement de certaines peines ou réduction de la durée de l'interdiction
◊ Relèvement total
▪ Extinction de la peine accessoire ou complémentaire
◊ Décision de relèvement mentionnée au casier judiciaire

Effet sur la condamnation
◊ La condamnation subsiste et reste inscrite au casier judiciaire

Relèvement du suivi socio-judiciaire prononcé à titre complémentaire
◊ Demande de relèvement effectué à l'expiration d'un délai d'un an après la condamnation
▪ Renouvellement de la demande tous les ans en cas de refus
◊ Décision subordonnée à une expertise médicale
▪ 2 experts en cas de condamnation pour meurtre ou assassinat avec viol, tortures ou actes de barbarie commis sur un mineur

§2 - La prescription

La prescription de la peine est l'extinction de la sanction non mise à exécution à l'expiration d'un certain délai à compter du jour où la condamnation est devenue définitive.

A - Domaine de la prescription

En principe, toutes les peines peuvent se prescrire, sauf s'il de peines prononcées pour des infractions imprescriptibles. Sont exclus du domaine de la prescription les peines qui ne requièrent pas d'acte d'exécution de la part des autorités, notamment les peines privatives de droit.

Le bénéfice de la prescription ne se justifie pas lorsque c'est la fuite et la clandestinité qui ont justifié la condamnation. Il en est ainsi en cas d'insoumission et la désertion en temps de guerre, en cas de fuite à l'étranger.

La prescription ne s'applique qu'à une véritable peine, ce qui n'est pas le cas de la démolition ou la mise en cause en conformité qui sont des mesures à caractère réel et non des peines.

B - Le délai de la prescription

La durée de la prescription varie en fonction de la nature de l'infraction pour laquelle la peine a été prononcée, indépendamment de la nature de cette peine. Elle est de 20 ans pour les peines criminelles, 5 ans pour les peines délictuelles ou 3 ans révolus pour les peines contraventionnelles (art. 133-2, 133-3 et 133-4 CP). Toutefois, par dérogation, en matière de terrorisme et de trafic de stupéfiants, les peines prononcées se prescrivent par 30 ou 20 ans selon que l'infraction est un crime ou un délit (art. 706-25-1 et 706-31 CPP).

Le délai part du jour où la condamnation est devenue définitive ou de l'expiration du délai d'opposition s'il s'agit d'une condamnation par défaut. Lorsque la peine non exécutée résulte de la révocation d'un sursis, la prescription court du jour où la décision prononçant la révocation est définitive.

La prescription peut être interrompue par tout acte d'exécution forcé ou un simple commandement de payer. Elle peut aussi être suspendue pour des raisons de droit ou de fait empêchant l'exécution de la condamnation.

C - Les effets de la prescription

La peine prescrite ne peut être ramenée à exécution (art. 133-1 al. 2 CP). Lorsque la prescription est acquise d'une peine prononcée pour crime, le condamné est automatiquement interdit de séjour dans le département de la victime ou de ses héritiers (art. 763 CPP).

La prescription laisse subsister la condamnation qui demeure inscrite au casier judiciaire. Elle n'a aucune incidence sur les obligations de nature civile résultant de la condamnation qui se prescrivent d'après les règles de droit civil (art. 133-6 CP).

§2 – La prescription

Extinction de la sanction non mise à expiration d'un certain délai à compter du jour où la condamnation est devenue définitive
◇ Sanction réputé exécutée

Domaine de la prescription

◇ La prescription ne s'applique pas aux condamnations ne requérant d'acte d'exécution forcée
▪ Imprescriptibilité des interdictions, déchéances ou incapacités
◇ Exclusion des infractions imprescriptibles : crimes contre l'humanité
◇ Exclusion des mesures à caractère réel ne constituant pas des peines

Le délai de prescription

Prise en compte de la nature de l'infraction
◇ Délais de droit commun
▪ 20 ans pour les crimes, 5 ans pour les délits, 3 ans pour les contraventions (art. 133-2, 133-3, 133-4 CP)
◇ Délais dérogatoires
▪ Terrorisme, trafic de stupéfiants : 30 ans pour les crimes, 20 ans pour les délits
◇ Computation du délai
▪ Jour où la condamnation devient définitive
▪ Date de la révocation du sursis
▪ Désertion et insoumission : jour où le condamné atteinte l'âge de 50 ans (art. 375 al. 1 CJM)
◇ Suspension du délai
▪ Événement empêchant de mettre la peine à exécution (grâce conditionnelle, guerre, démence du condamné)
▪ Continuité du délai en cas de disparition de la suspension
◇ Interruption de la prescription
▪ Accomplissement d'un acte d'exécution : acte d'exécution forcée, mise en demeure
✓Point de départ d'un nouveau délai

Les effets de la prescription

Expiration du délai de prescription
◇ Impossibilité de mettre la peine à exécution
▪ Matière criminelle : condamné soumis de plein droit à l'interdiction de séjour à vie dans le département ou demeure la victime ou ses héritiers directs (art. 763 CPP)
◇ Pas d'effet sur la condamnation qui demeure inscrite au casier judiciaire
▪ Application des peines accessoires
▪ Prescription des obligations civiles suivant les règles du droit civil
▪ Impossibilité de faire opposition après le délai de prescription de la peine

§3 - La grâce

La grâce est une faveur discrétionnaire par laquelle par le président de la République peut dispenser en tout partie le condamné de l'exécution de la peine (art. 17 Const.).

Les motifs qui justifient une grâce sont variés. La grâce peut permettre de tenir compte de la bonne conduite du condamné ou de son état de santé. Elle peut être utile en cas d'erreur judiciaire démontrée en attendant la conclusion de la procédure de révision.

A - Conditions de la grâce

Le droit de grâce est un droit général et peut s'appliquer à toutes les peines, principales, complémentaires et accessoires.

La grâce peut bénéficier à tous les délinquants, quel que soit leur âge, leur passé judiciaire, le motif ou la sévérité de la condamnation, dès lors qu'elle est définitive et exécutoire. Elle peut être pure simple ou subordonnée à la réalisation d'une condition.

La grâce individuelle est accordée à la suite d'un recours en grâce adressé au président de la République faite par le condamné, ou par toute personne y ayant intérêt, voire le ministère public ou l'administration pénitentiaire. Dans ce cas, la demande est instruite par le ministre de la Justice qui peut solliciter l'avis du JAP ou du président de la juridiction de jugement.

La grâce peut être accordée d'office (cas des grâces collectives) et s'exerce alors en l'absence de requête des intéressés.

La grâce est accordée par un décret non susceptible de recours, signé par le président de la République, contresigné par le premier ministre, le ministre de la justice.

B - Effets de la grâce

La grâce vaut dispense d'exécuter la peine (art 133-7 CP). Si elle consiste en une remise totale de la peine, celle-ci cesse d'être exécutée. La remise partielle entraîne une réduction du *quantum* de la peine et par conséquent, une commutation de peine en substituant une peine moins sévère à celle prononcée par le juge.

La grâce laisse subsister l'infraction et ne fait pas disparaître la condamnation qui demeure inscrite au casier judiciaire, avec mention de la mesure. La peine résultant de la grâce est prise en compte pour le non-cumul des peines, pour le calcul du délai de la libération conditionnelle, de la durée de la période de sûreté.

La grâce laisse subsister les peines complémentaires et accessoires qui n'ont pas été visées par le décret. Elle ne fait pas obstacle au droit de la victime d'obtenir réparation du préjudice causé par l'infraction. Lorsqu'il s'agit d'une grâce conditionnelle, l'inexécution des obligations imposées entraîne la révocation de la grâce. Le délai de réhabilitation part du jour de grâce mais seulement si les conditions dont la grâce a été assortie ont été accomplies.

§3 – La grâce

Grâce : Mesure de faveur prise par le Président de la République
◊ Le condamné peut être dispensé d'exécuter tout ou partie de sa peine

Conditions de la grâce
- ◊ Condamnations pénales irrévocables
  - ▪ Exclusion des condamnations assorties de sursis, des peines prescrites ou des condamnations rendues par défaut
  - ▪ Exclusion des mesures de réparation civiles et des sanctions non pénales

Droit de grâce du Président de la République (art. 17 Const.)
- ◊ Droit général
  - ▪ Applicable à toutes les peines : principales, accessoires ou complémentaires
  - ▪ Applicable à tous les délinquants : sans condition liée à l'âge, le passé judiciaire, le motif ou la sévérité de la condamnation

Droit discrétionnaire
- ◊ Motivation non nécessaire
  - ▪ Raisons humanitaires, réparation d'une erreur judiciaire, réadaptation du condamné, atténuation de la sévérité du juge

Procédure
- ◊ Grâce accordée sur requête individuelle
  - ▪ Demande instruite par le ministre de la Justice
    - ✓Instruction confiée au parquet qui sursoit à l'exécution des courtes peines ou à l'amende (décision à discrétion dans les autres cas)
- ◊ Grâce collective en l'absence des requêtes des intéressés
  - ▪ Grâce accordée à un certain de condamnés remplissant les mêmes conditions
- ◊ Décision de grâce : décision non susceptible de recours

Effets
- ◊ Dispense d'exécution de la peine (art. 133-7 CP)
  - ▪ Condamnations non effacées
  - ▪ Exécution des peines accessoires ou complémentaires non visées par le décret
  - ▪ Droit de la victime d'obtenir réparation
- ◊ Modalités de la dispense d'exécution
  - ▪ Grâce totale : extinction de la peine
  - ▪ Remise de peine : diminution du *quantum* de la peine
    - ✓Commutation de la peine : substitution d'une peine plus légère à celle prononcée
  - ▪ Grâce pure et simple
  - ▪ Grâce subordonnée à la réalisation d'une condition : révocation de la grâce en cas d'inexécution des obligations imposées

Section 3 – L'effacement de la condamnation après l'extinction de la peine

La réhabilitation permet, après l'écoulement d'un certain délai, d'effacer la condamnation. Elle rétablit le condamné dans sa dignité et permet son reclassement en mettant fin aux peines accessoires. Elle ne peut intervenir que si que la peine a été exécutée ou prescrite, ou si le condamné a été gracié ou s'il a subi une contrainte judiciaire (art. 788 CPP).

§1 – Les conditions de la réhabilitation

A – La réhabilitation judiciaire

La réhabilitation judiciaire peut être demandée lorsque les conditions de la réhabilitation légale ne peuvent être remplies (art. 785 CPP).

La demande de réhabilitation est adressée au procureur de la République qui procède à une instruction sur le comportement de l'intéressé depuis sa condamnation avant de saisir la chambre de l'instruction. En cas de rejet, une nouvelle demande ne peut être réintroduite avant l'expiration d'un délai de 2 ans.

La réhabilitation judiciaire est possible à l'expiration d'un délai de 5 ans en matière criminelle, 3 ans en matière correctionnelle, 1 an en matière de police. Le délai part, du jour où la condamnation à l'amende est devenue irrévocable ou pour les condamnés à une peine privative de liberté, du jour de la libération définitive ou de la libération conditionnelle non révoquée. S'il s'agit d'une peine autre que l'emprisonnement ou l'amende, il part de l'expiration de la sanction subie (art. 786 CPP).

Le délai est de 6 ans pour le récidiviste n'ayant pas à nouveau subi aucune peine criminelle, le réhabilité condamné à une peine correctionnelle ou le condamné ayant prescrit une peine correctionnelle. Il est porté à 10 ans pour les récidivistes ou le réhabilité à nouveau condamné à une peine criminelle, le condamné par défaut ayant prescrit une peine criminelle.

Le condamné ne peut prétendre à la réhabilitation que s'il justifie du paiement de l'amende, sauf prescription. À défaut de cette justification, il doit établir qu'il a subi le temps de contrainte judiciaire déterminé par la loi ou que le Trésor a renoncé à ce moyen d'exécution. Le condamné qui a prescrit la peine doit justifier qu'il n'a encouru pendant le délai de la prescription aucune condamnation et qu'il a eu une conduite irréprochable.

Il est dérogé à l'ensemble de ces règles au bénéfice de celui qui, depuis l'infraction a rendu de services éminents au pays. Aucune condition de délai, d'exécution de la peine ou de justificatif n'est exigée lorsque la personne, a, depuis l'infraction, rendue de services éminents au pays.

Lorsqu'il s'agit d'une personne morale, la demande est faite par son représentant légal. La durée du délai est ramenée est d'un an et aucune cause d'augmentation du délai n'est prévue (art. 799 CPP).

Section 3 – L'effacement de la condamnation après l'extinction de la peine

§1 – Les conditions de la réhabilitation

Rétablissement du condamné dans son honneur par l'effacement de la condamnation
- ◇ Manifestation du pardon de la société
- ◇ Reclassement du condamné
- ◇ Condition générale
  - ▪ Exécution de la peine ou peine réputée exécutée (grâce, prescription, condamnations avec sursis, contrainte judiciaire)

A – La réhabilitation judiciaire

Personnes physiques

Délai d'épreuve (art. 786 CPP)
- ◇ Peine exécutée : délai calculé en tenant compte
  - ▪ de la nature de la peine : 5 ans en matière criminelle, 3 ans en matière correctionnelle, 1 an en matière correctionnelle
  - ▪ du passé pénal du condamné
    - ✓ 10 ans pour les récidivistes, les récidivistes ayant encouru une nouvelle condamnation, les condamnés contradictoirement ou par défaut criminel ayant prescrit leur peine
    - ✓ 6 ans pour les réhabilités ayant subi aucune peine criminelle, les réhabilités ayant encouru une peine correctionnelle, les condamnés contradictoires ou par défaut ayant prescrit une peine correctionnelle

Point de départ du délai
- ◇ Peines privatives de liberté : jour de la libération définitive ou de la libération conditionnelle non révoquée, jour du non avenu
- ◇ Amende : jour où la condamnation devient irrévocable
- ◇ Autres peines : expiration de la sanction subie

Le comportement du condamné
- ◇ Justification du paiement de l'amende, des dommages intérêts ou de la remise, sauf contrainte judiciaire
- ◇ En cas de prescription : justifier d'une absence de condamnation pendant le délai de prescription pour crime ou délit et d'une conduite irréprochable

Pas de condition de délai ou d'exécution de la peine pour le condamné ayant rendu des services éminents au pays depuis l'infraction

Personnes morales

Délai d'épreuve
- ◇ 2 ans à compter de l'expiration de la sanction
- ◇ Demande faite par le représentant
  - ▪ Pas de réhabilitation en cas de dissolution
  - ▪ Justification du paiement de l'amende

Procédure
- ◇ Requête adressée au procureur de la République
  - ▪ par Le condamné ou ses héritiers
  - ▪ le représentant de la personne morale
    - ✓Pas de réhabilitation en cas de dissolution
- ◇ Après une enquête, le procureur de la République transmet le dossier au procureur de la République qui saisit la chambre de l'instruction
- ◇ En cas de rejet de la demande, une nouvelle demande peut être effectuée dans avant un délai de 2 ans, sauf rejet pour non-respect du délai
  - ▪ Le délai est d'un pour les personnes morales

B – La réhabilitation légale

La réhabilitation est acquise de plein droit si le condamné n'a pas fait l'objet d'une nouvelle condamnation à une peine correctionnelle ou criminelle durant un certain délai à compter de l'exécution de la peine, de l'expiration de la grâce, de la prescription ou de la condamnation non avenue (art. 133-13 CP).

Pour les personnes physiques, le délai est de 3 ans à compter du paiement à l'amende ou à la peine de jour-amende, de l'expiration de la contrainte judiciaire ou du délai de l'incarcération prévue par l'article 131-25 ou de la prescription accomplie. Il est de 5 ans en cas condamnation unique soit à une peine d'emprisonnement n'excédant pas un an, soit à une peine autre que la réclusion criminelle, la détention criminelle, l'emprisonnement ou le jour-amende. Il est de dix ans pour une condamnation unique à une peine d'emprisonnement supérieure à un an ou en cas de condamnations multiples à l'emprisonnement dont le total ne dépasse pas 5 ans.

Pour les personnes morales, le délai est de 5 ans à compter du paiement de l'amende, de l'exécution de la peine autre que l'amende ou de l'accomplissement de la prescription. La réhabilitation n'est pas possible en cas de dissolution (art. 133-14 CP).

Lorsque les condamnations sont assorties d'un sursis, le délai court du jour de l'acquisition du non-avenu. Les délais sont doublés lorsque la personne a été condamnée pour des faits commis en état de récidive légale.

§2 – Les effets de la réhabilitation

La réhabilitation efface la condamnation et produit les mêmes effets que l'amnistie (art. 133-16 CP). Toutefois, lorsque la personne a été condamnée au suivi socio-judiciaire ou à la peine d'interdiction d'exercer une activité professionnelle ou bénévole impliquant un contact habituel avec des mineurs, la réhabilitation ne produit ses effets qu'à la fin de la mesure.

La réhabilitation n'entraîne pas l'extinction de la peine principale puisque celle-ci est supposée exécutée. Elle emporte extinction des peines complémentaires ou accessoires. Lorsqu'il s'agit de la peine complémentaire d'interdiction d'exercer une activité professionnelle ou bénévole impliquant un contact habituel avec un mineur ou le suivi socio-judiciaire encourue pour les auteurs d'infractions sexuelles, la réhabilitation ne produit effet qu'à la fin de la mesure.

La réhabilitation n'interdit pas la prise en compte de la condamnation, par les seules autorités judiciaires, en cas de nouvelles poursuites, pour l'application des règles sur la récidive légale.

B – La réhabilitation légale

Personnes physiques

Absence de nouvelle condamnation à une peine criminelle ou délictuelle pendant le délai d'épreuve

◇ Durée du délai

- 3 ans en cas de condamnation à l'amende ou le jour-amende, la contrainte judiciaire ou d''incarcération prononcé en cas de non-paiement du jour-amende, d'obligation à accomplir une prestation
- 5 ans pour une condamnation unique à un emprisonnement inférieur à 1 an ou une autre peine autre que la réclusion ou la détention criminelle
- 10 ans pour un emprisonnement de plus de 10 ans ou en cas de condamnations multiples inférieures à 5 ans
- Durée de délai doublé en cas condamnation pour des faits commis en état de récidive

◇ Point de départ du délai

- Jour d'expiration de la peine subie, de la grâce ou de la prescription pour la peine privative de liberté
- Jour du paiement de l'amende ou jour-amende, de l'expiration de la contrainte judiciaire, de l'expiration de l'incarcération pour non-paiement de jour-amende, de la prescription ou de la grâce
- Date à laquelle la condamnation est devenue non avenue

Personnes morales

Art. 133-14 CP

◇ Absence de condamnation à une nouvelle peine criminelle ou délictuelle pendant le délai de 5 ans

◇ Point de départ du délai

- Paiement de l'amende ou prescription

◇ Expiration ou prescription d'une peine autre que l'amende

§2 – Les effets de la réhabilitation

Effacement de l'ensemble des condamnations (art. 133-1 CP)

◇ Extinction de toutes les peines résultant de la condamnation à l'exception du suivi socio-judiciaire ou l'interdiction impliquant un contact avec des mineurs

- Intérêt de la réhabilitation après amnistie : effacement des mesures de sûreté et de police non amnistiées

Effets communs avec l'amnistie

◇ Retrait de la condamnation du casier judiciaire

- Interdiction de faire mention de la condamnation
- Exception : prise en compte par les autorités judiciaires en cas de nouvelles poursuites pour l'application des règles de la récidive légale (loi 5 mars 2007, en vigueur le 7 mars 2008)

◇ Protection des droits des tiers

Condamnation ne pouvant être réhabilitée de plein droit, ni judiciairement et non amnistiée

◇ Art. 775-2 CPP : retrait du casier n° 2 à l'expiration d'un délai de 20 ans à compter de la libération définitive ou de la libération conditionnelle non révoquée

- Absence de condamnation à une peine criminelle ou délictuelle

◇ Suppression automatique du casier judiciaire dans un délai de 40 ans en l'absence de condamnation à une peine criminelle ou délictuelle (art. 769, al. 2 CPP)

Table des matières

Achevé d'imprimer en septembre 2018 par Corlet Imprimeur — 14110 Condé-en-Normandie
Dépôt légal : septembre 2018 — N° d'imprimeur : 199313 — *Imprimé en France*